錢穆先生全集

錢穆先生全集

［新校本］

朱子新學案

第一冊

九州出版社

圖書在版編目（CIP）數據

朱子新學案／錢穆著．-- 北京：九州出版社，2011.1（2023.1 重印）
（錢穆先生全集）
ISBN 978-7-5108-0700-8

Ⅰ．①朱… Ⅱ．①錢… Ⅲ．①朱熹（1130~1200）-哲學思想-研究 Ⅳ．① B244.75

中國版本圖書館 CIP 數據核字（2010）第 206057 號

朱子新學案

作　　者　錢　穆　著
責任編輯　孫紅梅　周弘博　劉瑞蛟
　　　　　周敏浩　張　婷　郝建良
出版發行　九州出版社
裝幀設計　陸智昌　張萬興
地　　址　北京市西城區阜外大街甲 35 號
郵　　編　100037
發行電話　（010）68992190/3/5/6
網　　址　www.jiuzhoupress.com
印　　刷　三河市東方印刷有限公司
開　　本　635 毫米 × 970 毫米　16 開
插頁印張　1.5
印　　張　188.25
字　　數　2120 千字
版　　次　2011 年 1 月第 1 版
印　　次　2023 年 1 月第 3 次印刷
書　　號　ISBN 978-7-5108-0700-8
定　　價　708.00 元（全五冊）

版權所有　侵權必究

朱子新學案

錢穆

錢穆先生手迹

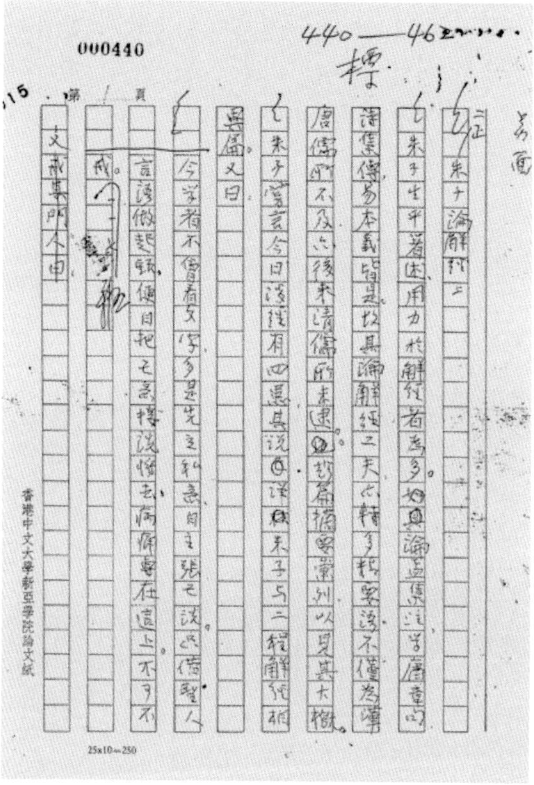
000440

440——46

二　朱子論解經上

朱子生平著述，用力於解經者為多。如其論孟集注學庸章句，詩集傳易本義皆是。故其論解經工夫亦精，多精要語。不僅為漢唐儒所不及，亦後來清儒所未逮。茲篇摘要彙列，以見其大概。

朱子嘗言，今日說經有四患。其說詳朱子與二程解經相異篇。又曰：

今學者不會看文字，多是先立私意，自主張己說，只借聖人言語做起頭，便自把己意接說將去。病痛專在這上，不可不戒。

又戒其門人曰

香港中文大學新亞學院論文紙

25x10=250

錢穆先生《朱子新學案》手稿

新校本說明

錢穆先生全集，在臺灣經由錢賓四先生全集編輯委員會整理編輯而成，臺灣聯經出版事業公司一九九八年以「錢賓四先生全集」為題出版。作為海峽兩岸出版交流中心籌劃引進的重要項目，這次出版，對原版本進行了重排新校，訂正文中體例、格式、標號、文字等方面存在的疏誤。至於錢穆先生全集的內容以及錢賓四先生全集編輯委員會的注解說明等，新校本保留原貌。

九州出版社

出版說明

朱子為繼孔子以後，近古儒學之集大成者，亦為八百年來中國學術之重心人物。然其著作卷帙浩繁，承學之士每苦於不易遍讀；而文集、語類之書，亦往往難於通體貫串以觀，得其旨要。全謝山宋元學案，以晦翁一案為最要，然亦以此一案為最嫌疏略，蓋即緣朱子原書之難理故也。錢賓四先生朱子新學案之作，即為彌補此一學術史之闕憾而作。自其書出，而後研朱者得津逮其委曲之細；而初學之士，亦可假其朱子學提綱以略窺朱學之梗概。故此書可謂是研究宋明理學，以至研究中國學術史必讀之經典著作。至其本朱以述朱，上承固有學案體例之精神，而復將朱子之學置諸中國文化之全體系與學術思想之發展史中闡發，亦確乎為學案著作啟一新頁。

先生之著作是書，發軔於一九六四*夏。時先生初辭卸香港新亞書院院長職務，即著手閱讀朱子大全集。其自述撰作之過程，云：「余之撰述朱子新學案，自一九六六年二月，迄於一九六九年之十

*新校本編者注：原文為「民國」紀年。下同。

一月，先後撰寫歷四年。又翌年續寫朱子學提綱一小册，冠其首。共五年。其先讀大全集，讀語類，鈔撮筆記，作準備工夫，亦歷兩年。」是其書之撰寫先後歷五年，合其前之準備作業計之，則凡七年。然先生猶謂「苟非辭去新亞職務，此書亦終難寫出」，蓋近一百五十萬言之鉅製，體大思精，非長時間之專力駕馭，殆難厎於成也。

是書初版於一九七一年九月，先生在臺北自印，交由三民書局總經銷。全書分五册，其首册之前半，即為朱子學提綱。一九八二年四月再版發行，曾改正若干初版時排印之錯誤。此次整理重印，即根據再版本，主要增入引號、私名號、書名號等，以方便讀者閱讀。全書約四、五千條引文，大部分皆重加核對覆校。

先生此書，在徵引朱子原著時多已詳細注明出處；獨立引文尤不輕易改動字句；意引之處極少。今經核校，於若干引文，先生所為刪節，以及在節引時所添加主詞或補足語氣之處，悉仍其舊；至徵引時所改正原書之誤字，亦仍依所改。在語類之引文中，約有十餘處將論旨相關之兩條記錄剪裁合併成一條者，今以「＊」記號標識。其他手民誤植者，則逕行更正。如非必要，一般不另出校說明。整理排校工作，雖力求慎重，然錯誤疏漏之處，在所難免，敬希讀者不吝指正。

本書之整理，係由閻鴻中先生負責。

錢賓四先生全集編輯委員會　謹識

目次

朱子新學案　第一册

壹之二

朱子新學案　第二冊

貳之一

貳之五

朱子新學案　第三册

叁之一

叁之二

叁之三

叁之四

肆

朱子新學案　第四冊

伍之一

朱子新學案　第五冊

例言

此書撰述發意，在一九六四年夏新亞謝事之後。是年七月始，迄翌年五月，先讀朱子文集百二十一卷。七月赴吉隆坡，講學於馬來亞大學，迄翌年二月返香港，續讀語類百四十卷。皆隨讀隨摘其要旨，粗加類別，凡得三千餘條。是年三月，乃就所摘類別要旨分題屬草，再絡續參讀其他各籍。嗣於一九六七年十月遷居臺北，賃屋市區。越年七月，始遷外雙溪新屋。至一九六九年十一月，全稿完。一九七〇年又重撰提綱一篇冠之書端。翌年一九七一年四月，排印畢事。

此書初擬分「思想」、「學術」及「行事」三大部分。嗣因「思想」、「學術」兩部篇幅已多；「行事」部分，有王白田年譜，復得夏炘景紫堂集為之補闕拾遺，余所能越出兩氏者不多，因不復筆。

「思想」之部，又分理氣與心性為兩部分。

「學術」之部，分經、史、文學為三部分。經學中並分易、詩、書、春秋、禮、四書諸題。又於三部外添附校勘、考據、辨僞諸篇，並游藝格物之學一篇。

介乎「思想」、「學術」兩部之間者，又分朱子評述濂溪、橫渠、二程諸篇，下逮評程門、評五峯、評浙學，又別著朱陸異同三篇、闢禪學兩篇等，專以發明朱子在當時理學界中之地位。

本書專就朱子原書敍述朱子，而於文集、語類稱引最詳。期於讀者誦此書後，苟非專意研治朱學，即可不再繙閱文集、語類之全部。

其他朱子自著書，如論孟集注、學庸章句，如易本義、詩集傳之類，學者貴能尋讀原書，本書特少稱引。

又如四書或問等，雖是朱子書，而非其定著，又流傳較少，故本書稱引，轉較集注、章句稍詳。

本書敍述朱子，尤重在指出其思想學術之與年轉進處。在每一分題下，並不專重其最後所歸之結論，而必追溯其前後首尾往復之演變。

前人治朱子，每過分重視其與象山之異同。但鵝湖之會，已在朱子成學之後。朱陸相爭，更是後事。固是兩家顯有異同，但若專就此方面研治朱子，則範圍已狹，又漫失淵源，決不足以見朱子之精神。

學者困於門戶之見，治理學則必言程朱、陸王。朱子於二程，固所崇重，亦非株守。程朱之間亦有相異。本書隨處指出，不一而足。

朱子與二程有異，不僅在明道，亦復在伊川。更在程門，朱子多有糾彈。道南一脈四代相傳之說，決不足以見朱學之眞相。然朱子於延平，則實有薪火之傳。本書皆本朱子自己言說加以剖辨闡述，與徒引後人說者大不相同。

學者又有經學、理學乃及漢學、宋學之辨，此等皆不免陷入門戶。朱子學，廣大精深，無所不包，亦無所不透，斷非陷入門戶者所能窺究。本書意在破門戶，讀者幸勿以護門戶視之。

治理學者，必治黃、全兩學案。梨洲明儒學案，雖主王學門戶，然不為病。因述明儒，固當奉王學為宗主也。謝山宋元學案，考覈有功，而識斷多差。上承梨洲父子，見解已多為門戶所蔽。又謝山與李穆堂相交，受其濡染，門戶意氣，未能盡脫。本書隨宜駁正謝山學案處甚多。因宋元學案，學者必多窺涉，加以指駁，亦不得已。

王白田朱子年譜，近世學人多稱之，然亦勤於考覈而拙於體會。並亦為門戶所蔽，必欲申朱抑陸，遇朱子近似象山處，即諱避不迭，遂失朱子精神。學思未透深處，考事乃亦多誤。本書甚多援用王譜，而加駁正者亦不少。因讀本書必讀王譜，凡有駁正亦不得已。

本書主要在一本朱子原書稱述朱子。朱子歿世迄今踰七百年，著作議論涉及朱子者何限。本書雖間有稱引，要是方便所及，既不願於述朱諸人中別標宗主，更不願於諍朱者故加排斥。其間如陽明朱子晚年定論，此乃討論朱子思想一重要節目，本書屢有提及，亦非意存抑揚。要之在明眞相，不在爭門戶。

朱子學範圍廣大，涵義精深，後人尠能兼涉而都通。本書作者自問所知淺狹，不敢強不知以為知。然而百官之美，宮室之富，意存指述，非為誇大。讀者固不當拈小節，於前世大賢輕肆譏訶；亦勿謂本書有崇揚，無抨彈，遂疑其亦落在門戶中，知進不知出也。

本書分題命篇，亦為便宜之計。讀者固當分篇研讀，亦當會通全書，綜合以覩。庶可窺見朱子之一家言，而不滯於枝節，或流於徒資貪多鬬靡之病。

本書因篇幅已鉅，恐讀者驟窺難入；又本書惟主就朱子述朱子，實事求是，力避枝蔓，而朱子乃吾國學術史上中古唯一偉人，若不稍為發明，恐讀者驟不得其承先啟後之所在。因於本書前重加提綱一篇。讀者當先讀提綱，然後再進讀全書。又當於通讀全書後再重讀提綱，庶於朱子學術思想在中國全部學術思想史上之地位更易認識。

本書屬稿之最先三年，曾獲美國哈佛燕京社研究補助金。在付印前，又得其印刷補助費。例當書此誌謝。

本書最後一次校字，由及門何君佑森任之。又代為索引一編附刊書末，藉便讀者之繙檢。亦當附此誌謝。

本書自創始以潰於成，前後凡六年。中間自開始落筆迄於完稿亦達四年。然六年間往返港臺者共四次，遠遊馬來亞一次。遷宅移居又兩次。來臺後各方邀演講，講稿整理出版者三種。又於赴馬來亞前攖眼疾，動手術，閉目廢視者逾月。人事紛乘，兼以疾病，此稿作輟靡常。最後付排，自任校字，始獲通體循誦一過。遇重複處稍加刪薙，其他斟酌改動，未能盡臻自愜。以日校萬字為度，體力不任，血壓屢升。校稿垂畢，十二指腸潰瘍舊病復發。既以學殖之荒劣，重增衰邁之遽至，所能發明前人精意偉業，實恐有限。惟既竭吾心，知之為知之，不知為不知，私所嚮慕，時加讚嘆，則情見乎辭，未敢掩匿。讀吾書者，幸其諒之。

一九七一年三月錢穆自識於臺北士林外雙溪之素書樓

朱子新學案　第一冊

朱子學提綱　代序

拙著朱子新學案，分篇逾五十，全書超百萬言，恐讀者畏其繁猥，作此提綱，冠於書端，庶使進窺全書，易於尋究。

一

在中國歷史上，前古有孔子，近古有朱子，此兩人，皆在中國學術思想史及中國文化史上發出莫大聲光，留下莫大影響。曠觀全史，恐無第三人堪與倫比。孔子集前古學術思想之大成，開創儒學，成為中國文化傳統中一主要骨幹。北宋理學興起，乃儒學之重光。朱子崛起南宋，不僅能集北宋以來理學之大成，並亦可謂其乃集孔子以下學術思想之大成。此兩人，先後矗立，皆能匯納羣流，歸之一趨。自有朱子，而後孔子以下之儒學，乃重獲新生機，發揮新精神，直迄於今。

然儒學亦僅為中國傳統文化中一主幹，除儒學外，尚有百家眾流，其崇孔尊孔、述朱闡朱者可勿論，其他百家眾流，莫不欲自闢蹊徑，另啟途轍，而孔子、朱子矗立中道，乃成為其他百家眾流所共同批評之對象與共同抨擊之目標。故此兩人，實不僅為儒學傳統之中心，乃亦為中國學術思想史上正反兩面所共同集向之中心。不僅治儒學者，必先注意此兩人，即治其他百家眾流之學，亦必注意此兩人，乃能如網在綱，如裘在領。不僅正反之兼盡，亦得全體之通貫。

孔子年代，距今已遠，其成學經過，已難詳索。後之崇孔尊孔者，亦惟以高山仰止之情，發為天縱大聖之歎而止。朱子距今僅逾八百年，書籍文字可資稽考者尚多，凡朱子之所以為朱子，其成學之經過，實可案圖索驥，分年歷述。故治朱子之學，比較可以具體而詳盡，並亦有據而可證。學者潛心於此，可識儒學進修之階梯，雖不能舉一以概全，要之是典型之尚在，其所裨益，決非淺小。

孔子以來兩千五百年，述之闡之者既多，反之攻之者亦眾，事久而論定，故孔子之學，乃雖遠而益彰。朱子距今僅八百年，後人之闡發容未能盡。而反朱攻朱者，多不出於百家眾流，而轉多出於儒學之同門。蓋自有朱子，而儒學益臻光昌。自有朱子，而儒學幾成獨尊。於是於儒學中與朱子持異見者乃日起而無窮。羣言淆亂，所爭益微，剖解益難。故居今日而言朱子學，尚有使人不易驟獲定論之憾。尊孔崇孔，乃朱子以後中國學術上一大趨嚮；而述朱闡朱，則尚是中國學術上一大爭議。然諍朱攻朱，其說亦全從朱子學說中來。今果於朱子原書，能悉心尋求，詳加發明，先泯門戶之見，而務以發現眞相為主。逮於眞相既白，則述朱闡朱之與諍朱攻朱，正反雙方，宜可得一折衷，由是乃可有漸得定論之望。此則不僅為治中國八百年來之學術思想史者一重大課題，實亦為治中國兩千年來之儒學史者一重大課題。凡屬關心中國文化大傳統中此一主要骨幹之精神所在、大旨所寄者，對於此一課題，皆當注意。作者不揣譾陋，發憤為此書，其主要意義亦在此。

二

今當自孔子以後迄於朱子，此一千七百年來之儒學流變，與夫百家眾說之雜出，先作一概括之敍述。

自孔子歿後，孔門諸大弟子，分散列國，相與傳揚孔子之道，其時儒學基礎已奠定。然同時反對孔子與儒學者，亦即隨而踵起。最著者有楊墨，孟子辭而闢之，廓如也。然百家眾流，亦即繼之競興，至荀子而有非十二子之篇。其所反對，不僅百家眾流，即子思、孟子亦在其列。當時稱儒分為八，然惟孟、荀稱大宗。

及秦人一統，始皇帝頗尚法家言。漢興，黃老道家驟盛。其時則戰國時代之百家眾流，漸趨消失，惟儒、道、法三家鼎峙成三，然儒家言猶尚若居道、法兩家之後。至漢武帝表彰六經，罷黜百家，而儒學躋於獨盛。然此下漢儒之學，畢竟與先秦儒有區別。此種區別，大體由於雙方所處時代背景不同而引生。

戰國時代，列強紛爭，天下未定，百家競起，各欲揭其主張以為一世之蘄嚮。先秦儒為自身爭存，亦相務於樹新義，肆博辨。故其貢獻，主要在理想方面者為多。漢代統一，局面大變，當時主要論點，在為此天下求實際之治平。漢初君臣，來自田間，本身初無學術修養，然深知民間疾苦，極欲與民休息，而道家清靜無為之說，遂乘時興起。然無為而治，事不可久，抑且無為即是不治，故漢初政治，實乃一依秦舊，承續法治之軌轍。及至武帝臨朝，董仲舒對策，力言「復古更化」，復古乃復周之古，更化則更秦之化。周代緜歷八百年，秦則不二世而亡，此乃歷史教訓，明白彰著。此下漢儒一般意向，均重在本歷史，言治道。欲法周，則必上本之於六藝經典。當時謂六經起自周公而成於孔子之手，故曰孔子為漢制法。尊孔子，乃由於尊周治。尊周治，則必尊周公，尊六藝。故漢武帝興太學，立五經博士，專以六藝設教，而論語乃與孝經、爾雅並列為小學書。爾雅乃五經之字典，而孝經、論語則僅是小學教本。漢書藝文志上承劉向、歆父子，分羣書為七略。首六藝略，次諸子略，儒家者言居諸子略之首，曾子、子思、孟子、荀子皆屬之。而孔子不與焉。論語、孝經、爾雅則同附六藝略之後。此乃漢儒心目中之學術分野，亦可謂漢儒尊經尤重於尊儒。史、漢儒林傳中序列諸儒，皆起漢初，而曾、思、孟、荀亦不預。此乃一代之新儒，以傳經言治為業，與戰國諸儒之以明道作人為唱者，畸輕畸重之間有不同。此一區別，首當明辨。換言之，先秦儒在漢儒心目中，亦屬「百家言」。漢儒傳經，乃即所謂「王官之學」。一則主張於朝廷，一則興起於田野，其為不同，顯然可知。

漢儒固若無偉大特創之政治理想，亦若無偉大傑出之政治人物，然而定法制，垂規模，坐而言，即繼以起而行。兩漢郅治，永為後世稱羨而效法。漢儒之功，要為不可否認。

漢儒言治道，必本之於經術，而經籍之整理，事亦不易。先秦儒如孟子、荀卿，雖亦時時稱引詩書，然僅止於隨所意欲而加稱引，非求於經籍有通體之發揮。秦火以後，經籍殘缺。漢儒治經之功，一則曰纂輯，再則曰訓詁，又後而有章句，始於全經逐章逐句，一一解釋。其間容多未是，又復各家之說不同，未能會歸一致。然而漢儒治經之功，亦要為不可沒。

今再綜合言之，漢儒之為功於當時者，一為治道之實績，一為傳經之專業。又復漸分兩途，一則專務治術，一則專守經業。迄於東漢季世，朝政不綱，治道日替，務於治術之儒，日失其職，而專一經業之儒，退處在野，乃大為一世所仰重。如許慎、馬融、鄭玄諸人，亦永為後世治經之宗師。然若謂漢儒功在傳經，而忽其言治，則終為得其一而失其一，無當於漢儒之大全。

三

三國兩晉時代，天下分崩，兩漢統一隆盛之世，渺不復接。時則莊老道家言乃與儒生經學代興。又值佛教東來，其先尚是道家言在上，佛家言在下。南北朝以後，則地位互易，釋家轉踞道家之上。儒家經學，雖尚不絕如縷，要之如鼎三足，惟儒家一足為最弱。

若專言儒業，自東晉、五胡以下，南方儒亦與北方儒有區別。大體言之，東晉南朝雖屬偏安，其政府體制，朝廷規模，尚是承襲兩漢，大格局尚在。而釋、道盛行，門第專擅，治道無可言。故其時之南方儒，只有沿襲漢儒傳經一業，抱殘守缺而止。北方自五胡雲擾，下迄北魏建統，兩漢以來之政府體制，朝廷規模，已掃地而盡。故其至要急務，厥在求治。幸而胡漢合作，政府尚知重用儒生，而北方諸儒，其所用心，言治道更重於言經術。亦可謂其時北方儒生，多半沿襲了漢儒重治績之一邊。自魏孝文變法下至西魏、北周崛起，政治開新，皆出北方儒生之貢獻。

然則南、北朝儒，乃是分承漢儒之兩面，而各作歧途之發展。下迄唐代開國，兩漢統一盛運再見，孔穎達奉詔撰五經正義，即承漢儒及南朝諸儒治經一業而來，此為經學成績之一大結集。而貞觀一朝言治，即就其薈粹於貞觀政要一書者而言，亦可謂多屬粹然儒家之言，此乃上承漢儒及北朝諸儒言治一業而來。此後唐代儒家，在治道實績方面，尚能持續有表現。在經學方面，則可謂自五經正義後即絕少嗣響。唐代經學之衰，實尚遠較兩晉南北朝為甚。此中亦有原因可說。

一則下至唐代，雖仍是儒、釋、道三足並峙，而實際上，佛教已成一枝獨秀。遠自隋代以來，已有所謂中國佛教之興起。此指天臺、華嚴、禪三宗。而自武后以後，禪宗尤盛，幾於掩脅天下，盡歸禪門之下。士大夫尋求人生眞理，奉為舉世為人之最大宗主，與夫最後歸宿者，幾乎惟禪是主。至其從事治道實績，則僅屬私人之功名，塵世之俗業。在唐代人觀念中，從事政治，實遠不如漢儒所想之崇高而偉大。漢儒一心所尊，曰周公，曰孔子，六經遠有其崇高之地位。唐代人心之所尊向，非釋迦，則禪宗諸祖師。周公孔子，轉退屬次一等，則經學又何從而獲盛。

次則唐代人之進身仕途，經學地位亦遠不如文學地位之高。欲求出身，唐代之文選學，已接代了兩漢之六藝學。唐代人無不能吟詩，但絕少能通經。在詩人中，亦可分儒、釋、道三派。如謂杜甫是儒家，則李白是道家，王維是釋家。依此分類，唐詩人中，惟儒家為最少。文選詩中，亦最少儒家詩。陶淵明乃是鶴立鷄羣，卓爾不凡，而其詩入文選者亦特少。故就唐一代言，可謂無醇儒，亦無大儒。

就唐代言儒家，則必屈指首數及韓愈，然韓愈已在唐之中葉。韓愈盡力闢佛，極尊孟子，乃是一議論儒，近似戰國先秦儒，而較遠於漢儒。韓愈又提倡古文，求以超出於文選學之外。此亦為在當時欲致力復興儒學一必然之要道。但韓愈用力雖大，收效則微。在政治上提挈韓愈為韓愈所追隨之裴度，乃唐代一賢相，然其人亦信佛。與韓愈共同提倡古文者有柳宗元，然宗元亦信佛。追隨韓愈從事古文運動者有李翺，作復性書三篇，根據中庸，重闡儒義，然其文亦復浸染於佛學。韓、李身後，古文運動亦告停息，儒學復興運動，則更可不論。

故通論有唐一代，儒學最為衰微，不僅不能比兩漢，並亦不能比兩晉南北朝。其開國時代之一番儒業，乃自周、隋兩代培植而來。其經學成績，亦是東漢以下迄於隋代諸儒之成績。唐初諸儒只加以一番之結集而已。唐代士大夫立身處世，所以仍不失儒家榘矱者，乃從以前門第傳統中來。遠自東漢直至唐代，大門第迭起，實尚保有儒家相傳修身治家之風範與規格。自唐中晚之際，大門第相繼崩潰，此種規格與風範，漸已不復存在。其時社會上乃只充斥著詩人與佛教信徒。佛教信徒終不免帶有出世性，詩人則終不免帶有浪漫性，於是光明燦爛、盛極一時之大唐時代終不免於沒落，而且沒落到一個不可收拾的地步。五代在中國史上乃成為一段最黑暗時期。其時則眞所謂「天地閉，賢人隱」，遠不能比東漢以下之三國兩晉。三國兩晉時代雖亂，卻有人物。從其人物羣興之一方面說，三國兩晉卻差可與戰國相比。有了人，縱是亂，後面還可有希望。亂到沒有了人，人物等第遠遠地降退，此下便無希望可言。五代亦有人物，則全在禪門之下。

四

下及宋儒，便使人易於聯想到理學，理學則後人稱為是一種新儒學。其實理學在宋儒中亦屬後起。理學興起以前，已先有一大批宋儒，此一大批宋儒，早可稱為是新儒。在某一意義上講，理學興起以前之宋儒，已與漢儒有不同。比較上，此一大批宋儒，可稱為已具有回復到先秦儒的風氣與魄力。

宋代雖亦稱是統一時代，但宋代開國，北有遼，西有夏，並不曾有眞統一。而且上承五代傳下一派黑暗衰頽氣象，因此宋代開國，絕不能和漢唐相比。漢唐諸儒，大體言之，似乎多懷有一番處在升平世的心情。宋代開國六七十年，儒運方起，當時諸儒所懷抱，似乎還脫不了一番撥亂世的心情。言外患，則遼夏並峙。言內憂，則積貧積弱，兵制財制，均待改革。而政府大體制，朝廷大規模，仍亦沿襲五代，初未有一番從頭整頓。言社會文化風教，則依然是禪宗佛學，與夫駢四儷六之文章當道得勢。宋儒處在此種形勢下，不啻四面楚歌，因此其心情極刺激，不似漢唐儒之安和。而其學術門徑，則轉極開闊，能向多方面發展，不如漢唐儒之單純。分析宋儒學術，當分幾方面加以敍述。

一是政事治平之學。宋儒多能議政，又能從大處着眼。最著者，如范仲淹之十事疏，王安石之萬言書，引起了慶曆、熙寧兩番大變法。在漢唐儒中，惟漢初賈誼之陳政事疏，與夫董仲舒之天人對策，差堪媲美。惟賈、董兩文，開出了漢代儒家政治之新氣運。而慶曆、熙寧變法，則轉增紛擾，反而因此引起混亂局面，而北宋亦隨之以亡。此乃由環境遺傳種種因素相逼至此，不得怪范、王對政事之無所見。其他諸儒，能議政，能從大處着眼，能闡申儒義，難於一一縷舉。

其次曰經史之學，此與政事治平之學相表裏。宋儒經學，與漢儒經學有不同。漢儒多尚專經講習，纂輯訓詁，着意所重，只在書本文字上。所謂通經致用，亦僅是因於政事，而牽引經義，初未能於大經大法有建樹。宋儒經學，則多能於每一經之大義上發揮。尤著者，如胡瑗蘇湖設教，分立「經義」、「治事」兩齋。經義即所以治事，治事必本於經義，此亦漢儒通經致用之意，而較之漢儒，意義更明切，氣魄更宏大。神宗嘗問胡瑗高弟劉彝，胡瑗與王安石孰優。劉彝對曰：

> 臣師胡瑗，以道德仁義教東南諸生時，王安石方在場屋中修進士業。臣聞聖人之道，有體，有用，有文。君臣父子、仁義禮樂，歷世不可變者，其體也。詩書、史傳、子集，垂法後世者，其文也。舉而措之天下，能潤澤斯民，歸於皇極者，其用也。國家累朝取士，不以體用為本，而尚聲律浮華之詞，是以風俗偷薄。臣師當寶元、明道之間，尤病其失，遂以明體達用之學授諸生。夙夜勤瘁，二十餘年，專切學校。故今學者明夫聖人體用以為政教之本，皆臣師之功，非安石比也。

此雖劉彝一人稱崇其師之辭，然即謂此種精神，乃是北宋諸儒間之共同精神，亦無不可。胡瑗則當可推為乃唱導此種精神之第一人。

論北宋諸儒之治經，如胡瑗之於易與洪範，孫復之於春秋，李覯之於周官，此等皆元氣磅礴，務大體，發新義，不規規於訓詁章句，不得復以經儒經生目之。孫復書名春秋尊王發微，李覯書名周禮致太平論，即觀其書名，亦可想見其治經意向之所在。其他如歐陽修、劉敞、王安石、蘇軾諸人，皆研窮經術，尚兼通，而亦皆喜闢新徑，創新解，立新義，與漢儒治經風規大異，此亦北宋諸儒近似先秦儒氣味之一徵。

論及史學，尤是宋儒之擅場。如歐陽修之五代史、唐史，司馬光之資治通鑑，皆其犖犖大者。其他如蘇轍之於古史，劉攽之於漢史，范祖禹之於唐史，劉恕之於上古及五代史。就一般而論，宋儒史學，顯較漢唐儒為盛。而宋儒之於史學，亦好創立議論，不專於纂輯敍述考訂而止。於著史、考史外，特長論史，此亦宋代學術一新風氣之特徵。

又其次曰文章子集之學，此乃承唐韓愈之古文運動而來。遠在五代，已有僧人在寺院內教佛徒讀韓集。蓋儒學既熸，治道大壞，一世不得安，雖寺院僧人，亦不能自外。故有寺院僧人提倡攻讀韓集之事之出現，此誠大堪詫異，亦大值驚惕，而宋代學風將變，亦可據此而窺其端倪之已露，機緣之已熟。自歐陽修以下，古文大行。王安石、蘇軾、曾鞏尤為一代巨匠。宋詩亦與唐詩風格相異。而其時朝廷官式文章，則仍以四六為標準。雖歐陽、王、蘇諸人，亦皆默爾遵守。獨司馬光為翰林學士，以不能為四六辭。神宗強之曰：「如兩漢制詔可也。」世風之猝難驟革，即此可見。今專就文學論，漢代文學在辭賦，唐代文學在文選，皆在儒學範圍之外。惟宋儒始綰文學與儒術而一之，此亦是宋儒一大貢獻。

尤可注意者，乃北宋諸儒之多泛濫及於先秦之子部。即就儒家言，唐韓愈始提倡孟子，至宋代王安石特尊孟，奉之入孔子廟。而同時如李覯之常語，司馬光之疑孟，皆猶於孟子肆意反對。然自宋以下，始以孔孟並稱，與漢唐儒之並稱周公孔子者，大異其趣。此乃中國儒學傳統及整個學術思想史上一絕大轉變，此風雖始於韓愈，而實成於宋儒。此當大書特書為之標出。其他如徐積有荀子辯；范仲淹以中庸授張載；蘇洵閉戶讀書，當時號為通六經百家之說，及其子軾，父子為文，皆法孟子，兼參之戰國策，有縱橫家氣息。軾尤喜莊子，其弟轍則喜老子。要之北宋諸儒，眼光開放，興趣橫逸。若依漢書藝文志之學術分類，則漢儒如史、漢儒林傳所舉，當多入六藝略，而宋儒則當入諸子略中之儒家者言。亦可謂漢儒乃經學之儒，而宋儒則轉回到子學之儒，故宋儒不僅有疑子，亦復有疑經。如歐陽修之疑十翼，劉恕、蘇轍、晁說之之疑周禮，此亦與漢儒之辨今古文爭家法者大不同。經尚當疑，更何論後儒之經說。孫復有云：

專守王弼、韓康伯之說而求於大易，吾未見其能盡於大易也。專守左氏、公羊、穀梁、杜、何、范氏之說而求於春秋，吾未見其能盡於春秋也。專守毛萇、鄭康成之說而求於詩，吾未見其能盡於詩也。專守孔氏之說而求於書，吾未見其能盡於書也。

宋儒之意，多貴於獨尋遺經，戛戛自造一家之言，則於漢儒經說自不重視，故可謂宋儒之經學，實亦是一種子學之變相。

綜是三者，一曰政事治平之學，一曰經史博古之學，一曰文章子集之學。宋儒為學，實乃兼經史子集四部之學而并包為一。若衡量之以漢唐儒之舊繩尺，若不免於博雜。又好創新說，競標己見。然其要則歸於明儒道以尊孔，撥亂世以返治。在宋儒之間，實自有一規格，自成一風氣，固不得斥宋學於儒學之外，此則斷斷然者。故宋儒在自漢以下之儒統中，實已自成為新儒，不得謂自理學出世，始有新儒，此義必須明白標出。

五

此下當論宋代之理學。

北宋理學開山，有四巨擘，周敦頤濂溪、張載橫渠、程顥明道、程頤伊川兄弟。此四人，皆仕途沉淪，不居顯職。在中朝之日淺，並未在治道實績上有大表現。論其著作，濂溪分量特少，獨有易通書與太極圖說，一是短篇，一是小書，據朱子考訂，太極圖說亦當附易通書，非單獨為篇，是則濂溪著書，僅有易通書一種。橫渠有正蒙，亦如濂溪之易通書，皆是獨抒己見，自成一家言。而正蒙篇幅特為宏大，組織亦更細密。要之厝此兩家書於先秦子籍中，亦見傑出，決無遜色。窺此兩家著書意向，竟可謂其欲各成一經，或說是各成一子，回視漢唐諸經儒，猶如大鵬翔寥廓，鷦鷯處藪澤。伊川一生，僅有易傳一書，其書乃若欲與五經正義中王弼注爭席，確然仍是經學傳統；而在伊川本意，則其書非為傳經，乃為傳道。除此以外，明道、伊川兄弟，皆僅有語錄傳世，由其門人弟子記錄，體製儼似禪家。二程自居為孟子以下傳統大儒，乃不避效襲禪宗之語錄體，此等大膽作風，較之濂溪、橫渠之欲自造一經自成一子者，似更遠過。惟在二程語錄中，極多說經語，亦有訓詁考據，較之濂溪、橫渠著書，潔淨精微，只求自發己旨，絕不見說經痕迹者又不同。故此四人中，惟二程尚差與漢唐說經儒較近，此亦特當指出。

至於史學，此四人似皆不甚厝意。謝良佐上蔡自負該博，對明道舉史書，不遺一字，明道告之曰：「賢卻記得許多，可謂玩物喪志。」上蔡聞之，汗流浹背。上蔡又錄五經語作一冊，明道見之，亦謂其玩物喪志。然上蔡又曰：「看明道讀史，亦逐項看過，不差一字。」今二程語錄中亦時見其論史，而濂溪、橫渠書中則頗少見。可知濂溪、橫渠、明道、伊川四人，確然已是一種新學風，與以前北宋儒風又有大不同，惟明道、伊川尚猶稍近，不如周、張之甚。

若論文章之學，亦惟明道、伊川兩人尚有文集傳世。據直齋書錄解題，濂溪亦有文集七卷，然皆不傳，傳者僅愛蓮說等小文數篇。橫渠於文章之學若更少厝懷。惟其所為西銘，乃懸為此下理學家中最大文字，明道稱之曰：「某得此意，無此筆力。」又曰：「自孟子後蓋未見此書。」要之此四人，皆不甚重文章。濂溪通書有曰：「文所以載道，輪轅飾而人弗庸，徒飾也，況虛車乎？第以文藝為能，藝而已矣。」明道亦言：「學者先學文，鮮有能至道。如博觀泛濫，亦自為害。」伊川亦曰：「今之學者歧而為三，能文者謂之文士，談經者謂之講師，惟知道者乃儒學。」又曰：「以博聞強記巧文麗辭為工，榮華其言，鮮有至於道者。」蓋此四人之為學，經籍固所究心，子部亦頗涉及，惟亦志不在此。至於文史之學，似更淡遠，而於文章為尤甚。

上舉宋儒學術三途，一曰政事治道，一曰經史博古，一曰文章子集，會諸途而並進，同異趨於一歸，是為北宋諸儒之學風。及理學家出而其風丕變。其轉變精微處，固是僅可心知其意，不當強指曲說。然就外面事象言之，一則濂溪以下四人皆於仕途未達，故言治道政事者較少。橫渠與范巽之書有曰：「朝廷以道學政術為二事，此正自古之可憂者。」王安石變法，明道、橫渠皆被擯，其專明道學，即所以爭政術，此一也。又此四人既不在中朝，迹近隱淪，雖二程較顯，然此四人交游聲氣皆不廣，故其學特於反己自得有深詣。黃魯直山谷稱濂溪曰：

茂叔人品甚高，胸懷灑落，如光風霽月。好讀書，雅意林壑，初不為人窘束。廉於取名，而銳於求志。陋於希世，而尚友千古。

山谷乃文章之士，而此稱道濂溪者，後之理學家莫不認其為是知德之言，善乎形容有道氣象。其「廉於取名」、「陋於希世」之四語，實道出濂溪當時之際遇與操心。張栻南軒亦謂濂溪之學舉世不知。然則濂溪學之在當時，縱謂乃是一種隱士之學，亦無不可。

橫渠有詩上堯夫先生兼寄伯淳正叔云：

先生高臥洛城中，洛邑簪纓幸所同。顧我七年清渭上，並遊無侶又春風。

汴京為當時政治中心，洛邑則為當時人物中心。邵雍康節與二程同住洛邑，其交遊應接，上之視濂溪，同時視橫渠，皆較為廣泛與熱鬧。在北宋理學四巨擘中，二程學風較與濂溪、橫渠不同，似亦不能謂與其交遊應接間更無若干之關係。而當時理學之傳，濂溪身後最闃寂，橫渠門庭亦清淡，惟伊洛厥傳最大，亦可證其中之消息。

以上乃從外貌上指出北宋理學家與其先宋儒學術不同。故北宋諸儒實已為自漢以下儒統中之新儒；而北宋之理學家，則尤當目為新儒中之新儒。今再進一步指出理學家之所以為學與其所謂為學者究何在。理學家在當時，自稱其學曰道學，又稱理學，亦可稱曰性道之學或性理之學，又可稱為心性義理之學。政事治道、經史博古、文章子集之學比較皆在外，皆可向外求之；而心性義理之學，則一本之於內，惟當向內求，不當向外求。昔漢儒以讖緯之學為內學，後人又以佛學為內學。然則於宋學中，是否亦可稱理學為內學，似亦無妨，然在理學家中則決不認此稱。

今人又謂宋代理學淵源實自方外，所謂方外，即指道、釋兩家言。然當時理學家主要宗旨正在辨老釋。唐韓愈著原道篇，亦為辨老釋，惟辨之不精，老釋之言流衍如故。北宋諸儒，只重在闡孔子，揚儒學，比較似置老釋於一旁，認為昌於此則息於彼。歐陽修本論可為其代表。其言曰：

佛法為中國患千餘歲，千歲之患徧於天下，豈一人一日之可為。民之沉酣，入於骨髓，非口舌之可勝。然則將奈何？曰：莫若修其本以勝之。

凡政事治平、經史博古、文章子集之學，皆所以修其本。然亦有於此三途之學皆有深造，而終不免於逃禪之歸，如王安石、蘇軾其著者。其他宋儒中信佛者，更不勝縷舉。理學家之主要對象與其重大用意，則正在於闢禪闢佛，餘鋒及於老氏道家。亦可謂北宋諸儒乃外於釋老而求發揚孔子之大道與儒學之正統，理學諸儒則在針對釋老而求發揚孔子之大道與儒學之正統。明得此一分辨，乃能進而略述理學家之所以為學，與其所謂為學之所在，亦即理學家之用心與其貢獻之所在。

濂溪太極圖，或謂傳自陳摶，此層即朱子亦不否認。又有謂其與胡宿在潤州同師鶴林寺僧壽涯，而傳其易書。黃宗羲闢之曰：「使其學而果是，則陳摶、壽涯亦周子之老聃、萇弘。使其學而果非，即日取二氏而諄諄然辯之，則范縝之神滅，傅奕之昌言，無與乎聖學之明晦。」顧憲成謂「元公不闢佛」，高攀龍則曰：「元公之書，字字與佛相反，即謂之字字闢佛可也。」當時亦有謂濂溪初與東林總遊，久之無所入。總教之靜坐，月餘忽有得，呈詩云云。要之濂溪學之所從來，今已無可深求，壽涯、東林總之傳說，其事皆可出僞造，然亦不待力辨。惟高、黃所言，可謂的當。就其書而論其學，始為最可信。濂溪自言「志伊尹之所志，學顏子之所學」，此其自道所志所學，豈不與胡瑗、范仲淹等先起諸儒相近。此乃北宋儒學一大體趨嚮。惟外王之學，則似前勝於後，內聖之學，則似後勝於前，如此而已。

伊川為其兄作明道先生行狀，謂：

> 先生為學，自十五六時，聞汝南周茂叔論道，遂厭科舉之業，慨然有求道之志。未知其要，泛濫於諸家，出入於老釋者幾十年，返求諸六經而後得之。辨異端似是之非，開百代未明之惑，秦漢而下，未有臻斯理也。

又曰：

謂孟子沒而聖學不傳，以興起斯文為己任。其言曰：道之不明，異端害之也。昔之害近而易知，今之害深而難辨。昔之惑人也，乘其迷暗。今之入人也，因其高明。自謂之窮神知化，而不足以開物成務。言為無不周徧，實則外於倫理。

此曰「泛濫諸家」，「出入老釋」，雖濂溪之學無可詳言，當亦如此。即北宋前輩諸儒，雖多不染佛學，然其泛濫諸家，殆亦同然。惟曰如是者幾十年，乃始「返求諸六經」，則不僅北宋諸儒無此先例，恐濂溪亦復不然。胡瑗治易，孫復治春秋，此乃宋儒研經開先兩大宗。范仲淹先天下之憂而憂，後天下之樂而樂，感論國事時至泣下，其學當特重治道政事，而時稱其泛通六經，尤長於易。則宋儒在先本近漢儒之通經致用。惟自歐陽修以下，則其學又似多從唐韓愈入。故特重文章，旁及子史，於經學則皆尚兼通，不務專修。濂溪似專務於研玩易書，轉近先輩，要之決無先則泛濫出入於諸家與釋老，繼乃反求諸六經之事。不僅北宋諸儒不如此，即濂溪似亦不如此，甚至明道宜亦不如此。伊川之言，一則謂明道之學，其先雖由濂溪之啟迪，最後則歸於一己之自得。再則謂其學雖一本諸六經，實亦泛濫出入於百家與釋老。先則兼通旁求，後則歸於一本。如是參之，始為近實。若拘泥字句以求，轉恐不得明道為學之眞相，亦將不得伊川立言之眞意。

再進一層求之，濂溪雖闡明正學，而無直斥異端之語。明道始排斥老釋，而目之曰「異端」。又多兩面對勘之辭。不入虎穴，焉得虎子，明道蓋於老釋異端，用心特深，故能針對老釋而發揚孔子之大道與儒學之正統，其事端待明道而始著。又其推尊孟子，而自居為獲得聖學不傳之秘，此則亦是承襲韓愈，而一面又承自濂溪「尋孔顏樂處」之教。故其學一本心源，與文章博覽之學，終屬異趣。伊川之學，與明道大同。觀其在太學所為顏子所好何學論，可見其亦受啟迪於濂溪令二人尋孔顏樂處之教。然伊川平生，不甚言濂溪，其言濂溪必曰茂叔，於胡瑗獨稱安定先生。蓋胡瑗在太學主講時命此題，伊川親在弟子之列，胡瑗得伊川文而大奇之，處以學職。而伊川惟一著書為易傳，安定、濂溪，固皆治易，似亦不無影響。

或又謂明道不廢觀釋老書，與學者言，有時偶舉佛語；伊川一切屏除，雖莊、列亦不看。朱子辨之云：「釋老書後來須看，不看無緣知他道理。」然則明道、伊川兩人，性氣寬嚴固別，意量宏密亦異。縱朱子謂伊川後來亦須看釋老書，然其融通釋老，則必不能如明道之高渾。明道嘗言：「異日能使人尊嚴師道者，吾弟也。若接引後學，隨人才而成就之，則予不得讓焉。」此不惟見兩人為人之有異，亦見兩人為學之有異。

橫渠少喜談兵，慨然以功名自許。年十八，上書謁范仲淹，仲淹責之曰：「儒者何事於兵。」手中庸一編授焉。遂翻然志於道，求諸釋老，反之六經。是橫渠亦探討釋老，而又能得其深旨。及至京師，擁皋比講易，赴聽者甚眾。晤二程，乃橫渠外兄弟之子，與語厭服。遂輟講，告來聽者曰：「二程深明易道，可往師之。」其學以易為宗，以中庸為的，以禮為體，以孔孟為極。所著書有正蒙、橫渠理窟，及易說十卷，又西銘、東銘兩篇。易說今不傳，二程尤推崇其西銘，謂「自孟子後未見此書」。每以大學、西銘開示來學。伊川又曰：「某接人治經論道者亦甚多。肯言及治體者，誠未有如子厚。」然則橫渠之學，能言性理，能言經術，能言治體，能深入釋老而闢之，其規模極壯闊。然其學之傳不廣，遠不能與二程伊洛相比。

然則在北宋理學中，若無二程，僅有濂溪、橫渠，恐將不獲有廣大之傳；而理學之名，亦恐不得成立。故言理學者，每以二程為宗。

以上略述孔子以下儒學傳統與其流變既迄，此下當述及朱子。

六

首當先述朱子之集理學之大成。

理學在北宋，惟伊洛程門有其傳。及至南宋，所謂理學傳宗，同時亦即是伊洛傳宗。朱子亦從此傳統來。但至朱子，乃始推尊濂溪，奉為理學開山，確認濂溪之學乃二程所自出。

呂希哲原明嘗謂二程初從濂溪遊，後青出於藍。原明親受業於伊川之門下。其孫本中居仁亦曰：「二程始從茂叔，後更自光大。」居仁又曾從遊於楊時龜山、游酢定夫、尹焞和靖之門，三人皆程門弟子。然則謂二程學不從濂溪出，必乃程氏之門自言之。二程既只稱濂溪為茂叔，未有先生之呼，而游定夫乃稱「周茂叔窮禪客」，此六字並見於程氏遺書卷六。濂溪太極圖，二程生平絕未提及。在南宋之世，正式主張濂溪啟程氏兄弟以不傳之妙，一回萬古之光明者，為湖湘學者胡宏五峯。朱子繼起，亦謂二程於濂溪，非若孔子之於老聃、郯子、萇弘。然同時汪應辰即貽書爭辨。故朱子又曰：「大抵近世諸公，知濂溪甚淺。」即濂溪二子，亦「失其家學之傳」。朱子始為太極圖說與通書作解，濂溪著作，一一加以整理發明。又為稽考其生平，雖小節不遺，使後世重知濂溪其人之始末，與其學之蘊奧者，惟朱子之功。至其確定周程傳統，雖發於五峯，亦成於朱子。

朱子又極盛推橫渠。二程於橫渠，固甚重其西銘，然明道嘗謂「有有德之言，有造道之言」，謂西銘則僅是造道之言。伊川答橫渠書，謂：「吾叔之見，以大概氣象言之，則有苦心極力之象，而無寬裕溫和之氣。非明睿所照，而考索至此。故意屢偏而言多窒，小出入時有之。」此則尤指其正蒙言。朱子則謂：「橫渠『心統性情』之說，二程無一語似此切。」又云：「伊川說神化等，不似橫渠較說得分明。」又曰：「橫渠說工夫處，更精切似二程。」此亦皆指正蒙言。朱子又為橫渠西銘與濂溪太極圖同作義解，並謂「近見儒者多議此兩書之失，或乃未嘗通其文義而妄肆詆訶」。當知此等詆訶，亦出理學門中。當時理學界，知重二程，不知重周、張。陸九淵象山之兄九韶梭山，亦與朱子辨西銘，象山繼之，後與朱子辨太極。即朱子至友呂祖謙東萊，亦於朱子之言太極、西銘者不能無疑。張栻南軒亦時持異議。朱子於慶元六年庚申三月辛酉，改大學誠意章，越後三日，即為朱子易簀之日，此事盡人知之。然在前兩夕己未，為諸生說太極圖。前一夕庚申，為諸生說西銘。可見此兩書朱子奉以終身，其諄諄之意，大可想見。後人言北宋理學，必兼舉周、張、二程，然此事之論定，實由朱子。

朱子於北宋理學，不僅匯通周、張、二程四家，使之會歸合一。又擴大其範圍，及於邵雍堯夫、司馬光君實兩人，特作六先生畫像贊，以康節、涑水與周、張、二程並舉齊尊。二程與康節同居洛邑，過從甚密。康節長於數學，然二程於此頗忽視。明道嘗曰：「堯夫欲傳數學於某兄弟，某兄弟那得工夫。」或問康節之數於伊川，伊川答曰：「某與堯夫同里巷居三十餘年，世間事無所不問，惟未嘗一字及數。」康節以數學格物，一日雷起，謂伊川曰：「子知雷起處乎？」伊川曰：「某知之，堯夫不知也。」康節愕然，曰：「何謂也？」曰：「既知之，安用數推？以其不知，故待推而知。」康節問：「子以為何處起？」曰：「起於起處。」朱子則於康節數學特所欣賞。康節又以數學研史，楊龜山有曰：「皇極之書，皆孔子所未言，然其論古今治亂成敗之變，若合符節，恨未得其門而入。」朱子尤特欣賞康節之史學。康節疾革，伊川問：「從此永訣，更有見告乎？」康節舉兩手示之，曰：「面前路徑須令寬。路窄則自無着身處，況能使人行？」此不僅論立身處世，亦當可以推論學術。朱子為伊洛淵源錄，康節不與，乃認康節與伊洛異趨。然以康節列六先生之一，此在理學傳統內，殆亦有路徑令寬之意。

涑水特長史學，著資治通鑑，朱子作綱目繼之，其意蓋欲以史學擴大理學之範圍。涑水特與康節相善，然未嘗及其先天學。涑水亦治易，而不喜康節先天之說。顧朱子於康節之先天學又特所推重。故朱子雖為理學大宗師，其名字與濂溪、橫渠、明道、伊川並重，後人稱為濂洛關閩，然朱子之理學疆境，實較北宋四家遠為開闊，稱之為集北宋理學之大成，朱子決無媿色。

其次當論朱子集宋學之大成。此乃指理學興起以前北宋諸儒之學言。上分北宋儒學為三項，一政事治道之學，一經史博古之學，一文章子集之學。朱子自筮仕以至屬纊，五十年間，歷事四朝，然仕於外者僅九考，立於朝者僅四十日。洪氏年譜謂：「天將以先生紹往聖之統，覺來世之迷，故嗇之於彼，而厚之於此」。然朱子於政事治道之學，可謂於理學界中最特出。試觀其壬午、庚子、戊申諸封事，議論光明正大，指陳確切着實，體用兼備，理事互盡，厝諸北宋諸儒乃及古今名賢大奏議中，斷當在第一流之列。又其在州郡之行政實績，如在南康軍之救荒，在漳州之正經界，雖其事有成有敗，然其精心果為，與夫強立不反之風，歷代名疆吏施政，其可讚佩，亦不過如此。又朱子注意史學，於歷代人物賢奸、制度得失、事為利病、治亂關鍵，莫不探討精密，瞭如指掌。尤其於北宋熙寧變法，新舊黨爭，能平心評判，抉摘幽微，既不蹈道學家之義理空言，亦不陷於當時名士賢大夫之意氣積習。以朱子之學養，果獲大用，則漢唐名相政績，宜非難致。朱子祭張南軒文謂：「兄喬木之故家，而我衡茅之賤士。兄高明而宏博，我狷狹而迂滯。故我嘗謂兄宜以是而行之當時，兄亦謂我盍以是而傳之來裔。」此固朱子遜讓之辭，亦見朱子抱負所重在此。然論兩人政事治道之學，朱子所成就決不下於南軒。此其一。

經學實不為理學諸儒所重視，雖亦時有說經之言，乃借之自申己意，多無當於經文之本旨。朱子博覽羣經，衡評北宋諸儒與二程、橫渠之說，往往右彼抑此。於歐陽、王、蘇諸人極多稱重，而程、張轉多貶辭。亦可謂程、張乃以理學說經，而北宋諸儒則以經學說經。若分經學、理學為兩途，則朱子之理學，固承襲程、張，而其經學，則繼踵北宋諸儒。能綰經學、理學為一途，則端賴有朱子。

史學更非理學家所重。朱子史學，則不僅接迹溫公，時且軼出其前。同時至友東萊，精治史學，其後流衍為浙東功利一派，大為朱子所非。蓋朱子亦欲求理學、史學之一貫，史學正可以開廣理學之門庭。其違離理學而獨立，則亦不為朱子所許。

至於文學，更為理學家所鄙視。惟朱子獨精妙文辭。自謂其學文章，乃由慕效曾鞏為入門。就理學言，雖韓愈、柳宗元，皆致糾彈。專就文學言，即如蘇軾，其學術思想，朱子嘗備極排拒，獨於其文章，則推為大家，亦盛加稱譽。尤其朱子之於詩，乃欲超宋越唐，上追選體。以舊風格表新意境，又另是一種舊瓶裝新酒。北宋理學家能詩者惟邵康節。然朱子特重康節之數學與史學，乃不重其詩。此其襟懷之開闊，識解之平允，古今實少其匹。

至於子集之學，濂溪只稱顏子。二程以孟子為限斷。雖曰「泛濫於百家」，實於百家不見有廣博之追尋。北宋諸儒，乃從韓愈之言而益加推衍，於西漢舉出董仲舒與揚雄，於隋舉王通，於唐舉韓愈，以為儒家道統在是。朱子於董、揚、王、韓四人皆多評騭，尤於王通中說，辨其僞而存其正，闡其駁而抉其失，非淺淺用心者所能及。於董仲舒，則只取「明其道不計其功，正其誼不求其利」兩語。於揚、韓，則尤貶抑為多。即於孟子，亦有微辭，謂其不如顏子。所以為此分別者，因顏子能明得四代禮樂，有此本領，可見於治道講究有素。孟子說得粗疏，只說五畝之宅樹之以桑，如其禮樂，以俟君子，未見得做得與做不得，只說著教人歡喜。又曰：「孟子自擔負不淺，不知怎生做。」此等分辨，乃發理學家所未發。

其論理學興起，則曰：

> 亦有其漸。自范文正以來，已有好議論。如山東有孫明復，徂徠有石守道，湖州有胡安定。到後來，遂有周子、程子、張子出。故程子平生，不敢忘此數公，依舊尊他。

又曰：

> 亦是時世漸好，故此等人出，有「魯一變」氣象。其後遂有二先生出。

伊川稱明道之卒，當時同以為孟子之後，傳聖人之道者，一人而已。推朱子之意，似未必於伊川之言完全首肯。厥後黃震東發傳朱子之學，於此一端，特再提出。全謝山宋元學案，首胡安定，次孫泰山，次范高平，亦以此三人為首，乃見宋學、理學之一貫相承，亦明標其意為一本於朱子。老、釋之學，理學家同所申斥。朱子於莊老兩家頗多發揮，亦不全加廢棄。其於釋氏，尤其於禪宗，則特有精辨。於理學家中，朱子闢禪之語最多。後代理學家所辨儒釋疆界，其說幾全本於朱子。

以上略述朱子集宋學理學之大成者，大致具是。此下當進而述及朱子集漢唐儒大成之所在。漢唐儒之學，主要在經，亦可謂其時則儒學即經學。宋儒之學不專在經，文史百家之業與經學並盛，故可謂至宋儒，乃成為一種新儒學，經學僅占其一部分。抑且漢唐儒經學之成績，主要在章句注疏，宋儒經學，不拘拘在此，重要在創新義，發新論，亦可謂宋儒經學乃是一種新經學。朱子治經，承襲北宋諸儒，而其創新義，發新論，較又過之。然朱子亦甚重漢唐經學之傳統。朱子極重視注疏，其早年為論語訓蒙口義，即曰：

> 本之注疏以通其訓詁，參之釋文以正其音讀，然後會之於諸老先生之說，以發其精微。

此則自始即以會通漢唐經學於當時新興理學家言為幟志。直至其最後論孟集注、中庸章句成書，此一幟志終亦不變。朱子又曰：

> 祖宗以來，學者但守注疏，其後便論道，如二蘇直是要論道，但注疏如何棄得。

理學家風氣，正在要論道，朱子將論道與解經分開，最為明通之見。不僅以此矯北宋諸儒之病，更要乃在矯當時理學家之病。

朱子於漢唐儒最重鄭玄，曾曰：「康成也可謂大儒，考禮名數大有功。」其弟子問：「禮記古注外無以加否？」曰：「鄭注自好，看注看疏自可了。」又曰：

近看中庸古注，極有好處。擺脫傳注，須是兩程先生方始開得這口。若後學未到此地位，便承虛接響，容易呵叱，恐屬僭越，不可不戒。

又論中庸「至誠無息」一段，謂諸儒說多不明，只是古注好。

鄭氏說「有如是廣博，如是深厚」云云①，章句中雖是用他意，然當初只欲辭簡，反不似他說得分曉。

朱子之於鄭氏，其推尊如是。其解中庸「至誠無息」一段，盡棄當時理學家言，單采鄭說，可謂是隻眼孤明，迥出尋常。晚年修禮書，有曰：「近看得周禮、儀禮一過，注疏現成，卻覺不甚費力。」又屢告其及門同預纂校之役者必注意注疏，奉為根據。

---

① 編者案：此非鄭氏說，乃呂氏（大臨）說。原版缺字致誤。見語類卷六四。

朱子重鄭玄外亦重馬融，並亦推重其他諸家。有曰：「東漢諸儒煞好。盧植也好。」又曰：

後漢鄭玄與王肅之學，互相詆訾，王肅固多非是，然亦有考援得好處。

又曰：

禮記有王肅注煞好。

雖專反鄭玄如王肅，朱子亦有推許，此與後世之專一尊鄭媚鄭者，意趣亦復大異。然朱子於古注，亦非一味推尊。嘗曰：「趙岐孟子，拙而不明。王弼周易，巧而不明。」又曰：「古來人解書，只有一箇韋昭無理會。」又曰：

五經中周禮疏最好，詩與禮記次之。書、易疏亂道。易疏只是將王輔嗣注來虛說一片。

朱子論經學，既重注疏，亦重專家與師說。嘗曰：

聖賢之言，有淵奧爾雅，不可以臆斷者。其制度名物，行事本末，又非今日見聞所能及。故治經者必因先儒已成之說而推之。漢之諸儒，所以專門名家，各守師說，而不敢輕有變焉。但其守之太拘，不能精思明辨以求眞是，則為病耳。然以此之故，當時風俗終是淳厚。近年以來，習俗苟偷，學無宗主。治經者不復讀其經之本文，與夫先儒之傳註，以意扭捏，妄作主張。今欲正之，莫若討論諸經之說，各立家法，而皆以注疏為主。

然朱子意中所謂家法，亦不專限於漢儒。又曰：

易則兼取胡瑗、石介、歐陽修、王安石、邵雍、程頤、張載、呂大臨、楊時。書則兼取劉敞、王安石、蘇軾、程頤、楊時、晁說之、葉夢得、吳棫、薛季宣、呂祖謙。詩則兼取歐陽修、蘇軾、程頤、張載、王安石、呂大臨、楊時、呂祖謙。周禮則劉敞、王安石、楊時。儀禮則劉敞。二戴禮記則劉敞、程頤、張載、呂大臨。春秋則啖助、趙正、陸淳、孫明復、劉敞、程頤、胡安國。

是朱子於經學，雖主以漢唐古注疏為主，亦采及北宋諸儒，又采及理學家言，並又采及南宋與朱子同時之人。其意實欲融貫古今，匯納羣流，採擷英華，釀製新實。此其氣魄之偉大，局度之寬宏，在儒學傳統中，惟鄭玄差堪在伯仲之列。惟兩人時代不同，朱子又後鄭玄一千年，學術思想之遞衍，積愈厚而變益新。朱子不僅欲創造出一番新經學，實欲發展出一番新理學。經學與理學相結合，又增之以百家文史之學。至其直接先秦，以孟子、學、庸羽翼孔門論語之傳，而使當時儒學達於理想的新巔峯，其事尤非漢唐以迄北宋諸儒之所及。故謂朱子乃是孔子以下集儒學之大成，其言決非過誇而逾量。

今就朱子所舉宋代經學名家，其中理學家，僅伊川、橫渠兩人，而濂溪、明道皆不列。程張以下，僅列楊時、呂大臨，其他理學家亦不得與。可見當時理學家之於經學，在朱子意中，實多淺嘗，非能深涉。厥後顧炎武謂「經學即理學，捨經學安所得理學哉」，此言亦恐不為朱子所首肯。而當時理學家謂二程直得孟子不傳之祕，於漢唐以下經學，擱置一旁，不加理會，斯亦決非朱子所同意。

朱子又不僅於經學如此，嘗謂：

> 莊老二書解注者甚多，竟無一人說得他本義出，只據他臆說。某若拈出便別，只是不欲得。

此乃朱子之自信語。亦是朱子確曾下過工夫，故能有此自信。可見朱子於各家說莊老者，亦曾博觀縱覽，乃欲以解經方法來解子，解莊老二書，運用純客觀方法，以求發得莊老二書之本義與真相。惟因精力不敷，興趣不屬，乃置而不為。其實朱子之解濂溪太極圖說與通書，以及橫渠之西銘，其所運用之方法，亦是一種解經方法。朱子至友如張南軒，亦謂朱子「句句而解，字字而求，不無差失」。蓋當時理學界風氣，讀書只貴通大義，乃繼起立新說，新說愈興起，傳統愈脫落。此風在北宋諸儒已所不免，而理學家尤甚。即南軒亦仍在此風氣中。惟朱子，一面固最能創新義，一面又最能守傳統。其為注解，無論古今人書，皆務為句句而解，字字而求，此正是漢儒傳經章句訓詁工夫，只求發明書中之本義與眞相，不容絲毫臆見測說之參雜。此正是經學上傳統工夫。明得前人本意，與發揮自己新意，事不相妨。故經學之與理學，貴在相濟，不在獨申。合則兩美，分則兩損。朱子學之著精神處正在此。

以上略述孔子以下迄於朱子儒學傳統之流變，及朱子之所以為集儒學之大成者，大體竟。下當轉述朱子本人學術思想之大概。

七

敘述朱子思想，首先當提出其主要之兩部分。一為其理氣論，又一為其心性論。理氣論略當於近人所謂之宇宙論及形上學。心性論乃由宇宙論形上學落實到人生哲學上。

在北宋理學四大家中，二程於宇宙論形上學方面較少探究。濂溪、橫渠則於此有大貢獻。但二程謂橫渠正蒙下語多有未瑩，朱子接受二程此番意見，其論理氣，主要根據為濂溪之太極圖說，而以橫渠正蒙為副。

朱子論宇宙萬物本體，必兼言理氣。氣指其實質部分，理則約略相當於寄寓在此實質內之性，或可說是實質之內一切之條理與規範。

朱子雖理氣分言，但認為只是一體渾成，而非兩體對立。此層最當深體，乃可無失朱子立言宗旨。朱子云：

天下未有無理之氣，亦未有無氣之理。

有是理，便有是氣。

理未嘗離乎氣。

無理，將不能有氣。但無氣，亦將不見有理。故此兩者，不僅是同時並存，實乃是一體渾成。朱子把此說歸納之於濂溪之太極圖說。故曰：

太極只是天地萬物之理，但太極卻不是一物，無方所頓放，故周子曰「無極而太極」。

又曰：

才說太極，便帶著陰陽。才說性，便帶著氣。不帶著陰陽與氣，太極與性那裏收附。然要得分明，又不可不拆開說。

把理氣拆開說，把太極與陰陽拆開說，乃為要求得對此一體分明之一種方便法門。不得因拆開說了，乃認為有理與氣、太極與陰陽為兩體而對立。

理與氣既非兩體對立，則自無先後可言。但若有人堅要問個先後，則朱子必言理先而氣後。故曰：

未有天地之先，畢竟也只是先有此理，便有此天地。若無此理，便亦無天地，無人、無物，都無該載了。

又曰：

先有箇天理了，卻有氣。

有是理，便有是氣，但理是本。

但朱子亦並不是說今日有此理，明日有此氣。雖說有先後，還是一體渾成，並無時間相隔。惟若有人硬要如此問，則只有如此答。但亦只是理推，非是實論。

朱子又說：

陰靜是太極之本。然陰靜又自陽動而生。一靜一動，便是一箇闢闔。自其闢闔之大者推而上之，更無窮極，不可以本始言。

必要言天地本始，朱子似無此興趣，故不復作進一步的研尋。太極即在陰陽之內，猶之言理即在氣內。一氣又分陰陽，但陰陽亦不是兩體對立，仍只是一氣渾成。若定要說陰先陽後，或陽先陰後，朱子亦並不贊許。

但既如此，為何定不說氣先理後，理不離氣，有了氣自見理，太極即在陰陽裏，有了陰陽也自見太極？因若如此說，則氣為主而理為附，陰陽為主而太極為副，如此則成了唯氣論，亦即是唯物論。宇宙唯物的主張，朱子極所反對，通觀朱子思想大體自知。

但既曰理為本，又曰先理後氣，則此宇宙是否乃是一唯理的？此層朱子亦表反對。朱子說：

佛氏卻不說著氣，以為此已是渣滓，必外此然後可以為道，遂至於絕滅人倫，外形骸，皆以為不足卹。

又曰：

事事物物上便有大本。若只說大本，便是釋老之學。

又曰：

有一種人，思慮向裏去，嫌眼前道理粗，於事物上都不理會，此乃談玄說妙之病，其流必入於異端。

朱子之學，重在內外本末精粗兩面俱盡，唯理論容易落虛，單憑虛理，抹殺實事，朱子亦不之許。至如近代共產主義，乃是一種唯理的唯物論，更要不得。

朱子又說：

說窮理，則似懸空無捉摸處。說格物，則只就那形而下之器，尋那形而上之道，便見得這箇元不相離。

又曰：

人都把這道理作箇懸空底物。大學不說窮理，只說格物，便是要人就事物上理會。

以上見朱子之宇宙論，既不主唯氣，亦不主唯理，亦不主理氣對立，而認為理事只是一體。惟有時不如此說，常把理氣分開，謂：

在物上看，則二物渾淪不可分開。若在理上看，則雖未有物，而已有物之理。然亦但有其理，未嘗實有是物。

此如今人說，未有飛機，先有飛機之理。人只能憑此理創此物，不能說為要創此物，同時卻創此理。更不能說，必待先有了飛機纔始有飛機之理。朱子又說：

且如萬一山河大地都陷了，畢竟理卻只在這裏。

此如說飛機壞了，飛機之理尚在。但若沒有飛機，那項飛機之理，究亦無處頓放，無處掛搭。所以理氣當合看，但有時亦當分離開來看。分離開來看，有些處會看得更清楚。

理是一，氣是多。理是常，氣是變。沒有多與變，便看不見一與常。但在理論上，究不能說只有多與變，沒有一與常。縱使離開了多與變，此一與常者究竟還存在。但朱子又不許人眞箇離了多與變來認此一與常。似乎又不認多與變外還另有一與常。故說：「周子曰『無極而太極』，是他說得有功處。」

朱子此項理氣一體之宇宙觀，在理學思想上講，實是一項創見，前所未有。濂溪只講太極與陰陽，此乃上承易經繫辭來。朱子換了兩個新名辭，說理與氣，說得更明白，更確切。如說物物一太極，究不如說物各有理更恰當。橫渠正蒙說太虛與氣，說太虛究亦不如說無極太極，較深允，較確切。故朱子理氣論，只引據濂溪太極圖，而對橫渠正蒙「一大清虛」之說，則亦加以辨正。說虛字究不如說理字，但單說理字則仍是虛。濂溪言太極，亦不如朱子言理氣之為恰當而明確。明道有言：「吾學雖有所受，天理二字，卻是自家體貼出來。」此所謂之天理，多半似只當屬於人生界。此下理學家多以天理人欲對稱，此亦只指人心人事言，與朱子言理氣之理，高下廣狹有不同。因此說朱子理氣論，實是一番創論，為其前周張二程所未到。但由朱子說來，卻覺其與周張二程所言處處脗合。只見其因襲，不見其創造。此乃朱子思想之最偉大處，然亦因此使人驟然難於窺到朱子思想之眞際與深處。

朱子解經極審愼，務求解出原書本義。但亦有時極大膽，極創闢，似與原書本義太不相干。如論語「獲罪於天，無所禱也」，朱子注「天即理也」。孔子只說禱於天，沒有說禱於理，朱子注語豈非大背原義。但此等處正見理學精神，實亦見北宋諸儒之精神。後來清儒拈出此等處，對朱子與宋儒大肆譏呵，只在訓詁上爭，卻不在學術思想上分辨，未免為小而失大。

但論語注「天即理也」四字，也還未盡朱子說天之義。中庸章句有云：

> 天以陰陽五行化生萬物，天即理也。

此條兼舉理氣言。若謂天以陰陽五行化生萬物，故陰陽五行之化生即是天，此則仍有未盡。在陰陽五行化生之裏面，尚猶有理，故又增上「天即理也」四字。但若謂天以理化生萬物，此又誤。因如此說來，又似天在理之上，則試問天又是何物。故朱子要極度推尊濂溪在「太極」之前加上「無極」二字，但說天即太極，究不如說天即理之遙為恰當。至於橫渠正蒙，則朱子多取其討論陰陽五行之化生處，而於其言「太虛」，言「清虛一大」，則只依二程，謂其下語未瑩。此等處皆是極費斟酌而來，亦是極富創闢精神，後人看慣了反覺陳腐，那是後人不應該。朱子又說：

若論本原，則有理然後有氣。若論稟賦，則有是氣而後理隨而具。

此處分別從宇宙與人生界來論理氣先後，更為明晰。中庸章句亦云：

氣以成形，理亦賦焉。

從宇宙界說，是理在氣先。從人生界說，則又氣在理先。朱子論孟集注、學庸章句皆由其一己思想之最後結論凝鍊而來。一面當認取其深厚之傳統性，一面當認取其精闢之創造性。二者合一，乃可見朱子思想之大全。也只因後人看慣了，故在此等處亦復不深加理會。

今再就朱子天即理之說，引述其又一創闢之見，此為探究理氣論所必當注意者。朱子云：

理無情意，無計度，無造作，只此氣凝聚處，理便在其中。

又曰：

理只是個淨潔空闊底世界，無形迹。他卻不會造作。氣則能醞釀凝聚生物。

又說：

形而上者是理。才有作用，便是形而下者。

故又說：

氣強理弱。理拗不轉氣。亦如氣生形質，形質又強過了氣，氣又拗不轉形質。

此一說似極奇特，亦極平實。今若說，天即是理，而理又是無情意、無計度，因亦不能有造作與作用，則天亦是無情意、無計度、無造作、無作用。如此則宇宙萬物究從何來，此處朱子把來截斷了，不再向上推。只說有此宇宙萬物，則必見有理。苟不然，也不能有此宇宙萬物。如此而止。故朱子又說，宇宙間萬物也有限，並不能隨時隨意創造。如桃樹必開桃花，結桃子，不能在桃樹上開李花，結李子。理如此，天也無奈何。但也不是理在要如此，因理無情意，無計度，並亦無力要能如此。此說淵源，實乃自莊老道家之自然義。老子說：

天法道，道法自然。

道理二字，自理學家說來，本可無分別。然則此處乃是朱子會通了莊老道家之自然義而創出此說。濂溪太極圖說，遠則淵源於易繫辭，近則傳授自陳摶。易經與道家言，本屬相通。朱子之宇宙論，既是淵源於濂溪之太極圖，故亦兼通於易與道。但從此更當進一層分辨。道家主張乃是一本於自然，朱子理氣論則認自然只是一道，故說有氣則必有理。在宇宙形上界，理是無情意，無計度，無造作，無作用。但一落到人生形下界，人卻可以憑此理來造作，理乃變成了有作用。人生界在氣的圈子之內，自當有情意，有計度。只要此情意計度合乎理，則此理便會發生作用與造作。如是則又從莊老道家轉回到孔孟儒家來。此一層，當待講到朱子之心性論，纔見有發揮，有著落。

在此，只可謂在宋代理學家思想中，實已包進了道家言，而加之以融化。周張二程皆如此，到朱子而益臻於圓通無礙。若僅就某一部分認為理學思想即是道家思想，則仍把握不到理學思想主要精神之所在。

以上約略說了朱子之理氣論，以下再引述其心性論。

八

性屬理，心屬氣，必先明白了朱子之理氣論，始能探究朱子之心性論。朱子極稱伊川「性即理也」一語。謂：

伊川「性即理也」，自孔孟後無人見得到此，亦是從古無人敢如此道。

又曰：

如「性即理也」一語，直自孔子後惟是伊川說得盡。

其實孔孟書中並不見有「性即理也」之語，只因宋代理學家敢於說從古未有人說的話。但就論其實，伊川說此話，也與朱子之說有不同。伊川云：

性即理也，所謂理性是也。天下之理，原其所自，未有不善。喜怒哀樂之未發，何嘗不善。發而中節，則無往而不善。發不中節，然後為不善。

可見伊川「性即理也」之語，主要在發揮孟子性善義，只就人生界立論，而朱子則用來上通之於宇宙界。亦可謂朱子乃就其自所創立有關宇宙界之理氣論而來闡申伊川此語之義。要之伊川言性理，偏重在人生界，朱子言性理，則直從宇宙界來，此乃兩人之所異。伊川又曰：

道孰為大？性為大。人之性則亦大矣，人之自小者，亦可哀也。人之性一也，世人皆曰吾何能為聖人，是不自信也。動物有知，植物有知，其性自異。但賦形於天地，其理則一。

此仍在闡發孟子性善義，仍偏囿在人生界。雖亦兼及物性，但只從人生界推出，非從宇宙界落下。朱子則曰：

性只是理，萬理之總名。此理亦只是天地間公共之理，稟得來，便為我所有。

此是說天理稟賦在人物者為性，如此則宇宙界人生界一貫直下，形上形下，交融無間。今說天即是理，則在人物身上各自占有了一分天。此把莊老道家精義已盡量接受，而確然轉成其為儒家義。此見朱子思想組織力之偉大，消化力之細膩，而在朱子，則只似依據伊川一語加以引伸，不見有自己用力處。此乃朱子思想之邃密不可及處，亦是朱子思想之驟難把捉處。

伊川又言：

> 論性不論氣不備，論氣不論性不明。

此處把性與氣分言。朱子說之曰：

> 大抵人有此形氣，則是此理始具於形氣之中而謂之性。纔是說性，便已涉乎有生，而兼乎氣質，不得為性之本體。然性之本體亦未嘗雜。要人就此上面見得其本體元未嘗離，亦未嘗雜耳。

此處朱子闡說伊川「性則理也」一語，更入深微。理是天地公共底，性則是人物各別底。理屬先天，性屬後天。由理降落為性，已是移了一層次。朱子說理氣合一，故說性氣不離。朱子又主理氣分言，故說性氣不雜。但萬物之性，各為其形氣所拘，回不到天地公共底理上去。人性則可不為形氣所拘，由己性直通於天理。此處要有一番工夫，此一番工夫則全在心上用。此乃全從人生界立說，若言宇宙界，則無工夫可用。惟在人生界用工夫，仍必以上通宇宙界為歸極。若只囿在人生界，而至於違背了宇宙界，則一切工夫皆屬錯用。宇宙界之與人生界，自朱子理想言，仍當是一體兩分，非兩體對立。其貫通處則正在性。性是體，其發而為工夫則在心，心屬用。

朱子言性即理，又說性氣不相離，亦不相雜，此處又把張程所言天地之性、義理之性、氣質之性之分別全都融化了。此等分別，至是乃似無必要。思想遞轉而益進，愈演而愈密，但在朱子文章與說話中，又像並不顯著，此貴讀者之細心體玩。

又朱子說「理只是箇淨潔空闊底世界，無形迹，不會造作」，有人疑此等說法從佛家來；但釋氏禪宗主張性空理空，朱子則說理必附氣、性必附心。若說理不是一箇淨潔空闊底世界，又如何能附在氣上，遍及氣中。理如此，性亦然。正因其必附在氣上，遍及氣中，故理實非虛。一虛一實，為朱子分別儒釋疆界一大鴻溝，此層俟下再述。

以上略說朱子論性，以下當再略述朱子之論心。

朱子論宇宙界，似說理之重要性更過於氣。但論人生界，則似心之重要性尤過於性。因論宇宙界，只在說明此實體。而落到人生界，要由人返天，仍使人生界與宇宙界合一，則更重在工夫，工夫則全在心上用，故說心字尤更重要。但卻不能說朱子重要說心，便接近了所謂唯心論。因心只屬於氣，朱子既不主唯氣，自亦不主唯心。

後人又多說，程朱主「性即理」，陸王主「心即理」，因此分別程朱為理學，陸王為心學。此一區別，實亦不甚恰當。理學家中善言心者莫過於朱子。此下再略舉其說。或人問朱子：

「先生說『心者，天理在人之全體』，又說『性者天理之全體』，此何以別？」曰：「分說時，且恁地。若將心與性合作一處說，須有別。」

說心性，猶如其說理氣，可以分說，可以合說。心性亦非兩體對立，仍屬一體兩分。故又說：

性便是心之所有之理。

心便是理之所會之地。

性是理，心是包含該載敷施發用底。

就宇宙界言，理則包含該載在氣。就人生界言，性則包含該載在心。理無情意，無計度，無造作，無作用；性亦然。心則有情意，有計度，有造作，有作用。故理之敷施發用在氣，而性之敷施發用則在心。氣之敷施發用只是一自然，而心之敷施發用則在人為。應從自然中發出人為，又應從人為中回歸自然。並應從人為中發展出自然中之一切可能與其最高可能。此始謂之道義，始是人生界最高理想與最大責任所在，亦始是人心之最大功用所在。故說：

心性理，拈著一個，則都貫穿。

後人又稱理學曰性理之學，依照上引語，可見性理之學正即是心學。一切對性與理之認識與工夫，將全靠心。若抹去了心，將無性理學可言。故又說：

所知覺者是理，理不離知覺，知覺不離理。

就宇宙界論，則理不離氣。就人生界論，則曰「理不離知覺」。理不離知覺，即是理不離心。故又曰：

理無心，則無著處。

所覺者心之理，能覺者氣之靈。

就宇宙界論，則理在氣。就人生界論，則理在心。心是氣之靈，惟人類獨得此氣之靈，故能有此心，能覺此理。然既曰氣非即是理，則亦必曰心非即是理。心只是覺。須待此心所覺全是理，滿心皆理，始是到了「心即理」境界。此心所覺之理，不僅是宇宙自然方面者，亦復涉及人生文化方面。人生文化方面之理，亦即在宇宙自然之理之中，此在「性即理」之一論題中已有交代。人心能明覺到此理，一面可自盡己性，一面可上達天理，則既可宏揚文化，亦可宣贊自然。儒家精義之所異於老釋異端者在此，而理學家之終極目標亦在此。

心非即是理，只是一虛靈。惟其是一虛靈，故能明覺此理。大學章句有云：

> 虛靈不昧，以具眾理而應萬事。

孟子集注亦云：

> 心者人之神明，所以具眾理而應萬事。

人類有心，即能具此神明。但須到聖人，始能全此體而盡其用。此處則有一套方法，即是一套工夫，理學家所討究之最精邃處，即在此一套方法與工夫上。故理學決非僅是一套純思辨之學，更貴在能有以證成此一套思辨之方法與工夫。故理學家既有一套本體論，尤必有一套方法論與工夫論。若僅認有此本體，而無與此相應之一套方法與工夫，則所知不實，所覺仍虛，非眞本體，將如畫餅之不足以充饑。

朱子又謂釋氏禪宗乃是主「心即理」之說者，故曰：

釋氏擎拳豎拂，運水搬柴之說，豈不見此心，豈不識此心，而卒不可與入堯舜之道。正為不見天理，而專認此心為主宰，故不免流於自私。前輩有言：「聖人本天，釋氏本心。」蓋謂此。

本天，即是本理，理必具於心，而心非即是理，此辨已詳理氣論。

朱子又曰：

橫渠說：「心能檢其性，『人能弘道』也。性不知檢其心，『非道弘人』也。」此意卻好。

此亦上引理弱氣強說一實證。理不能有造作，拗不轉氣，但氣亦管不得理。就宇宙界言，理氣兩行，一體渾成，誰也主宰不得誰，所以道家謂之為自然。在自然中有人類，人則有心，「心能檢性」，即是說心能檢點理。從宇宙界言，似乎理乃是一主宰。但此一主宰，乃是消極性的，只能使氣之一切活動不能越出理之範疇，卻不能主宰氣使作某等活動。否則此宇宙早成為一理想的，而非是一自然的。今就人生界言，則心能主宰理，即是能檢點此理，配合於人生理想，而使其盡量獲得發揮，由理想的人生界來達到一理想之宇宙界。如是言之，則轉成為氣能主宰理。此氣則專指心言，故又曰「心者氣之精爽」。

朱子又說：

「性者道之形體，心者性之郛郭」，康節這數句極好。

道即是理，理無形體，性便是其形體。物各具性，即是物各有理。但此只就宇宙自然界言。落實到人生界，則具此性者為心，心便能收拾得這性，檢點這性，使之發生作用。謂之郛廓者，人性只在心之內，不在心之外。故又說：「心將性做餡子模樣。」饅頭有了餡子始有味，心之內存得有性，此心始有意義可言。但朱子又說：

若是指性來做心說則不可。今人往往以心來說性，須是先認得方可說。

指性做心說，則性將不成其為理。若以心來說性則可，但須先識得心與性之區別所在與其會通所在。

以上是朱子雜引了橫渠、康節所說，以見心能檢性，性卻不能檢心。心能包性，性卻不能包心。故朱子又說：

自古聖賢相傳，只是理會一箇心。

即此可見朱子對心之重視。所謂理會，則本體認識與方法運用都已兼舉在內。朱子又極稱橫渠「心統性情」之說，謂：

「心統性情」，二程卻無一句似此切。

又曰：

孟子說心許多，皆未有此語端的。其他諸子等書，皆無依稀似此。

朱子稱讚橫渠此一語，不僅謂其勝過了二程，抑且謂其勝過了孟子。此處即可見宋代理學家精神，一面極具傳統性，另一面又極具開創性，而朱子尤為其代表。朱子闡說橫渠此語，謂：

性者，心之理。情者，性之動。心者，性情之主。
性對情言，心對性情言。合如此是性，動處是情，主宰是心。

又曰：

性以理言，情乃發用處，心即管攝性情。

又曰：

心統性情，該動靜，而為之主宰。

朱子又說：

「天命之謂性」，命便是告劄之類。性便是合當做底職事，如主簿銷注，縣尉巡捕。心便是官人。氣質便是官人所習尚，或寬或猛。情便是當廳處斷事。如縣尉捉捕得賊，情便是發用處。

此處把性、命、心、情、氣質等字，解釋得一一清楚明白。人生一切職事，還是由天所派。但人在此等職事上，還得自作主宰。天派了你職事，不能代你作主宰。各人在自作主宰時，還有氣質不同，感情不同，這些亦都受於天，但要主宰得當。卻不是要你全沒有了氣質之異，感情之動，始來作主宰。

朱子又說：

虛明應物，知得這事合恁地，那事合恁地，這便是心。當這事感，則這理應，那事感，則那理應，這便是性。出頭露面來底便是情。其實只是一箇物事。

心是能覺，性是所覺，情是性之出頭露面處。由宇宙自然界言，此三者似統一在性。由人生文化界言，此三者須統一在心。若只認得性情是自然，卻不認得主宰在心，此是錯了。但若只認得主宰在心，卻不認得性情乃本之自然，亦同樣是錯。

上面已說到宋代理學家共同主要精神之所在。橫渠又說：「為天地立心，為生民立命，為往聖繼絕學，為萬世開太平」，此一套「絕學」，其實也只是一套心學，根據上所引述，自可循之推尋。

九

以上略述朱子之理氣論與心性論。在此，朱子已盡力指陳了心之重要。在人生界中之心，正可與在宇宙界中之理相匹配。而就人生界論人生，則心之重要更過於理。因理是已存底，而心則是待發底。亦可謂理屬體，心則主要在用，在工夫論上，故尤為理學家所重視。所以說，謂陸王是心學，程朱是理學，此一分別，未為恰當。若說陸王心學乃是專偏重在人生界，程朱理學則兼重人生界與宇宙界，如此言之，庶較近實。

今試問天地是否亦有心，即是說宇宙自然是否亦有心，朱子對此問題，似乎主張說天地亦有心。朱子說：

「天地以生物為心」。天包着地，別無所作為，只是生物而已。亘古亘今，生生不窮，人物則得此生物之心以為心。

又曰：

天地以此心普及萬物，人得之，遂為人之心，物得之，遂為物之心，草木禽獸接着，遂為草木禽獸之心。只是一箇天地之心爾。今須要知得它有心處，又要見得它無心處。

如此說來，朱子看天地，似乎認其在有心無心之間。天地只是一自然，此是無心的。但若只說理與氣，一則冷酷無情，一則紛擾錯綜，不能說人生界一切道理便只從這無情與紛擾中來，儒家因此從宇宙大自然中提出一生命觀，理則名之曰生理，氣則稱之曰生氣，易繫辭說「天地之大德曰生」，又曰「復見天地之心」。朱子說之曰：

謂如一樹，春榮夏敷，至秋乃實，至冬乃成。方其自小而大，各有生意。到冬時，疑若樹無生意矣，不知卻自收斂在下。每實各具生理，便見生生不窮之意。

此乃即就草木來說明宇宙，提出生氣、生理、生意等字眼，說有意便如說有心。朱子又曰：

萬物生長，是天地無心時。枯槁欲生，是天地有心時。

當萬物之各遂其生，自然生長時，則若不見天地之有心。若使天地有心，將不復是自然，亦將不見萬物之各有其生，而只成為宇宙間一被生物。但到萬物生命力收藏或萎縮近至不復有生時，而其生命力又漸漸茁壯起來，此則不得謂天地之無心。若果天地無心，何從在自然中報出生命？又如何使此生命永遠繼繼承承而不絕？

康節有一詩云：

冬至子之半，天心無改移。一陽初動處，萬物未生時。玄酒味方淡，大音聲正希。此言如不信，更請問庖犧。

朱子說此詩云：

萬物生時，此心非不見，但天地之心悉已布散叢雜，無非此理呈露，倒多了難見。若會看者能於此觀之，則所見無非天地之心。惟是復時，萬物未生，只有一箇天地之心昭然著見在這裏，所以易看。

朱子此說分析甚精。又盛讚康節此詩，謂其是「振古豪傑」。朱子又曰：

復未見造化，而造化之心於此可見。

到此處，朱子直說自然造化即見天地有心。王弼注易經復卦，謂「寂然至無，是其本矣。動息地中，乃天地之心見」。朱子斥之，謂「說無，是胡說」。王弼承莊老道家義，謂自然中有生命，乃是自無生有。儒家不認無是天地之本。天地即是造化，造化中即涵有生命。當復之時，雖生命之迹尚未見，而造化之心則已見，不得謂之無。

朱子又謂：

造化周流，未著形質，便是形而上，屬陽。才麗於形質，為人物，為金木水火土，便轉動不得，便是形而下，屬陰。

故雖說「一動一靜互為其根，分陰分陽兩儀立焉」，但究竟仍該以陽動在先，陰靜在後。在先是流行變動，未著形質時。在後則已麗於形質，成了一格局。此種形質，則無不將變壞衰滅，但下面還是會生生不已。故朱子說：

統是一個生意。

如此，亦可說儒家說造化，說生，是說了此宇宙之陽面。道家說自然，說無，是說了此宇宙之陰面。朱子根據易繫辭來暢闡儒義，而其根據於新興理學諸儒者，則主要尤在濂溪與康節。朱子從此理論上特地提出一「仁」字。朱子說：

仁是天地之生氣。

仁是箇生底意思。

生底意思是仁。

又曰：

只從生意上說仁。

天地生這物時，便有箇仁。

仁便有箇動而善之意。

又曰：

仁者，天地生物之心。

又曰：

千頭萬件，都只是這一箇物事流出來，仁是箇主，即心。

又曰：

發明心字，一言以蔽之曰生而已。「天地之大德曰生」，人受天地之氣以生，故此心必仁，仁則生矣。

又曰：

當來得於天者，只是箇仁，所以為心之全體。

又曰：

萬物之心，便如天地之心。天下人之心，便如聖人之心。天地生萬物，一箇物裏面便有一箇天地之心。聖人於天下，一箇人裏面，便有一箇聖人之心。

朱子專就心之生處、心之仁處着眼，至是而宇宙萬物乃得通為一體。當知從來儒家發揮仁字到此境界者，正惟朱子一人。老子曰：「天地不仁，以萬物為芻狗。」從老子道家義，則此宇宙大整體，乃是一不仁之體。由朱子言之，則此宇宙大整體，乃是一至仁之體。然其間仍有分別處。由上向下言之，則萬物各得天地之心，與天地之仁。若由下向上言之，則惟聖人乃能全得此心之仁，上與天地合德。從此乃生出關於心方面之種種方法論與工夫論，待以下加以闡述。

一〇

以上略述朱子論此宇宙之仁，此下當再述朱子論此宇宙之神。亦可謂理與氣乃此宇宙之體，仁與神則是此宇宙之用。必兼此體用四者來看，乃見朱子宇宙論之全貌。

橫渠有言：

鬼神者，二氣之良能。

伊川則謂：

鬼神者，造化之迹。

朱子論鬼神，大體本之張、程，惟謂程說不如張。蓋「迹」字下得粗，不如「能」字更深切。朱子自說己意則曰：

鬼神是這氣裏面神靈相似。

此意承橫渠，謂氣裏面有一種作用，此種作用謂之鬼神，或只說神，此即是氣之能。若以神與理相比，理屬形而上，神屬形而下。故朱子又說：

說鬼神，畢竟就氣處多，發出光彩便是神。

如此則伊川說「鬼神為造化之迹」，亦已得之，惟不若横渠與朱子說得更精妙。朱子又曰：

神便在心裏，凝在裏面為精，發出光彩為神。

此謂心是氣之精爽，神是氣之光彩。朱子又說：

往來屈伸者氣也。神伸也，鬼屈也。如風雨雷電初發時，神也。及至風止雨過，雷住電息，鬼也。

又曰：

鬼神不過陰陽消長，亭毒化育，風雨晦冥皆是。

「風雨晦冥」指其迹，「亭毒化育」見其能。就天地之生理、生氣、生意言，可謂天地亦有心。心是氣之精，發出光彩便是神。則又可說氣是體，而心與神則是其用。朱子又曰：

言鬼神，自有迹者而言。言神，只言其妙而不可測識。

又曰：

且就這一身看，自會笑語，有許多聰明知識，這是如何得恁地？虛空之中，忽然有風有雨，有雷有電，這是如何得恁地？這都是陰陽相感，都是鬼神。看得到這裏，見一身只是箇軀殼在這裏，內外無非天地陰陽之氣。所以說，「天地之塞吾其體，天地之帥吾其性」。

如此說來，天地人物只是一體。此一體，合而言之曰氣，分而言之曰陰陽。陰陽相感，往來屈伸，遂演出種種造化。此種種造化，妙而不可測識，故稱之曰神，神則只是一種造化之作用或功能。分而言之，則曰鬼神。在此種作用或功能之背後，則必有理之存在。故朱子又曰：

神是理之發用，而乘氣以出入。

此處見張程專就二氣言鬼神，朱子則又進一步兼理氣而言鬼神。若要問神究該屬理抑屬氣，則神自是屬於氣一邊。而氣之所以能神，則因氣之中有理。否則此一氣，紛擾錯縱，將不會有神妙之作用。朱子之所推闡引發，似較張程更為詳密，更為開展。其實朱子言神鬼，已與古經籍中之言鬼神者異趣，但朱子仍必追溯之於古經籍，而一一為之會合闡說，因曰：

「宰我問鬼神」一章最精密，包括得盡，亦是當時弟子記錄得好。

是則朱子言鬼神，不僅推本之於張程，亦且推本之於孔子。驟讀朱子書，一一分別而觀，若其言必有本，並無創見自立說之處。朱子乃渾化其一己思想於從來之大傳統中，使人不見其痕跡。換辭言之，朱子乃自從來大傳統中醞釀發展其思想，而亦不自知其為創見與自立說。孔子之「述而不作，信而好古」，後代大儒，實惟朱子似之。

朱子又更進而分別言之，曰：

今且說大界限。周禮言：「天曰神，地曰祇，人曰鬼。」三者皆有神，而天獨曰神者，以其常常流動不息，故專以神言之。若人自亦有神，但在人身上則謂之神，散則謂之鬼。鬼是散而靜了，更無形，故曰「往而不返」。

鬼只指其氣之散而靜，往而不返者。神則指其專一發見，流動不息，妙而不可測識者。自宇宙界言，其間雖亦有散而盡之氣，但綜觀此宇宙之大氣，則只是流動不息，妙而不可測識。自人生界言，則各人之氣，終必有散而盡、往而不返之時。故在天則曰神，在人則曰鬼。換言之，天地之氣常在，人之氣則必消散。然細言之，則天地常在之氣之中亦不斷有消散，人氣在未消散時亦不斷有流動不息之妙。此乃朱子論鬼神之本旨。其釋周禮所言之鬼神，則一如其注論語之言「天即理」，此處可見朱子終是一卓越之理學家，因其有創見，能自立說，與標準之經學家畢竟有不同。因經學家則都不能有創見與自立說。

朱子又曰：

橫渠云：「陰陽二氣，推行以漸謂化，闔闢不測謂神。」伊川先生說神化等，卻不似橫渠說得分明。

又曰：

神化二字，雖程子說得亦不甚分明。惟是橫渠推出來：「推行有漸為化，合一不測為神。」

朱子又極稱橫渠「一故神，兩在故不測；兩故化，推行乎一」之四語。又自為之說曰：

一不能化，惟兩而後能化。且如一陰一陽，始能化生萬物。雖是兩箇，要之亦是推行乎此一。

朱子於橫渠此數語，再三稱嘆。既曰「說得極好」，又曰「說得極精」。蓋北宋理學諸儒，能言宇宙界者，端推濂溪、康節、橫渠三家，二程則較遜。朱子乃會通此三家以完成其宇宙論之體系。大要言之，不外是「一體兩分，兩體合一」之兩語。其論理氣，論陰陽，論鬼神，皆是。又如其言仁與神之與理氣，亦仍是一體兩分，兩體合一。其論宇宙界與人生界，亦仍還是一體兩分與兩體合一。識得此意，推而求之，則於朱子一切所言，自有迎刃而解之樂。

朱子又引橫渠言：

物之初生，氣日至而滋息。物生既盈，氣日反而游散。至之謂神，以其伸。反之為鬼，以其歸。

因言：

天下萬事萬物，自古及今，只是箇陰陽消息屈伸。橫渠將屈伸說得貫通。

又曰：

橫渠「物之始生」一章，尤說得分曉。

朱子因此說：

人者鬼神之會。

是則人生即是一小宇宙，亦是一小造化。朱子又曰：

不是有此物時便有此鬼神，乃是有這鬼神了方有此物。及至有此物了，又不能違夫鬼神也。

此言鬼神，即是言造化，乃是有了造化乃有此物，不可說有此物時便有此造化也。

朱子又自鬼神而言死生，因曰：

「『歸根』乃老子語，畢竟無歸。如月影映在這盆水裏，除了這盆水，這影便無了。豈是飛上天，歸那月裏去。又如花落便無了，豈是歸去那裏，明年復來生這枝上。」問：「人死時，這知覺便散否？」曰：「不是散，是盡了。氣盡則知覺亦盡。」

又曰：

死便是都散盡了。

大鈞播物，一去便休，豈有散而復聚之氣。

又曰：

天運不息，品物流形，無萬物皆逝，而已獨不去之理。

又曰：日月寒暑晦明，可言反復。死無復生之理。今作一例推說，恐墮於釋氏輪迴之論。

又曰：一受其成形，此性遂為吾有，雖死而猶不滅，截然自為一物，藏乎寂然一體之中，則自開闢以來，積至於今，其重併積疊，計已無地可容。且乾坤造化，如大洪鑪，人物生生無少休息，是乃所謂實然之理，不憂其斷滅也。今乃以一片大虛寂目之，而反認人物已死之知覺謂之實然之理，豈不誤哉。

又曰：儒者以理為不生不滅，釋氏以神識為不生不滅，眞似冰炭。

此處朱子力闢釋氏之輪迴說與神識不滅說，俗傳人死為鬼之說，亦可不待闢而知其妄。故朱子曰：「世俗大抵十分有八分胡說，只二分亦有此理。」其實朱子言鬼神，雖亦一一引據古經籍，顯與古經籍中觀念有分歧。朱子又因而推及於魂魄義、祭祀義，要之皆是雜糅新舊，自創一說，合而組成一思想大體系。貌若陳舊，實則新鮮。故論理學家之大傳統，則自當屬於儒家，但亦不害其在大傳統下之各有所創造。此乃凡理學家皆然，而博大精深，能於傳統創造雙方各臻其極，則必首推朱子。

一一

以上略述朱子言宇宙之仁與神。在此大仁至神之造化中，而有人物生生。人則得氣最靈，其間乃有聖人出，上合天德，法乎天地之大仁至神而參贊宇宙之造化。濂溪有言：

士希賢，賢希聖，聖希天。

此為理學家之最大宗旨與最大目標，亦可謂理學即是一種希聖希天之學。惟聖人有易為不易為兩說。主張聖人易為之說者，當推孟子為始。而顏子則曰：「既竭吾才，如有所立卓爾。雖欲從之，末由也已。」此由親炙孔子，而發為聖人不易為之歎。濂溪曰：「學顏子之所學。」似亦不言聖人易為。朱子亦然。今當繼述朱子之聖人難為論。朱子有曰：

某十數歲時，讀孟子，言「聖人與我同類者」，喜不可言，以為聖人亦易做。今方覺得難。

又曰：

人做得底，卻有天做不得底。天能生物，而耕種必用人。水能潤物，而灌溉必用人。火能熯物，而薪爨必用人。財成輔相，須是人做。

人須能有裁成輔相天地之功能，極其至者為聖人。此可見聖人之不易為。故曰：

聖人贊天地之化育。天下事有不恰好處，被聖人做得都好。丹朱不肖，堯則以天下與人。洪水氾濫，舜尋得禹而民得安居。桀紂暴虐，湯武起而誅之。

天只生得許多人物，與你許多道理，然天卻自做不得，所以必得聖人為之修道立教，以教化百姓。所謂「裁成天地之道，輔相天地之宜」。蓋天地做不得底，卻須聖人為他做。這見得聖人是甚麼樣大力量。恰似天地有闕齾處，得聖人出來補得教周全後，過得稍久，又不免有闕，又得聖賢出來補。這見得聖賢是甚力量，直有闔闢乾坤之功。

又曰：

天地只是自然，聖人法天，做這許多節措出來。

朱子又舉出「範圍天地之化而不過，曲成萬物而不遺」這兩句來說。

天地之化，滔滔無窮，如一罏金汁，鎔化不息。聖人則為之鑄寫成器，使入模範匡郭，不使過中道。就事物之分量形質，隨其大小闊狹長短方圓，無不各成就。「範圍天地」，是極其大而言。「曲成萬物」，是極其小而言。

又說聖人當

繼天地之志，述天地之事。

外極規模之大，內推至於事事物物處，莫不盡其工夫，此所以為聖人之學。

正如佛家說，「為此一大事因緣出見於世」，千言萬語，只是說這箇道理。若還一日不扶持，便倒了。聖人只是常欲扶持這箇道理，教它撐天拄地。

以某觀之，做箇聖賢，千難萬難。如釋氏則今夜痛說一頓，有利根者當下便悟，只是箇無星之秤。

此見朱子所意想中之聖人，乃是連結宇宙界與人生界而合一說之。朱子又深於史學，故其所意想中之聖人，又是會通古今歷代人事之興衰治亂而融貫說之。若有人說聖人易為，朱子卻要說他近禪。又曰：

某道古時聖賢易做，後世聖賢難做。古時只是順那自然做將去，而今大故費手。

又曰：

自古無不曉事底聖賢，亦無不通變底聖賢，亦無關門獨坐底聖賢。只理會得門內事，門外事便了不得。所以聖人教人要博學。如今只道是持敬，收拾身心，日用要合道理，無差失，此固是好。然而出應天下事，應這事得時，應那事又不得。

又曰：

若謂只「言忠信，行篤敬」便可，則自漢唐以來，豈是無此等人。因甚道統之傳卻不曾得，亦可見。

古者論聖人，都說聰明。

又曰：

聖主於德，固不在多能，然聖人未有不多能。

若只去學多能，則只是一箇雜骨董底人。

又曰：

聖人不見用，所以人只見他小小技藝。若其得用，便做出大功業來，不復有小小技藝之可見。

有禹湯之德，便有禹湯之業。有伊周之德，便有伊周之業。終不如萬石君「不言而躬行」，凡事一切不理會。

又曰：

聖人賢於堯舜處，卻在於收拾累代聖人之典章禮樂、制度義理，以垂於世。

又曰：

顏子不是一箇衰善底人，看他是多少聰明。便敢問為邦，孔子便告以四代禮樂。孟子說時，見得聖賢大段易做，全無許多等級。所以程子云：「孟子才高，學之無可依據。」

通觀上引，朱子乃以德行、聰明、才能、事業四者並重而稱之為聖人。乃以傳道治國與裁成輔相天地之道，繼天地之志，述天地之事，而稱之為聖人。懸格甚高，既說聖人難為，則其理想中所謂理學所應從事之範圍與境界，亦從此可推。

一二

以上略述朱子之聖人難為論，但朱子又說：

不要說高了聖人，高後，學者如何企及。越說得聖人低，越有意思。

要說得聖人低，要使人能信及聖人之可學而至。學聖人，首當學聖人之心。聖心之通於天心者在其仁。朱子論仁，當分作兩部分。其論宇宙之仁已述在前，此下當續及其論人心之仁。二程言仁處極多，朱子特取伊川「仁包四德」之語。伊川云：

四德之元，猶五常之仁。偏言則主一事，專言則包四者。

朱子說之云：

元只是初底便是。如木之萌，草之芽。其在人，如惻然有隱。

又曰：

人只是這一箇心，就裏面分為四者。且以惻隱論之，本只是這惻隱，遇當辭遜則為辭遜，不安處便為羞惡，分別處便為是非。若無一箇動底醒底在裏面，便也不知羞惡，不知辭遜，不知是非。譬如天地，只是一箇春氣。發生之初為春氣，發生得過便為夏，收斂便為秋，消縮盡便為冬。明年又從春起。渾然只是一箇發生之氣。

宇宙是一箇有生氣或說有生意的宇宙。人生在宇宙中，人之最要者是心，此心亦有生氣生意。因此人心能醒覺，能動，此醒底動底，便是人心之惻然有隱處。隱是隱痛，比惻然之惻字義更深些。所謂羞惡、辭遜、是非之心，實亦只是那動底醒底惻然有隱之心之隨所遇而發之變。故說：

惻隱是箇腦子，羞惡、辭遜、是非須從這裏發來。若非惻隱，三者俱是死物。

明道說：「滿腔子是惻隱之心。」朱子說之曰：

此身軀殼謂之腔子，而今人滿身知痛處可見。如將刀割着固是痛，若將針劄着也是痛。如爛打一頓固是痛，便輕掐一下也痛。

人身只是一箇生氣團聚，故在身上任何一處輕掐爛打都會痛。醫家說「麻木不仁」，仁即是能痛癢相關。不僅滿身如此，天地間也只是一箇生氣團聚，故見孺子入井，也會發生惻隱之心，天地萬物生機一片，而人心之仁，亦會隨所接觸而與之融成一片。所以說：

人之所以為人，其理則天地之理，其氣則天地之氣。理無迹，不可見，故於氣觀之。要識仁之意思，是一箇渾然溫和之氣。其氣則天地陽春之氣，其理則天地生物之心。

從此再推說，乃有「仁者以天地萬物為一體」，又「仁者渾然與物同體」之語。後語出自明道，前語出自伊川。朱子云：

明道言「學者須先識仁，仁者渾然與物同體」一段話極好，只是說得太廣，學者難入。

又曰：

伊川說「仁者以天地萬物為一體」，說得太深，無捉摸處。

可見朱子於二程此兩語，皆未十分讚許。朱子自己說：

須是近裏着身推究，未干天地萬物事。仁者，心之德，愛之理。只以此意推之，不須外邊添入道理。若於此處認得仁字，即不妨與天地萬物同體。若不會得，便將天地萬物同體為仁，卻轉無交涉。

又說：

仁者與天地萬物為一體，此只是既仁之後見得箇體段如此。仁者固能與物為一，謂萬物為一為仁亦不可。萬物為一，只是說得仁之量。

朱子主張要認識此心，應「近裏著身」即從自己心上認取。若從外面天地萬物上求，則轉無交涉。朱子於北宋理學，有博采諸家處，有獨出己見處，即二程亦不曲從，此處可作一好例。又如其解釋「惻隱」二字，可謂精義獨闢。至以「心之德、愛之理」六字來解釋仁字，更為朱子精心獨創。朱子說：

知覺便是心之德。

惻隱之心，便是此心之動處醒處，故說「仁者心之德」。但如便以覺為仁，朱子亦所不許。此待下論。朱子又說：

仁只是箇愛底道理。

理是根，愛是苗。仁之愛，如糖之甜，醋之酸，愛是那滋味。

人心有愛，其中必有理，此理便是心之仁。所以又說：

愛之理便是心之德。

如此又把六字兩截并為一截。朱子最重解釋字義，其解釋字義處，即是其發揮道理處，此復與從來經學家之所謂訓詁有不同。朱子又說：

不可便喚苗做根。然而這箇苗，卻定是從根上來。

仁是體，愛是用，又曰愛之理，愛自仁出也。然亦不可離了愛去說仁。

若僅說「仁者渾然與物同體」，或說「仁者以天地萬物為一體」，最多只是從體上說，從理上說，從根上說，如此說來，則太深太廣。而且理不可見，使人難入，無可捉摸。朱子只從愛上說，則易入易捉摸。但不可便喚愛做仁，此猶如謂不可便喚覺做仁，皆是剖析精微，朱子思想最擅長處在此。朱子又說：

仁字最難形容，是箇柔軟，有知覺，相酬接之意，此須自去體認。

把此三項來說仁，下語極通俗，亦極恰當。朱子又於柔軟一項加以說明。他說：

試自看一箇物，堅硬如頑石，成甚物事，此便是不仁。

又說：

若如頑石，便下種不得。俗說硬心腸，可以見。

此三項，其實也只如一項。此三項中未提到愛字，但人心之愛，則必是柔軟、有知覺、能相酬接的。由此再引伸說下，則全由學者自去體認。或說：

人與萬物均受此氣，均得此理，所以皆當愛。

朱子說不然：

愛字不在同體上說，自不屬同體事。愛則是自然愛，不是同體了方愛。

如或人說，乃是從理上說心。朱子所辨，乃是從心上說理。故其語更見為親切而自然。但朱子又說：

近年學者，不肯以愛言仁。

某嘗說仁主乎愛，仁須用愛字說，被諸友四面攻道不是。

其實當時諸友圍攻朱子之以愛說仁，其說皆據二程。故朱子又分析說：

愛與惻隱，本是仁底事。仁本不難見。緣諸儒說得來淺近了，故二先生便說道，仁不是如此說。後人又卻說得來高遠，沒理會了。

此是朱子在當時之孤識獨見。朱子雖時時自認承接二程，但亦不墨守。其所自立說，既淺近，又高遠，實是折衷至當。

又有人說：無私欲是仁。朱子則曰：

謂之無私欲然後仁，則可。謂無私欲便是仁，則不可。

有人無私心，而好惡又未必皆當於理。惟仁者既無私心，而好惡又皆當於理。

又有人說公是仁，朱子則曰：

公不可與仁比並看。公只是無私。纔無私，這仁便流行。程先生云：「惟公為近之。卻不是近似之近。」纔公，仁便在此，故云近。

世有以公為心而慘刻不恤者。

脫落了公字，其活底是仁。

公在前，恕在後，中間是仁。公了方能仁，私便不能仁。

仁之發處自是愛，恕是推那愛底。

又曰：

熟底是仁，生底是恕。自然底是仁，勉強底是恕。無計較無覬當底是仁，有計較有覬當底是恕。

又有說知覺是仁，朱子曰：

孟子言知覺，謂知此事，覺此理，乃學之至而知之盡。上蔡言知覺，謂識痛癢，能酬酢者，乃心之用而知之端。二者不同，然其大體皆智之事。以之言仁，所以多矛盾而少契合。醫者以頑痺為不仁，以其不覺。然便謂覺是仁則不可。喚著便應，抉著便痛，這是心之流注在血氣上底。喚著不應，抉著不痛，這固是死人，固是不仁。喚得應，抉著痛，只這便是仁，則誰箇不會如此？

以上諸條，初看似在辨析字義，其實是在辨析人心之曲折層次，細微異同。故曰理學家中善言人心者莫過於朱子。

朱子又曰：

某舊見伊川說仁，令將聖賢所說仁處類聚看。看來恐如此不得。古人言語，各隨所說見意。那邊自如彼說，這邊自如此說。要一一來比並不得。

又曰：

類聚孔孟言仁處以求仁之說，程子為人之意，可謂深切。然專一如此用功，卻恐不免長欲速好徑之心，滋入耳出口之弊，亦不可不察。

此皆深切中人之心病。

茲再錄朱子一段話以終斯篇。朱子說：

凡看道理，要見得大頭腦處分明。下面節節，只是此理散為萬殊。如孔子教人，只是逐件逐事說箇道理，未嘗說出大頭腦處，然四面八方合聚湊來，也自見得箇大頭腦。孟子便已指出教人。周子說出太極，已是太煞分明。如惻隱之端，從此推上，是此心之仁，仁即天德之元，元即太極之陽動。如此節節推上，亦自見得大總腦處。若看得太極處分明，必能見得天下許多道理條件，皆自此出。事事物物上皆有箇道理，元無虧欠。

此處朱子以孟子「惻隱之心」與濂溪「太極」合併闡說。一面是一件極細碎底事，一面是一箇極縮合之理，而朱子把來會合通說：「此心之仁，即天德之元，即太極之陽動。」天地萬物，皆從此一動處開始。天與人，心與理，宇宙界與人生界，皆在此一仁字上綰合成一。天地間許多道理條件，皆由此處生出。此處亦可謂是朱子講學一大總腦處，由此而推出其逐項分散處。

一三

以人合天，以心合理，第一要端曰仁，上章略述朱子論人心之仁；又一要端曰誠，此章當續述。仁可分為宇宙之仁與人心之仁兩面說，朱子論誠亦然，亦可分為宇宙的與人心的兩面。朱子說：

誠只是實。
誠是理。
誠是實有此理。
誠之在物謂之天。

又曰：

誠在道為實有之理，在人為實然之心。
誠，實理也，亦誠慤也。由漢以來，專以誠慤言誠，至程子乃以實理言。後學皆棄誠慤之說。

不觀中庸，亦有言實理為誠處，亦有言誠慤為誠處。不可只以實理為誠，而以誠慤為非誠。

從宇宙界言，則理為主。從人生界言，則心為主。程門言仁，重於言理，忽於言心，朱子矯之，已如上述。言誠，亦同有此歧趨。故曰：

誠者，合內外之道，便是表裏如一。內實如此，外也實如此。

內指此心，外指行為，乃及天地萬物之宇宙界。誠之更高一層，則在此內外之合一。

問「反諸身不誠」。曰：「『反諸身』，是反於心。『不誠』，是不曾實有此心。如事親以孝，須是實有這孝之心。若外面假為孝之事，裏面卻無孝之心，便是不誠。」

問「不誠無物」。曰：「心無形影，惟誠時，方有這物事。」

此皆指誠慤之誠言。又曰：

「惟天地聖人，無一息間斷。『維天之命，於穆不已』。間斷，造化便死了。天地生人，便是箇人，生出箇物，便是箇物，不曾生箇假底人物來。」問：「陰陽舛錯，雨暘失時，亦可謂之誠乎？」曰：「只是舛錯，不是假底，依舊是實。」

此皆指實然之誠言。又曰：

誠是天理之實然，更無纖毫作為。聖人之生，其稟受渾然，氣質清明純粹，全是此理，更不待修為而自然與天為一。若其餘，則須是博學、審問、謹思、明辨、篤行，如此不已，直待得仁義禮智，與夫忠孝之道，日用本分事，無非實理，然後為誠。有一毫見得與天理不相合，便於誠有一毫未至。

此見人與天合，心與理合，惟聖人始到此境界。其他人，則須擇善固執，實明是善，實得是善，此乃人道所當然，亦即希聖希天之學之所始。

或問：「意者聽命於心。今曰『欲正其心，先誠其意』，意乃在心之先矣。」曰：「心字卒難摸索。心譬如水，水之體本澄湛，卻為風濤不停，故水亦搖動。必須風濤既息，然後心之體靜。人之無狀汚穢，皆在意之不誠。必須去此，然後能正其心。」

此說大學「欲正其心先誠其意」之義。意之所發，則必求其與實理之誠相合一，而後始謂之誠。然苟知有未至，則此誠難於驟達。惟問我之斯意誠慤與否，則在人自無不知。苟能確然去其不誠而存其誠，然後乃有漸從誠慤之誠以達於實然之誠之境界。此乃人生修養一必然途徑。

朱子又曰：

「知至而後意誠」，須是眞知了方能誠意。知苟未至，雖欲誠意，固不得其門而入。惟其胸中了然知得路徑如此，知善之當好，惡之當惡，自然意不得不誠，心不得不正。

此說大學先格物致知而後意誠之義。知至而後意誠，乃是一種自然境界，亦可謂是一種終極境界。今日知到這裏，今日即行到這裏，乃是一種當下工夫。故陽明致良知之教，亦舉誠意為綱宗。惟陽明只言當下工夫，朱子兼及最後境界，此其異。

朱子在易簀前三日，猶改定其大學章句之誠意章，此事為後世所傳誦。茲節錄其注文如次：

誠其意者，自修之首也。欲自修者，知為善以去其惡，則當實用其力，而禁止其自欺。使其惡惡則如惡惡臭，好善則如好好色，皆務決去而求必得之，以自快足於己，不可徒苟且以徇外而為人也。然其實與不實，蓋有他人所不及知而己獨知之者，故必謹之於此以審其幾焉。

陽明言「格物」與朱子異，其言「誠意」，則實與朱子此注無異。明末王學殿軍劉宗周蕺山，改言「愼獨」，亦即朱子此章注中意。朱子既言誠意為自修之首，與王學宗旨實相契合。惟王學言良知，主心即理，更不要方法工夫。二程說誠，則專言實理之誠，不言誠慤之誠，又似偏重在理，未說到人心。朱子終始本末，一以貫之。天人兼顧，心理並重。互發相足，最為細密而圓滿。故自其論誠意又當進而究其論格物，乃可以窺朱子思想之大全。

又按朱子易簀三日前改大學誠意章，所改實非如前之所引。其所改，乃在大學「誠意」二字之最先見處，所改只有三字。今再錄其注如下：

誠，實也。意者，心之所發也。實其心之所發，欲其必自慊而無自欺也。

此注中「必自慊」三字，本為「一於善」三字。一於善，已達誠意最後境界，非格物致知不能到。必自慊，則當下自知，不必定要到達心即理之境界，而人心自知有自慊與不自慊之別。朱子又曰：

如好好色，如惡惡臭，如此便是自慊，非謂必如此而後能自慊。

自慊即是不自欺。朱子又言：

須知即此念慮之間，便當審其自慊自欺之向背，以存誠而去僞。不必待其作姦行詐，干名蹈利，然後謂之自欺。

如此發揮，眞可謂善言人心，備極理要。只此一念之微，而希聖希天之路脈已昭朗如在目前。朱子又舉濂溪通書誠幾德一章說之云：

「誠無為」，只是自然有實理恁地。「幾善惡」，便是心之所發處有善有惡了。「德」便是善底，為聖為賢，只是此材料做。

又曰：

通書說箇「幾」字，近則公私邪正，遠則廢興存亡，只於此處看破，便斡轉了。此是日用第一親切工夫，精粗隱顯，一時穿透。

此處「誠」屬天地境界，「德」屬人生境界。德與誠一，即是人與天合，心與理合。關鍵則在「幾」字上。幾是一心動處，善惡由此歧，天人由此分。雖曰微奧難覩，實則親切易知。工夫只在此。中庸曰「自明誠」，為「人道」，此「幾」即是人心一點明處。朱子通書解又云：

「誠無為」，實理自然，何為之有，即太極也。「幾善惡」，幾者，動之微，善惡之所由分也。蓋動於人心之微，則天理固當發見，而人欲亦已萌乎其間矣，此陰陽之象也。

以人心上擬宇宙，人心亦一太極，動處便見陰陽，要人自作斡旋，自掌造化，精密邃深，包含宏大，學者大須深參。

一四

上兩章，一略述朱子論心之仁，一略述朱子論心之誠。仁之與誠，乃天之所賦於人而為心，亦可謂是心之本體。然而心多有不仁不誠之時，甚至有不仁不誠之人，此則必有害其仁與誠者。繼此當略述朱子之天理人欲論。

理學家無不辨天理人欲，然天理人欲同出一心，此亦一體兩分兩體合一之一例。朱子論陽不與陰對，善不與惡對，天理亦不與人欲對。朱子曰：

人欲隱於天理中，其幾甚微。

有箇天理，便有箇人欲。蓋緣這箇天理須有箇安頓處。才安頓得不恰好，便有人欲出來。

人欲便也是天理裏面做出來。雖是人欲，人欲中自有天理。

又曰：

人生都是天理，人欲卻是後來沒巴鼻生底。

天理人欲，正當於其交界處理會，不是兩箇。

胡宏五峯說：「天理人欲，同體而異用，同行而異情。」朱子不喜其上一語，而極讚其下一語，謂此語甚好。因說：

飲食者，天理也。要求美味，人欲也。

要求美味，也還是飲食，故說同行。但要求飲食是自然。人同此心，心同此理。要求美味，則不是人人如此。所謂美味，亦人各不同。此中便夾帶有私欲。故說是異情。同是飲食，一為飢渴，一為美味，求美味，其先還是從求解飢渴來，故曰「人欲即隱在天理中」，又說「人欲中自有天理」。惟為求美味，往往易於把飲食一事安頓得不恰好。若飲食兼求美味，而又能把來安頓得恰好，則自亦無所謂人欲。但不能說兩者同體。因人心之體本屬至善，只是一自然，只是一天理，不能說天理人欲同來合湊成一體。天理先在，人欲後起，如何忽然有人欲後起，朱子則說是「沒巴鼻生底」，那是說無來由底。若人欲皆有來由，那便即是天理，更無所謂人欲。又說：

善惡皆是理，惡是指其過處，如惻隱之心本是善，纔過便至於姑息。羞惡之心本是善，纔過便至於殘忍。

心之惻隱羞惡，皆由天生，故是至善天理。但稍微過了分，便成姑息殘忍，便成了惡，因此中已夾雜了人欲。但人欲還是無端而起，不能亦謂之由天生。此處只細參朱子理氣論，則其義自見。朱子又言：

以理言，則正之勝邪，天理之勝人欲，甚易。而邪之勝正，人欲之勝天理，若甚難。以事言，則正之勝邪，天理之勝人欲，甚難。而邪之勝正，人欲之勝天理，卻甚易。正如人身正氣稍不足，邪便得以干之。

又說：

以理言，人欲自勝不過天理。以事言，則須事事去人欲，存天理，非一蹴即幾，一下即成。

此處理與事分言，理屬宇宙界，事屬人生界，亦略如其理氣分言，備見精密。明道有云：「只天理二字，是我自家體貼出來。」一時理學後起，遂羣爭指認天理，朱子甚不贊成。朱子說：

聖人平日，也不曾先說箇天理在那裏，方教人做去湊。只是說眼前事，教人平平恁地做工夫。要先見箇天理在前面，方去做，此正是病處。若把這天理放不下，相似把一箇空底物，放這邊也無頓處，放那邊也無頓處，放這邊也恐攧破，放那邊也恐攧破。那天理說得蕩漾，似一塊水銀，滾來滾去，捉那不著。又如水，不沿流泝源，合下便要尋其源，鑿來鑿去，終是鑿不着。

理學家張揚言理之病，被朱子在此盡情道破。朱子說：

只就這心上理會，也只在日用動靜之間求之，不是去虛中討一箇物事來。

朱子教人，不要在懸空中討認天理，只就心上理會，只在日用之間此心天理人欲之交界處來理會。只在事事物物中，此心之一動一靜處來理會。此一意見，可與上面論心論誠兩章參讀。朱子既不贊成憑空討認天理，也不贊成一味克治私欲。他說：

天理在人，亘萬古而不泯，無時不自私意中發出。只於這箇道理發見處當下認取，簇合零星，漸成片段。所謂私欲，自然消靡退散，久之不復萌動。若專務克治私欲，而不能充長善端，則吾心所謂私欲者，日相鬬敵，縱一時按伏得下，又當復作。初不道隔去私意後，別尋一箇道理主執而行。才如此，又只是私意。只如一件事，見得如此為是，如此為非，便從是處行將去，不可只恁休。誤了一事，必須知悔。只這知悔處，便是天理。

此種指點，深中人心消息隱微，亦是洞見天理生機活潑，人人易知，人人能行，又何必更多張皇。又曰：

學者先須置身於法度規矩中，使持於此者足以勝乎彼，則自然有進步處。若自無措足之地，而欲搜羅抉剔於思慮隱微之中，以求所謂人欲之難克者而克之，則亦代翕代張，沒世窮年，而不能有以立。

自內心言，則曰「於發見處當下認取」。自外行言，則曰「先置身於法度規矩中」。內外交相養，則天理自易長，人欲亦易消，轉移正如一翻手之易。又曰：

說復禮，即說得着實。若說作理，則懸空是箇甚物事。

復禮即是置身法度規矩中，豈不着實，可守可循。若懸空說箇存天理，則究何者謂之是天理，又如何存法，皆易起爭辨，使人難從。

若謂天理難見，此又不然。朱子又曰：

聖人千言萬語，只是說箇當然之理。恐人不曉，又筆之於書。只就文字間求之，句句皆是。做得一分便是一分工夫，非茫然不可測。

就內面言，則此心縱在私欲中，天理亦自會時時發露。就外面言，則有禮法可循，有文字可玩，天理亦隨處隨事而見。朱子只教人各就自家日常生活中討取，平平恁地做工夫。莫要憑空求討天理，亦莫要一意搜剔私欲。立言平實深到。後人乃謂宋儒以理殺人，又要泯去天理人欲分別，更有認放縱人欲即是天理者。人之私欲，尚不能一意專務克治，又況要一意提倡與放任。

一五

人心道心，與天理人欲，幾乎是異名而同指。上章略述朱子之天理人欲論，本章繼述朱子之道心人心論。

「人心惟危，道心惟微，惟精惟一，允執厥中」，此十六字見於僞古文尚書大禹謨，亦見於荀子書中所稱引之道經。宋代理學家極重視此十六字，下及明代，則稱之為「十六字傳心訣」。此如天理、人欲兩語，亦僅見於小戴禮記中之樂記篇。此篇或尚出荀子之後。今專為研討宋儒理學思想，當探問理學家如何解釋與運用此諸語，卻不必過重在此諸語上辨論其出處。

朱子論人心道心，暢發其義於中庸章句序，其言曰：

心之虛靈知覺，一而已矣，而以為有人心道心之異者，則以其或生於形氣之私，或原於性命之正，而所以為知覺者不同。是以或危殆而不安，或微妙而難見耳。人莫不有是形，故雖上智不能無人心。亦莫不有是性，故雖下愚不能無道心。二者雜於方寸之間，而不知所以治之，則危者愈危，微者愈微，而天理之公，卒無以勝夫人欲之私矣。精則察夫二者之間而不雜，一則守其本心之正而不離，從事於斯，無少間斷，必使道心常為一身之主，而人心每聽命焉，則危者安，微者著，而動靜云為，自無過不及之差矣。

序中又涉及傳心傳道之語，謂所以傳聖人之道者，貴在傳聖人之心。此心雖有人心道心之別，卻同是一心，非有兩心。故曰「雖上智不能無人心，雖下愚不能無道心」。惟一則原於性命之正，一則生於形氣之私，此則猶是理氣分言之意。

朱子又言：

凡學須要先明得一箇心，然後方可學。

人之所以為學者，以吾之心未若聖人之心故也。若吾之心即與天地聖人之心無異，則尚何學之為。

堯舜禹之相傳授，雖曰傳道，實亦只是傳心，主要乃在傳此心之道心。或人問：「所謂形氣，如口耳鼻目四肢之屬，皆是人人共有，豈得便謂之私？」朱子說：

但此屬自家私有底，不比道，便公共。故上面有箇私底根本。且如危，亦未便是不好，只是有箇不好底根本。

人生界有許多私，許多危而不安，則都從私上來。此私字有一根本，即在各自底形氣上。

如飢飽寒暖之類，皆生於吾身血氣形體，而他人無與，所謂私也。亦未能便是不好，但不可一向徇之。

或人又問：「不知是有形氣便有這箇人心否？」朱子說：

有恁地分別說底，有不恁地分別說底。如單說人心，則都是好。對道心說着，便是勞攘物事，會生病痛。

此正說人心道心只是一體兩分，又是兩體合一。若只說氣，則宇宙只是此一氣，此氣那有不好。但若分說理氣，則氣字地位自見差了些。若只說心，則此心乃天地自然所賦，那有不好。但若分說人心與道心，則人心地位也自見差些。

朱子又說：

飢寒痛痒，此人心也。惻隱、羞惡、是非、辭讓，此道心也。雖上智亦同。必使道心常為一身之主，而人心每聽命焉，乃善。

又說：

其覺於理者，道心也。其覺於欲者，人心也。

或問：「前輩多云：『道心是天性之心，人心是人欲之心』，今如此交互取之，當否？」天性之心與人欲之心是明分了兩心。今說此心覺於理覺於欲，則仍只是一心。或人疑朱子把人心道心分別得不嚴。朱子答之云：

既是人心如此不好，則須絕滅此身，而後道心始明。且舜何不先說道心，後說人心？

又云：

人心是此身有知覺有嗜欲者，感於物而動，此豈能無。但為物誘而至於陷溺，則為害耳。故聖人以為此人心有知覺嗜欲，然無所主宰，則流而忘反，不可據以為安，故曰「危」。道心則是義理之心，可以為人心之主宰，而人心據以為準者，故當使人心每聽道心之區處方可。然此道心卻雜出於人心之間，微而難見，故必須精之一之，而後中可執。然此又非有兩心也，只是義理與人欲之辨爾。

又曰：

釋迦是空虛之魁，飢能不欲食乎？寒能不假衣乎？能令無生人之所欲者乎？雖欲滅之，終不可得而滅。

此處說生人之所欲不可滅。但當知，說生人之所欲，與說人欲又不同。故曰：

人心不全是人欲。若全是人欲，則豈止危而已哉。只飢食渴飲、目視耳聽之類。

此謂饑食渴飲目視耳聽之類，皆是人心，但非即是人欲。若不見道理，因於形骸之隔而物我判為二，則易於自私，易於陷溺入人欲中。

朱子又曾說：

道心猶柁也。船無柁，縱之行，有時入於波濤，有時入於安流，不可一定。惟有一柁以運之，則雖入波濤無害。

此說似是淺譬而喻，使人言下明白得道心人心之區別。但朱子後來即不贊成自己這一說。因若如此說之，則道心為主宰，人心供運使，在一心中明明有了兩心對立。朱子論宇宙，理氣非對立。論理，善惡非對立。論氣，陰陽非對立。凡說成兩體對立者，皆非朱子說。故人心道心，非有兩心，只是在一心中有此區別。此一區別，貴能渾化，不貴使之形成敵對。故曰：

有道理底人心，便是道心。

又曰：

以道心為主，則人心亦化為道心。如鄉黨篇所記飲食衣服，本是人心之發，然在聖人分上，則渾是道心。

可見宇宙生人，並非與了人一道心，又與人一人心。聖人之心，則渾是一道心，更不見有人心。故能達到人與天合，心與理合之境界。今把此心分為道心人心二者說之，不過要人較易明白此心體，卻不是說眞有了兩箇心。朱子思想，儘多先後遞變處，在先如此說，在後或如彼說，大抵總是後勝於前，此乃朱子自己思想之轉進。然此亦成為研究朱子思想一難題。因朱子文集、語類乃及其他著作分量太多，一一分別其年代先後，一一對勘其義理異同，事甚不易。此處只是姑舉一例。

凡朱子辨人心道心，略具如上，可謂明白而允貼。取與其辨天理人欲者相闡，當益可得其旨意所在。

一六

以上略述朱子論心性，論心之仁與誠，論天理與人欲，人心與道心，凡此諸章，皆是指陳心體。人因賦有此心體，故能到達心與理合人與天合之境界。在各章中，已屢次涉及工夫即修養方法之一面。工夫必與本體相關。有此本體，始得有此工夫。亦因有此工夫，始得完成此本體。此亦是一而二、二而一者。大體言之，理學諸儒，於本體上爭論尚較少，在工夫上，在修養方法上，則分歧較多。此下當繼續略述朱子在工夫上，即修養方法上之各論點。所謂工夫與修養，則必一一歸本於此心，此層可不煩再論。首當略述朱子之論敬。

朱子說：

> 聖人言語，當初未曾關聚，到程子始關聚出一箇敬來教人。因歎敬字工夫之妙，聖學之所以成始成終者皆由此。

又曰：

敬字工夫，乃聖門第一義，徹頭徹尾，不可頃刻間斷。

敬之一字，眞聖門之綱領，存養之要法。一主乎此，更無內外精粗之間。

伊洛拈出此字，眞是聖學眞的要妙工夫。

程先生所以有功於後學者，最是敬之一字有力。

可見朱子言敬，乃是直承二程傳統。今再分述朱子論敬諸涵義如次。

一曰「敬只如畏字相似」。朱子說：

敬有甚物，只如畏字相似。只是收斂身心，整齊純一，不恁地放縱。

又曰：

莫看得戒謹恐懼太重。道着敬字已是重了。只略略收拾來，便在這裏。

二曰敬是「收斂」，「心中不容一物」。此是程門弟子尹焞和靖之說。朱子說之曰：

只是收拾自家精神專一在此。
有所畏謹，不敢放縱。
常要此心在這裏。

此說收斂義。又曰：

心主這一事，不為他事擾亂，便是不容一物。

此說不容一物義。心有有事時，有無事時。無事，則此心便應專一在此無事上。若遇這事，心想那事。遇無事，心想有事。遇有事，又想無事。皆是不專一，心成兩路。朱子又說：

凡是安排要恁地，便不得。如人立心要恁地嚴毅把捉，少間只管見這意思，到不消恁地處也恁地，便拘逼了。

又說：

人心如一箇鏡，先未有一箇影像。有事物來，方始照見姸醜。先有箇影像在，如何照得。

三曰「主一之謂敬」。此伊川之說。朱子說之曰：

心廣大如天地，虛明如日月。要閑，心卻不閑，隨物走了。不要閑，心卻閑。有所主。

此謂有所主則無是弊。伊川說：「人心有主則實，無主則虛。」又一說卻曰：「有主則虛，無主則實。」朱子說之曰：

「有主則實」，指理言。「無主則實」，指私欲言。以理為主，則此心虛明，一毫私意着不得。

又曰：

常使截斷嚴整之時多，膠膠擾擾之時少，方好。

四曰「敬須隨事檢點」。「敬義夾輔」，亦伊川說。朱子說之云：

「行篤敬」，「執事敬」，敬本不為默然無為時設。

敬須該貫動靜。方其無事而存主不懈，是敬。及其應物而酬酢不亂，亦敬。

又曰：

有死敬，有活敬。若只守着主一之敬，則不活。須敬義夾持，循環無端，則內外透徹。

又曰：

居敬窮理，二者不可偏廢。

五曰「敬是常惺惺法」。此是程門謝良佐上蔡之說。朱子說之云：

靜中有箇覺處，只是常惺惺在這裏。

「惺惺」乃心不昏昧之謂。

或問：「謝氏『常惺惺』之說，佛氏亦有此語。」曰：「其喚醒此心則同，而其為道則異。吾儒喚醒此心，欲他照顧許多道理。佛氏則空喚醒在此。」

六曰「敬是整齊嚴肅」。此亦是伊川說。朱子說之云：

今人論道，只論理，不論事。只說心，不說身。其說至高，而蕩然無守，流於空虛異端之說。固其內是本，外是末，但偏說存於中，不說制於外，則無下手腳處。

上舉六說，其實只說一敬字，六說可相會通。強加分別，則轉成拘礙。

明道又說：「敬則自然和樂。」朱子說之曰：

禮主於敬，樂主於和，此是異用。皆本之於一心，是同體。然敬與和亦只是一事。敬則和，和則自然敬。

又曰：

和是碎底敬，敬是合聚底和。

謂敬與和是一理亦說得，然言心卻親切，敬與和皆是心做。自心而言，則心為體，敬和為用。以敬對和而言，則敬為體，和為用。

所謂樂者，亦不過謂胸中無事，而自和樂耳。非是着意放開一路而欲其和樂也。欲胸中無事，非敬不能。

伊川又謂「涵養須用敬，進學則在致知」。朱子說之曰：

主敬二字，須是內外交相養。人心活物，吾學非比釋氏，須是窮理。

又曰：

主敬窮理雖二端，其實一本。

持敬是窮理之本。窮得理明，又是養心之助。

又曰：

聖人指示為學之方，周遍詳密，不靠一邊，故曰「敬義立而德不孤」。若只恃一箇敬字，更不做集義工夫，其德亦孤立而易窮矣。

又曰：

苟不從事於學問思辨之間，但欲以敬為主，而待理之自明，則亦沒世窮年而無所獲矣。

朱子言敬，承自二程，但尤有契於伊川敬義夾持，涵養致知、居敬窮理兩途並進之說。伊川亦言「未有致知而不在敬者」，但與說只敬便知自致、理自窮不同。朱子自認就二程思想言，自己尤接近伊川，大要即指此等處。同時陸九淵象山，深不喜伊川，而於明道無間辭。其反對朱子，亦正在此等處。

大抵漢以下諸儒，因於統一盛運之激動，都更注重在修齊治平之實際事務上，較少注意到本源心性上。魏晉以下，莊老道家代興，釋教繼之傳入，他們在兩方面成績上，似乎超過了漢儒。一是有關宇宙論方面，漢唐儒闡發似乎較弱，故朱子採取濂溪、橫渠、康節三人之說以補其缺。其二是關於心性本源方面，尤其自唐代禪宗盛行，關於人生領導，幾全入其手。儒家造詣，似乎更見落後。北宋理學在此方面更深注意。二程提出敬字，舉為心地工夫之總頭腦、總歸聚處，而朱子承襲之。但程門言敬，頗不免染及禪學，如謝上蔡以覺訓仁，以常惺惺說敬，皆有此弊，朱子亦已隨時加以糾正。尤其言心性本源，亦不能捨卻外面事物，故朱子力申敬不是塊然兀坐，不是全不省事，須求本末內外之交盡，則致知窮理工夫，自所當重。不能單靠一邊，只恃一敬字。此是朱子言敬最要宗旨所在。

一七

宋明理學家言心地修養，或主敬，或主靜，二者同屬重要。上章略述朱子論敬，此章續述朱子論靜。

朱子從學於李侗延平，但於延平「默坐澄心」之教，頗不相契。因曰：

> 只為李先生不出仕，做得此工夫。若是仕宦，須出來理會事。

又曰：

若一向如此，又似坐禪入定。

朱子於二程教人靜坐，亦有辨解。

因舉明道教上蔡且靜坐，彼時卻在扶溝縣學中。明道言：「賢只是聽某說話，更不去行。」上蔡對以無可行處。明道教他且靜坐。若是在家，有父母合當奉養，有事務合當應接，不成只管靜坐休。

又曰：

伊川亦有時教人靜坐，然孔孟以上卻無此說。

又曰：

游氏「守靜以復其本」，此語有病。守靜之說，近於佛老，吾聖人卻無此說。

可見朱子對於程門相傳靜坐工夫，乃及守靜澄心諸說，實頗不重視，抑且言外時露反對之意。

主靜之說，始於周濂溪之太極圖說，朱子說之曰：

濂溪云：「定之以中正仁義而主靜。」中與仁是發動處，正是當然定理處，義是截斷處。常要主靜。豈可只管放出，不收斂。

又曰：

濂溪言主靜，靜字只好作敬字看，故又言「無欲故靜」。若以為虛靜，則恐入釋老去。聖人「定之以中正仁義而主靜」，正是要人靜定其心，自作主宰。程子又恐只管靜去，遂與事物不相交涉，卻說箇敬，云：「敬則自虛靜。」須是如此做工夫。

又曰：

敬則虛靜，不可把虛靜喚作敬。
敬則自然靜，不可將靜來喚做敬。

是虛靜可分兩面看。一則其心收斂，不容一物，無欲故靜，由此以為致知窮理之地，故曰「敬則自虛靜」。一則專靠此一邊，不再加以致知窮理工夫，則近於釋老，終自要不得。朱子力尊濂溪太極圖，以為二程之學所自出。然於靜敬二字之輕重上，則寧取二程。

又曰：

> 動靜無端，陰陽無始，天道也。始於陽，成於陰，本於靜，流於動者，人道也。然陽復本於陰，靜復根於動，其動靜亦無端，其陰陽亦無始。則人蓋未始離乎天，而天亦未始離乎人也。

濂溪之「主靜立人極」，此就人生界言。然人生界終是在宇宙界中，人極終自在太極之內，不能自外於太極。龜山道南一派偏主靜，五峯湖湘一派偏主動，朱子皆所反對。二程主敬，敬兼動靜，然專一主敬，朱子亦所反對。又有辨者。有動靜相對之靜，有主靜立極之靜。主靜立極之靜，乃是心體，非心工夫，朱子稱之曰此心湛然純一。然又必曰：

> 直到萬理明徹之後，此心湛然純一。虛明洞徹，無一毫之累。

此則在境界上說，非工夫上語。朱子言主靜，大意如此。後人遵守濂溪主靜之說者，若依朱子言，乃是未得濂溪之本意也。故朱子非不言靜，惟所言各有所指，各有分際，學者當分別細觀。

朱子又說：

> 便是虛靜，也要識得這物事。如不識得這物事時，則所謂虛靜，亦是箇黑底虛靜，不是箇白底虛靜。而今須是要打破那黑底虛靜，換做箇白底虛靜，則八窗玲瓏，自無不融通。不然，則守定那黑底虛靜，終身黑淬淬地，莫之通曉。

所謂識得這物事者，即是說要識得此心。朱子屢言心是活物，又言心是虛明靈覺，可容萬理萬物。朱子不要黑底虛靜，猶如說不要死底敬，此等分辨，皆當細參。

> 郭德元告行，先生曰：「人若於日間閑言語省得一兩句，閑人客省見得一兩人，也濟事。若渾身都在鬧場中，如何讀得書。若逐日無事，有現成飯喫，用半日靜坐，半日讀書，如此一二年，何患不進。」

朱子文集、語類合共兩百六十一卷，「半日靜坐，半日讀書」，惟此一見。乃對郭德元一人言之，其人殆是逐日無事喫現成飯者，故朱子教之且如此一二年，不怕無進步。清儒顏元習齋專拈此作詆訕，認為朱子以此八字教人，此乃習齋自己心不虛靜，連黑底虛靜也沒有，故而鬧此意氣。

一八

以上兩章，略述朱子論敬論靜。宋明理學家言心地修養，主要即在此兩字。此下當續述朱子論心地修養工夫之其他方面，首當略述其論心之已發未發與涵養察識工夫者。

自伊川有「中庸為孔門傳授心法」之說，楊龜山以下至李延平，相傳以默坐澄心，觀喜怒哀樂未發以前氣象為宗旨。朱子從學延平，乃自始即於其默坐澄心之教不加深契。及延平卒後，朱子追尋師說，有「孤負教育之意，每一念此，未嘗不愧汗沾衣」之語。而伊川又有「凡心皆屬已發」之說，湖湘學者從之，遂主先察識，後涵養，與龜山延平一脈適處相反地位，朱子因又親赴長沙，與張南軒討論兩月而歸，又繼之以書問往返。最先朱子折從南軒，亦主人心大體莫非已發，於延平默坐澄心以觀大本之教顯又放棄。但此下屢經轉變，始主已發未發，兼顧交修，融會湖湘與道南之兩派，而自創新義，乃曰「恨不得奉而質之李氏之門，然以先生所已言者推之，知其所未言者或不遠矣」。此乃朱子斡旋師門之自信語。朱子彙集其與南軒往復諸書，合為一編，稱之曰中和舊說。此諸書，雖為未臻定論前之意見，然其以工夫證驗本體，剖析精微，悟解親切，玩研心體，指陳其親證實體之經過，曲折詳明。此下理學諸儒，對此諸書，皆甚重視。因其於辨認心體工夫上指示綿密，可供尋索。惟此處不再重述，此下乃其獲得結論後之所云。

朱子有與湖南諸公論中和書，大意謂：

思慮未萌，事物未至之時，為喜怒哀樂之未發。當此之時，即是此心寂然不動之體。以其無過不及，不偏不倚，故謂之中。及其感而遂通天下之故，則喜怒哀樂之情發焉，而心之用可見。以其無不中節，無所乖戾，故謂之和。然未發之前，不可尋覓。已發之後，不容安排。但平日莊敬涵養之功至，而無人欲之私以亂之，則其未發也，鏡明水止，而其發也，無不中節矣。此是日用本領工夫。至於隨事省察，即物推明，亦必以是為本，而於已發之際觀之，則其具於未發之前者，固可默識。

至是始確然提出程門敬字，奉為修養要法，以為持敬之功，貫通乎動靜之際，而曰：

靜中之動，非敬孰能形之。動中之靜，非敬孰能察之。

又曰：

未發之前是敬，固已立乎存養之實。已發之際是敬，又常行於省察之間。

乃以一敬字雙綰已發未發、涵養省察而求工夫之一貫。至於先涵養後省察之意，亦已於上引文中見之。

但中庸原文，明指喜怒哀樂之已發與未發，今所討論，則已越出乎喜怒哀樂之外，而直指心體以為言。伊川又說，纔說知覺便是動。朱子云：

此恐說得太過。若云知箇甚底，覺箇甚底。如知得寒，覺得煖，便是知覺一箇物事。今未曾知覺甚事，但有知覺在，何妨其為靜。不成靜坐只是瞌睡。

知覺乃是心體，有箇知覺，但非知覺了甚麼，此乃心體未發時，只可謂之靜中有動，不可謂纔說知覺便是動，則又將成為心無未發。朱子又一條云：

「未發之前，須常恁地醒，不是瞑然不省。若瞑然不省，成甚麼大本。」問：「常醒便是知覺否？」曰：「固是知覺。」「知覺固是動否？」曰：「固是動。然知覺雖是動，不害其為未發，若喜怒哀樂則又別。」

此條與上條不同。上條云有知覺何妨其為靜，此條云知覺固是動。然此差異，無關宏旨，其謂心有知覺，仍屬未發則一。然則如何乃可以謂之已發？伊川又云：「纔思即是已發。」朱子於此甚加讚許，謂「此意已極精微，說到未發界至十分盡頭」。因曰：

心之有知，與耳之有聞，目之有見，為一等時節，雖未發而未嘗無。心之有思，與耳之有聽，目之有視，為一等時節，一有此則不得為未發。

此等分別，顯已越出中庸原書本旨甚遠。凡宋代理學家辨認心體，不得不謂乃是受了唐代禪宗之影響。伊川「中庸為孔門傳授心法」之語，亦可謂是從禪學轉來。但謂理學受禪宗影響則可，謂理學即是禪學則大不可。此下再當論及朱子闢禪語，乃可明白到此兩者間之區別。

一九

以上略述朱子論已發未發以及涵養之與省察。凡朱子論心地修養，如敬如靜，如本章所論，隨時常戒人勿誤近禪學。其於他人言，凡朱子認為有誤近禪學之嫌者，又必駁擊澄清，剖辨不遺餘力。蓋朱子自幼即涉禪學，及晤李延平，始一意專讀儒書。然以其所得，反觀延平，乃及程門相傳，則頗有儒釋混淆，未經別白之處。故朱子於北宋理學諸儒所言心地修養工夫，其糾彈處尤多於闡發處。其為儒釋分疆劃界，使理學一歸於儒學之正統，朱子在此方面之貢獻，至為碩大。即二程所言，朱子亦復時有匡正。如言敬，朱子則言不可專靠一邊。而朱子晚年，則頗似有另標新說，取以代程門言敬之地位者。此層在朱子並未明白直說，要之似不可謂無此傾向。此下當略述朱子之論克己。

朱子有言：

君子之學，所以汲汲於求仁。而求仁之要，亦曰去其所以害仁者而已。夫子之所以告顏淵者，亦可謂一言而舉。

此處朱子提出論語孔子告顏淵以克己，以為「求仁之要，一言而舉」，此意當在其辨已發未發而提出程門敬字之後。又曰：

致知、敬、克己，此三事，以一家譬之，敬是守門戶之人，克己則是拒盜，致知卻是去推察自家與外來底事。

此處於伊川「涵養用敬」、「進學在致知」兩項外，特增入「克己」一項，幾於如鼎足之有三。又曰：

敬如治田而灌溉之功，克己則是去其惡草。

或問夫子答顏子、仲弓問仁之異。曰：「此是各就他資質上說。持敬行恕便自能克己，克己便自能持敬行恕，不必大段分別。」

此謂就資質上言，而朱子意，則謂顏淵資質高過仲弓，其意自更重在克己一邊。故曰：

仲弓主敬行恕，是且涵養將去，是非猶未定。涵養得到一步，又進一步，方添得許多見識。「克己復禮」，便剛決克除將去。

此條言涵養用敬，闡解極深入，最當細玩。僅言主敬，則是非未定，故涵養必兼之以察識，居敬必兼之以窮理。若言克己復禮，則義歸一路，更不須分作兩截，逐漸添入。論語集注此章有曰：

愚案：此章問答，乃傳授心法切要之言。非至明不能察其幾，非至健不能致其決。故惟顏子得聞之，而凡學者，亦不可不勉。

伊川以中庸為孔門傳授心法，此注乃以論語孔子告顏淵問仁語為傳授心法切要之言，顯已把孔門心法轉移了地位。伊川又言：「敬便無己可克。」朱子先亦引其說，稍後則謂敬之外亦須兼用克己工夫，更後乃謂克己工夫尚在主敬工夫之上。關於此，朱子思想顯有三變。然凡朱子立言創闢處，每不易見。論語集注此條，特加「愚按」二字，見其非有所承。然此下又引伊川四箴，而曰「發明親切，學者尤宜深玩」，則見己意仍是一仍二程。故凡粗心讀朱子書者，每不易見朱子立言之自有所創闢。

集注又曰：

愚案：克己復禮，乾道也。主敬行恕，坤道也。顏冉之學，其高下淺深於此可見。

此條亦加「愚案」二字，皆見朱子於此乃自出己見，非前有所承。然其下又繼之曰：

學者誠能從事於敬恕之間而有得焉，亦將無己之可克矣。

此則又承伊川說。此等處，惟見朱子思想之博大會通，固非意存迴護，亦非故為依違。

朱子又曰：

敬是涵養操持不走作，克己則和根打併了，教它淨盡。

克己復禮，是剛健勇決，一上便做了。若所以告仲弓，是教他平穩做去，慢慢地消磨。譬如服藥，克己者要一服便見效。敬恕者，漸漸服藥，磨去其病。

克己復禮，是截然分別箇天理人欲，是則行之，非則去之。敬恕則猶是保養在這裏，未能保它無人欲在。

克己復禮，如撥亂反正。主敬行恕，如保泰持盈。二者自有優劣。

仲弓如把截江淮，顏淵如欲服中原。

仲弓是防賊工夫，顏淵是殺賊工夫。

顏子如將百萬之兵，操縱在我，拱揖指揮如意。仲弓且守本分。

顏子之於仁，剛健果決，如天旋地轉，雷動風行做將去。仲弓則斂藏嚴謹做將去。顏子如漢高祖，仲弓如漢文帝。

乾卦從知處說來，坤卦只從持守處說，只說得一截。如顏子克己復禮工夫，卻是從頭做起來。定先要見得，見得後卻做去，大要着手脚。仲弓卻只是據見成本子做，只是依本畫葫蘆，都不問那前一截。向時陸子靜嘗說，顏子不如仲弓，而今看著，似乎是克己復禮底較不如那持敬行恕的較無事。但克己復禮工夫較大。顏子似創業之君，仲弓似守成之君。仲弓不解做得那前一截，只據現在底道理持守將去。

上引有幾項當特加注意者。一是朱子心中所想像之顏子，乃與東漢以下迄於北宋理學諸儒所想像者有絕大之不同。朱子想像中之顏子，乃是剛健果決，具有一種極強之內力，能勇猛精進，如天旋地轉，雷動風行做將去。如將百萬兵，操縱在我，拱揖指揮如意。故朱子又說顏子決不是一「衰善底人」。其二，朱子批評主敬工夫只是持守，斂藏謹嚴做去，專是涵養不走作，也未能保得內心一無人欲之潛在。正如看守門戶，門外賊不易進入，但門內有賊，仍可躲藏。其三，朱子把宇宙本體分作乾坤兩項，乾道剛健，坤道柔和。乾道主知，能創，尙動進。坤道主守，尙順從，只是依本畫葫蘆，保養在這裏。故說乾道奮發而有為，坤道靜重而持守。乾道能創業，坤道只是繼體守成。乾道是上一截事，坤道只是下一截。宇宙界如此，人生界亦然。顏子工夫直做了上一截，仲弓只做得下一截。其四，當時理學家似乎反看重了仲弓那下一截，他們要自然，要無事，要不犯手腳。孔子告仲弓：「出門如見大賓，使民如承大祭，己所不欲，勿施於人，在邦無怨，在家無怨」，當時理學界，似乎特地喜歡那氣象與境界。至孔子告顏淵乃曰：「非禮勿視，勿聽，勿言，勿動。」似乎落在瑣碎處，枝枝節節，似乎處處有窒礙，要着手腳。不如仲弓，大體和粹無事。而且顏淵像從外面做，仲弓乃從內部做。當時理學界，都喜說內部，能較無事，不用力，不着手腳，不犯做作相，能渾然識得此體。因此，一般意見反而覺得顏子不如仲弓，即陸象山亦如此。象山又說，顏子不似他人樣有偏處要克。又說顏子不如仲弓。朱子則是更進一層，直入內心深處，直透到人心內在力量方面來欣賞顏子。所以說：

> 孔子答顏子處，是就心上說工夫，較深密為難。
>
> 顏子克己，如紅爐上一點雪。
>
> 克己復禮，如火烈烈，則莫我敢遏。
>
> 夫子告顏淵之言，非大段剛明者，不足以當之。

又說：

> 克己別無巧法，如孤軍猝遇強敵，只得盡力捨死向前。

大率克己工夫，是着力做底事。

或問：「『克者勝也。』不如以克訓治較穩。」曰：「治字緩了。捱得一分也是治，捱得二分也是治。勝便是打疊殺了它。」

此等語，皆直看到人心內在一股力量處。所以看似細碎，實乃是總腦。看似犯手腳做作，實乃自然無事。

今試再問：顏子內心這一股力量，源頭從何處來？朱子則說從乾道上一截工夫來。故說：

顏子克己復禮工夫，卻是從頭做起來。是先要見得，見得後卻做去，大要着手脚。

乾道主知，先須見得。見得了又須做得。故朱子說顏淵，特提剛明二字，又說至健至明。若只據「現成本子」，只據現在底道理持守將去，那是無頭坤道，只在下一截，不去問那前一截。率直言之，既不算得是明，也不算得是剛。

說到此處，伊川所謂敬義夾持，涵養致知須分途並進，其實也還落在第二等。須如朱子所發揮顏子克己工夫，乃始有當於聖門為學之第一等工夫。朱子又說：

明道曰：「質美者明得盡，渣滓便渾化，卻與天地同體。其次惟莊敬以持養。」顏子則是明得盡者也。仲弓則是莊敬以持養之者也。及其成功一也。

此條極須善看。說顏子「明得盡」，但並不即是說「渣滓便渾化，卻與天地同體」。此下仍大要着手腳，仍須如天旋地轉，雷動風行般做將去。單說一明字，只落一邊，還得至剛至健。所以孔子說：「為仁由己，而由人乎哉。」此處還須有一番大作為。又曾有人問朱子，是否可把明道所言「明得盡」與「莊敬持守」分別顏子、仲弓，朱子答以不必如此說。可見朱子意中，實認為明道所謂之「明得盡」，並非如其所想像中顏子之為人。

讀朱子書，當知須注意兩事。一須注意其立言先後，乃可明白其思想之轉變。一須注意其立言異同，乃可明白其言之或彼或此，各有所指，與其融和會通之所在。今再推而論之，則不僅宋明理學多偏在坤道上用功，都只欲持守一現成道理，現成本子。論其性格，似多近淳和一邊。即是漢唐儒，亦何莫不如此。惟漢唐儒乃以經學上之訓詁注疏工夫來認取此一現成道理，而理學家則從心地修養靜敬工夫來持守此一現成道理。要之皆是坤道下一截工夫。惟朱子論學，要抉發出此一至明至剛之心體，要從乾道知處從頭做下。今不論朱子闡發論語此章本義是否恰當，要之朱子理想中之顏子，與其理想中之聖學，則實在秦漢以下儒學傳統中獨開生面，迥不猶人。朱子實亦有意為儒學創出一新局面，亦要人天旋地轉雷動風行般去做。惜乎此後理學界，絕不能在此一方面深識朱子之用心。欲深識朱子此一番用心者，上面當看其聖人難為論，下面當看其格物致知論。兩面看入，庶易認取。

或說陽明致良知之學，亦重在存天理，去人欲，今日知到這裏，今日即行到這裏，將我之良知直直落落推致出去，豈不與朱子論顏淵克己復禮工夫相近。惟陽明撇棄了格物講致知，此知字限在不學而知之良知上。如見父自然知孝，見兄自然知弟，孝弟忠信儘做得盡，由朱子論之，也還是鄉里自好，至於善人君子之列而止。朱子重言仁，更勝過其言孝弟。朱子理想中之廣大心知，當與心之仁相配合，不僅與心之孝弟相配合。論語仁智並言，此下儒家中最富重智精神，能眞達到孔子仁智並重之教者，實當推朱子為第一人。

此下有兩事當繼續申說：一曰克己復禮乃一件事，非兩件事。明道曾說：「克己則私心去，自能復禮，雖不學文，而禮意已得。」此便是把克己復禮分成兩件事說。朱子不謂然，有曰：「如此等語，也說得忒高了。」所謂說得忒高，其實便是說得有差。朱子又說：

釋氏之學，只是克己，更無復禮工夫。

世間有能克己而不能復禮者，佛老是也。佛老不可謂之有私欲；克己私了，卻空蕩蕩地。他是見得這理原不是當，克己了，無歸著處。

若但知克己，則下梢必墮於空寂，如釋氏之為。

是克己便是復禮，不是克己了方待復禮。不是做兩截工夫。

佛氏之學，超出世故，無足以累其心，不可謂之有私意。然只見它空理，不見實理。顏子克己復禮，便規模大，精粗本末，一齊該貫在這裏。

又曰：

克己是大做工夫，復禮是事事皆落腔窠。克己便能復禮，步步皆合規矩準繩，非是克己之外別有復禮工夫。

釋氏僅能克己，儒家則克去己私而不落空，事事皆落實在腔窠內，即事事有規矩準繩，此亦儒、釋疆界。

第二事當辨者，復禮之禮不當以理字釋之。伊川有云：「視聽言動，非禮不為，禮即是理。不是天理，便是私欲。人雖有意於為善，亦是非理。無人欲即是天理。」朱子於此說，似不贊許，故曰：

克己復禮，不可將理字來訓禮字。見得禮，便事事有箇自然底規矩準繩。只說理，都空去了。這箇禮，是那天理節文，教人有準則處。

理學家總不免過分重視了理，而輕視了禮。惟朱子時時加以分辨，謂禮即天理之節文，有規矩準繩，使人實可遵循。單言理，便易落空，教人無捉摸處。後來清儒常譏宋代理學家把理來替代了禮，至少不曾細讀朱子書。又清儒力斥朱子克己勝私之訓，謂「克己」只是「勝己」，謂由己來擔當。此乃過於爭持門戶，強立異說。「勝己」豈能解作「由己」？論語本章下文說「由己」，自與上文說「克己」有異，清儒並此文理而不辨。若只依清儒解釋，則亦並無方法可言。漢唐儒尚是依經解經，清儒則以門戶解經，宜其離經益遠。

二〇

以上略述朱子論克己。此下當略述朱子論立志。

言居敬，言主靜，言已發未發涵養省察，皆不脫理學家氣味，皆須費許多言語解釋。言克己，言立志，則當下便易曉瞭，更不煩解釋，而徹上徹下，淺深本末，隨人自得，皆可持守奉行，減少了理學家之特有氣氛。朱子指點人修養方法，每進益平實，使理學成為一種常人之通學，此亦是朱子思想之日益轉進處。

朱子特拈「立志」一項，已在晚年。朱子有云：

從前朋友來此，某謂不遠千里，須知箇趣向了，只是隨分為他說為學大概，看來都不得力。今日思之，學者須以立志為本。如說求復性命之本，求超聖賢之極致，須是便立志如此，便做去始得。若曰我志只是要做箇好人，識些道理便休，宜乎工夫不進。如顏子之「欲罷不能」，如小人之「孳孳為利」，念念自不忘。若不立志，終不得力。

又曰：

今之為學，須是求復其初，求全天之所以與我者，須以聖賢為標準，直做到聖賢地位，如此則工夫自然勇猛。若無必為聖賢之心，只見因循荒廢了。

看今世學者病痛，皆在志不立。五峯曰：「為學在立志以定其本，居敬以持其志。」此言甚佳。凡事須當立志。「敬行乎事物之內」，這是細密處。立志便要卓然在這事物之上。看是什麼都不能奪得它，又不恁地細細碎碎。

此處據胡五峯語來補居敬工夫之缺。居敬須有一本，此即學者之志。敬在事物之內，不免有細碎處，志則立乎事物之表，而為事物所不能奪，此一分別極關重要。

又曰：

世間千歧萬路，聖人為甚不向別路去，只向這一路來？志是心之深處。

「志是心之深處」一語，極堪研玩。理學家不言立志，皆由不瞭此義。又曰：

人不志學有兩種：一是全未有知，不肯為學；一是雖已知得，又卻道但得本，莫愁末了，遂不肯學。後一種古無此，只是近年方有。

無知便不能有志，此是常人之病。今說「但得本，不愁末」，此是知得錯了。此病卻是「近年方有」，此乃指陸學言。象山教人立志，朱子晚年亦教人立志，此見朱子肯兼取陸學之長。但陸學只言立志，不言學，故朱子特舉五峯說以救其弊。此見朱子之博采，亦見朱子立言，必斟酌而達於盡善之境。朱子又說：

大抵閑時喫緊去理會，理會得透徹，到臨事時一一有用處。而今人多是閑時不喫緊理會，及到臨事時，又不肯下心推究道理，只是安於淺陋，所以不能長進，終於無成。大抵是不曾立得志，枉過了日子。

此謂閑時不喫緊理會，不僅陸學輕視學問有此弊，即專務居敬，不兼窮理，亦必有此病。而朱子盡把來歸在不曾立志上，此見朱子晚年思想之力趨簡易而又更達會通處。

朱子又說：

為學雖有階漸，然合下立志，亦須略見義理大概規模，於自己方寸間若有箇惕然愧懼、奮然勇決之志，然後可以加之討論玩索之功，存養省察之力，而期於有得。若但悠悠泛泛，無箇發端下手處，而便謂可以如此平做將去，則恐所謂莊敬持養、必有事焉者，亦且若存若亡，徒勞把捉，而無精明的確、親切至到之效。但如彼中，誠是偏頗，向日之言，正為渠輩之病，卻是賢者之藥，恐可資以為益。

此乃朱子與人書，「彼中」、「渠輩」，指陸學言。徒尚立志，不務向學，誠是偏頗。然徒知莊敬持養，而不重立志，亦是有病。故朱子教人相資為益。後人徒言程朱言居敬，此皆未細讀朱子書，故不知朱子晚年思想之不斷有改進處。

朱子又曰：

讀不記，熟讀可記。義不精，細思可精。惟有志不立，直是無着手處。只如而今，貪利祿而不貪道義，要作貴人而不要作好人，皆是志不立之病。須究見病痛起處，勇猛奮躍，不復作此等人。一躍躍出，見得聖賢所說千言萬語都無一事不是實話，方始立得此志。就此積累工夫，迤邐向上去，大有事在。

此處所言，更切實，更懇到，意在指導初學入門，只舉立志一事。至謂立得此志，積累工夫，迤邐向上，大有事在者，則凡如上引居敬主靜、涵養省察、致知窮理皆是。然此志不立，則此等亦將全不可恃。當伊洛講學，風氣初開，其知慕嚮而來者，皆是有志之人。及朱子時，理學風氣已成，慕名嚮附，未必全屬眞有志。及朱子晚年，應接既多，感觸日深，乃始揭出此立志二字，以為教導之本。而陸氏兄弟，亦始終為朱子所敬重，雖論學軌轍有異，而在朱子之意，則必欲相互講論，以求其能歸於一是。此等深情，後人論朱陸異同者，惜亦未能認取。

朱子又論志與意之分別有曰：

橫渠云：「志公而意私。」看這自說得好。志便清，意便濁。志便剛，意便柔。志便有立作意思，意便有潛竊意思。公自仔細看，自見得意多是說私意，志便說匹夫不可奪志。

意屬私，故須曰誠意。志則能立便得，更無有立僞志者。理學家中，惟朱子最善言心，而朱子言心，又常推稱橫渠。此等處，並不專在辨析文字訓詁，更要乃是在辨析心理情態。此等辨析，亦不僅在外面觀察，乃是從自己日常生活中親修密證而得。指示人心，極須明白，如性與情、志與意，皆各有界分，各有路頭，須認得淸楚，始能下工夫。工夫一錯，便又從此處影響及他處。那裏是只說存心盡心即可了事。惟朱子言心學工夫，最於理學家中為細密而周到，細看上列諸章自見。

二一

以上分章略述朱子所論各項心學工夫，其言靜敬，言涵養省察，大體是承襲前人，而加以一番審辨與論定。其言克己與立志，則創闢新義，有未為北宋以來理學諸家所特加重視者。然朱子論心學工夫最要着意所在，則為致知。懸舉知識之追尋一項，奉為心學主要工夫，此在宋元明三代理學諸家中，實惟朱子一人為然。欲求致知，則在格物。就理學家一般意見言，心屬內，為本。物屬外，為末。理學家所重之理，尤在心性方面。心性之理，則貴反求而自得。朱子不然，認為內外本末，須一以貫之，精粗具到，統體兼盡。此為朱子在一般理學思想中之最獨特亦最偉大處。故朱子不僅集北宋以來理學之大成，實欲自此開出理學之新趨。後人莫不知朱子講格物，乃於其所講格物精義，則頗少能繼續加以闡發與推進，此乃一大可惋惜之事。此章當略述朱子之格物論。

格物之說，最先亦由伊川提出。伊川云：

格猶窮也，物猶理也。猶曰窮其理而已矣。窮其理，然後足以致知。欲思格物，則固已近道矣，以收其心而不放也。

收其心而不放即是敬，是則由伊川之說，乃成為格物亦即敬之工夫。伊川又曰：

欲致知，須要格物。物不必謂事物然後謂之物也，自一身之中至萬物之理，但理會得多，相次自然豁然有覺處。

此處特說物不必謂事物，意中似仍以一身之中之所謂心者為主要。又曰：

「窮理亦多端。或讀書講明義理，或論古今人物，別其是非，或應接事物而處其當然，皆窮理也。」或問：「格物須物物格之，還是格一物而萬物皆知？」曰：「怎生便會該通，須是今日格一件，明日格一件，積習既多，然後脫然有貫通處。」

此條言窮理，主要在人文界一切人事上。其言「今日格一件，明日格一件」，言物字，恐人誤會到外物上去，言件字，則顯指人事。

朱子於伊川言格物，備極推崇，其言曰：

程子之說，切於己而不遺於物，本於行事之實，而不廢文字之功。極其大而不略其小，究其精而不忽其粗。學者循是而用力焉，則既不務博而陷於支離，亦不徑約而流於狂妄。既不舍其積累之漸，而其所謂豁然貫通者，又非見聞思慮之可及。是於說經之意，入德之方，其亦可謂反復詳備，而無俟於發明矣。若其門人，雖曰祖其師說，然以愚考之，則恐其皆未足以及此。

朱子歷辨程門後起說格物者凡五家，又繼起者一家。一為呂藍田大臨之說，朱子非之曰：

「必窮萬物之理」，而專指外物，則於理之在己者有不明矣。但求眾物比類之同，而不究一物性情之異，則於理之精微者有不察矣。

藍田初學於橫渠，橫渠卒，乃東見二程。朱子於程門最取藍田，然藍田之論格物，偏指外物，又重其同，忽其異，故朱子非之。

其二為謝上蔡之說，朱子非之曰：

「窮理以恕為本」，則是求仁之方，非窮理之務。「先其大」，不若先其近者之切。「一處通而一切通」，乃程子所不敢言。

其三為楊龜山之說，朱子非之曰：

「反身而誠」，乃物格知致以後事，非以是為格物之事，亦不謂但務反求諸身而天下之理自無不誠。

其四為尹和靖之說，朱子非之曰：

以「今日格一物、明日格一物」為非程子之說，豈其習於持敬之約，而厭於觀理之煩耶？

其五為胡文定安國之說，朱子非之曰：

其曰「物物致察」，是不察程子所謂不必盡窮天下之物也。又曰「宛轉歸己」，是不察程子所謂物我一理，纔明彼即曉此之意也。又曰：「察天行以自強，察地勢以厚德」，是但欲因其已定之名，擬其已著之迹，而未嘗如程子所謂求其所以然，與其所以為者之妙也。

其六為胡五峯之說，朱子非之曰：

所謂「即事即物，不厭不棄，而身親格之以精其知」，得致字向裏之意。其曰「格之之道，必立志以定其本，居敬以持其志，志立乎事物之表，敬行乎事物之內，而知乃可精」，又有合乎所謂「未有致知而不在敬者」之指。但其語意頗傷急迫，既不能盡其全體規模之大，又無以見其從容潛玩積久貫通之功。

又曰：

此段本說得極精，然卻有病。只說得向裏來，不曾說得外面，所以語意頗傷急迫。蓋致知本是廣大，須用說得表裏內外周徧兼該方得。

以上前五家中，謝、楊、尹三人，最為程門親炙，而失師旨最遠。呂與叔先師橫渠，胡康侯於程門為私淑，其失皆偏在外，與謝、楊、尹三人所失之偏在內者不同。程門之教，本不免有偏重在內之勢，故得之親炙者，所偏亦在此。呂、胡兩人則所偏轉在外。獨五峯一人，已起南渡之後，於程門為最遠，而其說獨為朱子所取。朱子每以五峯繼橫渠，稱其能為精義之學，然朱子於五峯說格物，仍所未滿。朱子雖極推伊川，然迨其自立說，其精神意趣，亦實非伊川之說所能範圍。此處亦可窺朱子學從伊川之轉手處，亦即是朱子學之逓年轉進處。居今而論，理學家所標出之格物一義，亦必至於朱子而始得其大成。

朱子言格物，其最後結論，即見於大學章句之格物補傳。今可不問大學是否為孔氏之遺書，亦可不問古本大學是否有闕，要之考論朱子格物思想，則必以大學格物補傳為其主要之依據。今先錄補傳全文如次：

所謂「致知在格物」者，言欲致吾之知，在即物而窮其理也。蓋人心之靈莫不有知，而天下之物莫不有理。惟於理有未窮，故其知有不盡也。是以大學始教，必使學者，即凡天下之物，莫不因其已知之理而益窮之，以求至乎其極。至於用力之久，而一旦豁然貫通焉，則眾物之表裏精粗無不到，而吾心之全體大用無不明矣。此謂物格，此謂知之至也。

或譏朱子此處分心與理為二，不知一體兩分，兩體合一，此正朱子思想大體系所在，亦是其最着精神處，不得徒以分兩說之為嫌。何以謂「即凡天下之物」？朱子說之曰：

這道理儘無窮，四方八面無不是，千頭萬緒相貫串。

千頭萬緒，終歸一理。

道理散在事物上，卻無總在一處底。

這箇道理，精粗小大，上下四方，一齊要着到。四邊合圍起理會。

常人之學，多是偏於一理，主於一說，故不見四旁，以起爭辨。聖人則中正和平，無所偏倚。

萃百物，然後觀化工之神。聚眾材，然後知作室之用。須撤開心胸去理會。

萬理雖只是一理，學者且要去萬理中千頭萬緒都理會，四面湊合來，自見得是一理。不去理會那萬理，只管去理會那一理，只是空想像。

不知萬殊各有一理，而空言理一，不知理一在何處。

如一箇桶，須是先將木來做成片子，卻將一箇箍來箍斂。若無片子，便把一箇箍去箍斂，全然盛水不得。

不是一本處難認，是萬殊處難認。

須是內外本末，隱顯精粗，一一周遍。

上諸所引，皆是朱子論學之最着精神處。其批評五峯，謂其「頗傷急迫，既不能盡其全體規模之大，又無以見其從容潛玩積久貫通之功」。即以朱子言回視伊川所言，雖朱子自稱乃竊取程子之意以作此補傳，但兩人間精神意味亦顯然不侔。此見朱子心中理字，其涵義之廣狹虛實，要自與當時一般言理者有辨，此必直探之朱子之理氣論，乃見朱子格物補傳立意之所本。

朱子又辨「格物」與「窮理」兩語有不同。朱子曰：

言理則無可捉摸，物有時而離。言物則理自在，自是離不得。

補傳又曰：「因其已知之理而益窮之」，此語亦重要。朱子說之曰：

要於本領上理會。

要從那知處推開去，以至於無所不知。

今日學者所謂格物，卻無一箇端緒，只是尋物去格。

即如陽明格庭前竹子，正是無端緒尋物去格也。

補傳又曰：「以求至乎其極」，此語亦重要。朱子說之曰：

人誰無知？為子知孝，為父知慈；只是知不盡。須是要知得透底。且如一穴之光也喚做光。然逐漸開劃得大，則其光愈大。物皆有理，人亦知其理，如當慈孝之類。但若有知未透處，這裏面便黑了。

所謂「求至乎其極」者，正是要人得一透底之知。否則如為子知孝，為父知慈，亦只是一穴之光，裏面便黑，濟得甚事。所以說：

致知所以求為眞知。眞知是要徹骨都見得透。

知要眞，要透底，要徹骨，故又曰：

格物只是就事上理會，知至便是此心透徹。

如何能使此心透徹，則仍只有從心上去推致。

如宣王因見牛發不忍之心，便就此擴充，直到無一物不被其澤，方是致與格。只是推致窮格到盡處。凡人各有箇見識，不可謂他全不知，如孩提之童知愛其親，長知敬其兄，以至善惡是非之際，亦甚分曉。但不推致充廣，故其見識終只如此。

格物須是從切己處理會去。

若只泛窮天下萬物之理，不務切己，即是遺書所謂「游騎無所歸」。

或問李延平教人窮此一事，必待其融釋脫落，然後別窮一事，程伊川則謂若窮此事未得，且別窮一事，二說如何？朱子說：

如造化禮樂制度等事，卒急難曉，只有且放住。若平常遇事，這一件理會未透，又理會第二件，第二件理會未得，又理會第三件，恁地終身不長進。

此下再說「豁然貫通」，朱子說：

須是窮得理多，然後有貫通處。

心無限量，如何盡得？物有多少，亦如何盡得？但到那貫通處，則纔拈來便曉得，是為盡。

釋氏云：「一月普現一切水，一切水月一月攝。」釋氏也窺見得這些道理。濂溪通書，只是說這一事。

不可盡者心之事，可盡者心之理。

格物所以明此心。

所謂明此心，則只是要此心眞知，有透底徹骨之知。如此纔可謂窮得理。窮得理多而到豁然貫通之境界，則此心之理已盡，到那時：

有揷生一件差異底事來，也都識得他破。只是貫通，便不知底亦通將去。

朱子格物大義，大體具如上述。茲再撮述要旨。一、朱子所論格物工夫，仍屬一種心工夫，乃從人心已知之理推擴到未知境域中去。二、人心已知之理，如慈孝，如見牛而發不忍之心等，推擴所至，則禮樂制度治平之道，以及宇宙造化，種種物理現象，皆包在內。三、朱子所論理，認為萬理皆屬一理，理不離事物，亦不離心。理必寓於事物中，而皆為吾心所能明，所能知。四、人心自然之知，如知慈孝，如知不忍，非即是窮理後之知，必待窮理以後之知，乃始為透底徹骨之眞知。五、專務於內，從心求理，則物不盡。專務於外，從物窮理，則心不盡。物不盡，心不盡，皆是理不盡。必心物內外交融，達至於心即理之境界，始是豁然貫通之境界。至是而「眾物之表裏精粗無不到，吾心之全體大用無不明」。至是而始是理盡。蓋從外面言，萬理皆屬一理。從內面吾心所知之理言，亦將知其皆屬一理，乃謂之貫通。故格物是零細做工夫，而致知則是得到了總體。

若從現代觀念言，朱子言格物，其精神所在，可謂既是屬於倫理的，亦可謂是屬於科學的。朱子之所謂理，同時即兼包有倫理與科學之兩方面。自然之理，乃由宇宙界向下落實到人生界。人文之理，則須由人生界向上通透到宇宙界。朱子理想中之所謂「豁然貫通」，不僅是此心之豁然貫通，乃是此心所窮之理，能到達於宇宙界與人生界之豁然貫通。故朱子特舉濂溪通書，謂其只是說這一事。蓋因朱子心中認為周濂溪乃始是能將宇宙造化與人文治平之兩方兼融交盡歸於一致，而二程則猶有所未盡。故朱子說格物，雖上承伊川，而其標示格物之終極理想，則必舉濂溪以為例。

今專就朱子箇人之學問途徑言，不僅對於人生倫理及於治平大道，均所研尋。即在近代人觀念中之所謂自然科學，朱子亦能隨時注意。論其大者，如在天文學、地質學方面，朱子皆曾有幾項極深邃之觀察與發現。就自然科學之發明史言，朱子所創獲，尚有遠在西方科學家之前，而與之不謀而合者。故朱子之論格物，不僅是一套理想，實亦是朱子平日親所從事的一番眞實之自白。

二二

以上略述朱子論格物，亦可謂乃是朱子言心學工夫之畫龍點睛，最後結穴之所在。此下當略述朱子與象山兩人之意見相異。

後人言朱陸異同，率謂朱子乃理學，象山乃心學，其說之誤，已辨在前。其實兩人異見，亦正在心學上。

言朱陸異同，必首及於鵝湖之會。象山兄九齡復齋一詩云：

孩提知愛長知欽，古聖相傳只此心。大抵有基方築室，未聞無址忽成岑。留情傳注翻榛塞，著意精微轉陸沉。珍重友朋勤切琢，須知至樂在於今。

象山和之云：

墟墓興哀宗廟欽，斯人千古不磨心。涓流積至滄溟水，拳石崇成泰華岑。易簡工夫終久大，支離事業竟浮沉。欲知自下升高處，眞僞先須辨自今。

此兩詩，可見當時二陸要旨。然象山謂復齋詩第二句微有未妥。因復齋言「古聖相傳只此心」，則欲傳聖人之心，仍須讀聖人之書，自不免要留情傳注，寖及支離。象山改為「斯人千古不磨心」，則今日之我心，便是往日聖人之心。所謂「此心同，此理同」，直從己心契入，豈不易簡。「傳心」之說，朱子實已早發在前。朱子又曰：

心與理，不是理在前面為一物，理便在心之中。

人心萬理具備，若能存得，便是聖賢，更有何事。

凡學先要明得一箇心。

自古聖賢，皆以心地為本。聖賢千言萬語，只要人不失其本心。

此諸語，亦可謂乃是當時理學家共同信守語，朱陸異見，並不在此。朱子又曰：

施之君臣則君臣義，施之父子則父子親，施之兄弟則兄弟和，施之夫婦則夫婦別，都只由這箇心。

人只要存得這些在這裏，則事君必會忠，事親必會孝，見孺子則怵惕之心便發，見穿窬之類則羞惡之心便發。合恭敬處自會恭敬，合辭遜處自會辭遜。

中庸說：「天命之謂性」，即此心也。「率性之謂道」，亦此心也。「修道之謂教」，亦此心也。以至於致中和，贊化育，亦只此心也。

人只是此心，以至千載之前，千載之後，與天地相為終始，只此一心。

若儘從此等處看，朱子與象山並無異見。然朱子又謂：

人心所見不同，聖人方見得盡。今陸氏只要渠心裏見得底方謂之內，纔自別人說出，便指為外。所以指文義而求之者皆不為內。只是專主生知安行，學知以下一切皆廢。簡策之言，皆古先聖賢所以加惠後學，垂教無窮，所謂「先得我心之同然」。凡我心之所得，必以考之聖賢之書。脫有一字不同，更精思明辨，以益求至當之歸。

此處乃是朱陸兩家意見分歧處。朱子言人心之體，從大處說來，無內外，無古今，古聖賢所說，乃「先得吾心之同然」。此則同是一心，不須分別，若只把現前當下來看己心，則不免規模窄狹，不復能取人之善。

又曰：

學聖人之道，乃能知聖人之心。知聖人之心以治其心，而至於與聖人之心無以異，是乃所謂「傳心」。豈曰「不傳其道而傳其心，不傳其心而傳己之心」哉！

此較前說更深一層。就聖人言，則聖人之道固一本於聖人之心。就後之學者言，則必學聖人之道而後乃能知聖人之心。此一曲折，便會轉入二陸所謂支離與精微的路上去。而且又說知聖人之心以治其心，則更似轉到外重內輕，把聖人心來作己心準則，與象山意見似更相遠。

朱子又曰：

如孝弟等事，數件容先做底，也易曉。若是後面許多合理會處，須是從講學中來。不然，為一鄉善士則可，若欲理會得為人許多事則難。

蓋孝弟等事，質美者亦可以生知安行。其他許多人事，則無不從講學中來，然亦不得擯之在己心之外。故朱子謂「陸子靜、楊敬仲有為己工夫。若肯窮理，當甚有可觀，惜其不改。」窮理則即是講學中事。朱子又曰：

> 孝悌忠信，若淺言之，則方是人之常行。若不由此，即日用之間更無立腳處。故聖人之教，未嘗不以為先。若極言之，則所謂通於神明，光於四海，無所不通，而曾子所以形容聖人一貫之妙者，亦不過如此。故大學之道，必以格物致知為先，而於天下之理，天下之書，無不博學、審問、謹思、明辨以求造其義理之極。然後因吾日用之間，常行之道，省察踐履，篤志力行，而所謂孝悌之至通於神明，忠恕之一以貫之者，乃可言耳。蓋其所謂孝悌忠恕，雖只是此一事，然須見得天下義理表裏通透，則此孝悌忠恕方是活物。如其不然，便只是箇死底孝悌忠恕。雖能持守終身，不致失墜，亦不免為鄉曲之常人，婦女之檢柙而已。何足道哉！

此處即是大學格物補傳之所主。在朱子意，孝弟忠信，只屬小學事，只是人之常行，日用之間一立腳處。聖人之教亦以是為先。但若極言之，孝弟可以通神明，忠恕可以達一貫，但其間必經過大學一番格物之教，講學窮理，大有事在。否則：

> 只理會得門內事，門外事便了不得。所以聖人教人要博學。若不博學，氣質純底，將來只成一箇無見識底獃人。若是意思高廣底，將來過不下，便都顛了。

所以又說：

> 古人之學，所貴於存心者，蓋將推此以窮天下之理。今之所謂識心者，乃將恃此而外天下之理。是以古人知益崇而禮益卑。今人則議愈高而其狂妄恣睢也愈甚。

此等話，在朱子，亦並不一一針對象山而發。當時理學家風氣，過分看重了心，看輕了事。又謂理在心，不在事。又因是而看輕了向外面去求知識。故朱子要說：

> 根本枝葉，本是一貫。身心內外，原無間隔。

此處所提本末內外，似乎是當時一般理學家所共同認為的一項重要區別。即如二程，向不提及濂溪之太極圖，又不和康節談數學。伊川於橫渠正蒙，則謂其「有苦心極力之象，而無寬裕溫和之氣。非明睿所照，而考索至此」。明睿之照本於內，考索所至則在外。伊川又謂有德性之知與見聞之知。德性之知本之內，見聞之知求之外。此在二程，亦顯見有重視內本輕忽外末之傾向。程門諸儒，此一傾向益顯。朱子雖宗二程，然言下竭力要泯此內外本末之隔閡。其為六先生贊，於二程外又增入周、張、邵、馬四人。又在二程中，自謂較近伊川。若從此方面推擴，則理學風氣，將爲丕變。然在一般理學家眼光中，則朱子似終不免有在枝葉上用力，近乎有馳外之嫌。象山兄弟，實亦以此意見看朱子。象山極重明道，而於伊川則頗致不滿。朱子之言象山，則曰：

> 看子靜書，只我胸中流出底是天理，全不著得些工夫。

又曰：

> 陸子靜之學，只管說一箇心本來是好底物事，只被私欲遮了。若識得一箇心，萬法流出，更都無許多事。

在朱子意，亦同樣主張一切須自我胸中流出，亦主張萬法都從心中流出，但又另開一面，主張從外面流入，來廣大己心，發明己心。此一面，象山則謂之是支離。朱子又謂自明道轉出謝上蔡，自上蔡轉出張无垢，又自无垢轉出了陸象山。象山自謂得之孟子，但朱子則指其亦從程門來。後人袒護象山，謂象山之學亦源自明道，其實朱子已早發此意。

朱子又曰：

撫學有首無尾，浙學有尾無首。

撫學即指象山，浙學則導自朱子老友呂祖謙東萊。但若要在二者間擇取其一，朱子則寧取撫學。若不先有內本，則失卻了理學傳統精神。但朱子則更要由本及末，由內向外，有了首還要有尾。至若有尾無首，則將更遭朱子之呵斥。

由上所述，可見在朱子心目中，象山地位極高，朱子極欲與象山密切講論以歸一是，並時欲對彼我兩家異見得一調和。故曰：

自子思以來，教人之法，惟以尊德性、道問學兩事為用力之要。今子靜所說，專是尊德性事，而熹平日所論，卻是問學上多了。自覺雖於義理上不敢亂說，卻於緊要為己為人上，多不得力。今當反身用力，去短集長，庶幾不墮一邊。

此處朱子辭極謙退，然亦仍是牢守平日講學宗旨，總是要本末內外一貫交盡。惟此項工夫，卻甚難到達一恰好恰中之境界。往往不偏在這邊，便易偏到那邊。即朱子於北宋理學諸家中，亦只是要去短集長，求得一恰中恰好。而朱子對於自己工夫，亦時時有反省自譴之辭。在主意上則要不墮一邊，而在工夫上，則每覺不遽是恰中恰好。若不明白到朱子這一番心境，則見朱子說話，往往忽彼忽此，像是沒有定見。而象山聽到朱子這一番說話，卻云：

> 朱元晦欲去兩短，合兩長，然吾以為不可。既不知尊德性，焉有所謂道問學。

此一說，在朱子看來，亦並非不是。朱子所爭，乃在知了尊德性以後，還須得道問學，不要儘靠在一邊，不要儘把一邊話來開導他人。此處恐是朱陸兩家異見之癥結所在。後人或有謂象山實是承接明道，伊川與朱子則走入歧途。從極嚴格之理學傳統言，此亦不得謂之全不是。但朱子在理學傳統中，意欲恢宏疆宇，廓開道路，把求知精神與博學精神充分加入，則此兩家異見，自難調和合一了。

二三

以上略述朱子論象山。朱子之於象山，又屢斥其近禪。象山近禪與否，此處不論。但朱子所以闢禪之意，則亦不可不知。此下當略述朱子論禪學。

朱子於佛書，亦多涉獵。尤其在早年，即深喜禪學。自從遊於李延平，始一意專向於儒。朱子識禪甚深，故其闢禪，亦能中要害。惟當時理學家中浸淫於禪學者實多。程門諸賢，朱子謂其後梢皆流入禪去。故朱子闢禪，其實乃所以矯理學之流弊。其闢禪處，皆是針對當時理學作諍救。此層尤不可不知。

朱子有曰：

> 釋氏虛，吾儒實。釋氏二，吾儒一。釋氏以事理為不緊要而不理會。

外事理於吾心，故曰二。合吾心於事理，故曰一。朱子又曰：

> 釋氏只要空，聖人只要實。釋氏所謂敬以直內，只是空豁豁地，更無一物，卻不會方外。聖人所謂敬以直內，則湛然虛明，萬理具足，方能義以方外。

然則只言敬以直內，不再言義以方外，豈不即成了禪學。所以朱子特有取於伊川「敬義夾持」之一語。或謂理學家言敬乃從禪學來，朱子則並不如此說，只說如釋老等人卻是能持敬。又說若單言敬，則易入禪學去。朱子又曰：

吾以心與理為一，彼以心與理為二。彼見得心空而無理，此見得心雖空而萬理咸備。雖說心與理一，不察乎氣稟物欲之私，是見得不眞。大學所以貴格物。

此處明言心即理，但必附帶一條件，曰格物。格物是到達心即理之工夫。若非格物，則仍會走上心空路上去。又曰：

釋氏言，但能識此運水搬柴之物，則亦無施而不可。蓋其學以空為眞，以理為障，而以縱橫作用為奇特。與吾儒之論正相南北。

此斥禪家言「作用是性」之說。又曰：

龜山舉龐居士云：「神通妙用，運水搬柴」，以比徐行後長。不知徐行後長乃謂之弟，疾行先長則為不弟。如曰運水搬柴即是妙用，則徐行疾行，皆可謂之弟耶？

謂作用是性並不錯，但作用有合理不合理之辨。不能謂凡是作用即合理。亦不能謂求合理，即便非作用，不是性。故朱子特地欣賞伊川「性即理也」之一語。

朱子又謂釋氏工夫磨擦得這心極精細，剝盡外皮，精光獨露，遂誤認此心為性。佛氏所謂法身，即指此心精光言。佛氏非以空為體，乃以此心精光為體。在此心精光中，不容著一物，故謂之空。此對禪學工夫，非眞有研究者，不易說到。

禪家既認作用是性，於是遂認無適非道。朱子說：

> 須是運得水搬得柴是，方是神通妙用。若運得不是，搬得不是，如何是神通妙用？佛家所謂作用是性，便是如此。所以君子貴博學於文，無精粗大小，都一齊用理會過，方無所不盡，方周遍無疎缺處。

言博學，便須推擴到天地萬物，這樣便似轉向外去，不專就心性上做工夫。象山所疑於朱子者在此。朱子又說：

> 佛氏之學，與吾儒有甚相似處。如云：「有物先天地，無形本寂寥。能為萬象主，不逐四時凋。」又曰：「撲落非它物，縱橫不是塵。山河及大地，全露法王身。」又曰：「若人識得心，天地無寸土。」看他是甚麼樣見識。區區小儒，怎生出得他手。此是法眼禪師一派宗旨如此。今之禪家，皆破其說，以為有理路，落窠臼，有礙正當知見。今之禪家，都是「麻三斤」、

「乾屎橛」之說，謂之不落窠臼，不墮理路，妙喜之說便是如此。然又有翻轉不如此說時。

又說：

禪只是箇呆守法。如「麻三斤」、「乾屎橛」，他道理初不在此上。只是教他只思量這一路，把定一心，不令散亂，久後光明自發。

如問「如何是佛」云云，胡亂掉一語，教人只管去思量，又不是道理，又別無可思量，心只管在這上，行思坐想，久後忽然有悟。

學禪者只是把一箇話頭去看。「如何是佛」、「麻三斤」之類，又都無義理得穿鑿，看來看去，工夫到時，恰是打一箇失落一般。便是參學事畢。莊子亦云：「用志不分，乃凝於神。」但他都無道理，只是箇空寂。

此處朱子即以禪宗工夫來證說禪宗境界。指出禪家參話頭工夫之眞實意義，即在所謂磨擦此心，剝盡外皮，精光獨露。此一說法，乃是從妙喜書中得來。在理學家中，慧眼如炬，眞能抉發禪家秘密，擊中禪家病痛者，實惟朱子一人。其實二程提出敬字，也只是把定一心，不令散亂，若只守這一敬，到頭也還是一箇空寂。所以朱子乃以敬義夾持格物窮理來代替了禪家之參話頭。又以濂溪、橫渠窮究宇宙萬象一路來代替了法眼一派。朱子意，要把一套嶄新的儒學與理學來代替出自唐以來直到當時在社會上普遍流行的那一套禪學，其事也實在不容易。

問釋氏入定，道家數息。曰：「他只要靜，則應接事物不差。」曰：「吾儒為何不效他恁地？」曰：「他開眼便依舊失了，只是硬把握。不如吾儒敬以直內，義以方外。」或說：「世上事便要人做，只管似他坐定做甚？日月便要行，天地便要運。」曰：「他不行不運固不是，只是吾輩運行又有差處。他是過之，今人又不及。」

此條又說到老釋守靜，其實當時理學家主靜也從方外來。「開眼便依舊失了」一語，說靜坐之病最直截最恰切，清儒顏習齋又把教人靜坐來詬病朱子，其所設「鏡花水月」之喻，正即是朱子「開眼依舊失了」六字。朱子又說：「他是過之，今人又不及。」此亦指心地工夫言。要做到內外本末心事合一，無過無不及，恰中恰好，那是朱子心學之理想。

或問告子之學。曰：「佛家底又高，告子底死殺了，不如佛家底活。今學者就故紙上理會，也解說得去，只是都無那快活和樂底意思。似他佛家，雖是無道理，然他卻一生受用，一生快活。」

此條說既要愜心，又要當理。若此心無受用，不快活，難免人要逃入禪去。但若使一切運用不能當理無差，亦振不起儒學傳統。濂溪教二程兄弟尋孔顏樂處所樂何事，此一指點，乃理學興起淵源所在。凡朱子論心學工夫，則要把握此兩面。所謂孔顏樂處，亦在此兩面上，不在任何一面上。

舉佛氏語，曰：「『千種言，萬般解，只要教君長不昧』，此說極好。它只是守得這些子光明。吾儒之學，則居敬為本，而窮理以充之，其本原不同處在此。」

或以為釋氏本與吾儒同，只是其末異。某與言，正是大本不同。只無「義以方外」，連「敬以直內」也不是了。

此分辨極重要。不能說佛家已得其體，再把儒家來加上用。亦不能說儒佛之辨乃是本同末異。據朱子意，內外本末原是一體，末正所以完其本，外正所以全其內。眞有了此內，則必然有此外。眞有了此本，則必然有此末。今既無外無末，便知非即是此內，亦非即是此本。

又曰：

釋氏自謂識心見性，然所以不可推行者，為其於性與用分為兩截。聖人之道，雖功用充塞天地，而未有出於性之外。

朱子既辨禪家認作用為性，又說其分性與用為兩截。因禪家所說作用，只說的是手能持，足能履，目能視，耳能聽，猶如告子說「食色性也」，只是禪家說得更高更活。今謂其性與用分為兩截者，乃指人生界之修齊治平乃及參天地贊化育之一切用而言。此等始所謂功用充塞天地，但卻不能謂此等皆已違逆了人性，或離開了人性。

或問：孟子言「盡心知性」、「存心養性」，釋氏之學，亦以識心見性為本，其道豈不亦有偶同？朱子曰：

佛氏之所以識心，則必別立一心以識此心。其所謂見性，又未嘗覩夫民之衷、物之則。既不覩夫性之本然，則物之所感，情之所發，概以為己累而盡絕之。心者，為主而不為客，命物而不命於物。惟其理有未窮，而物或蔽之，故其明有所不照；私有未克而物或累之，故其體有所不存。聖人之教，使人窮理以極其量之所包，勝私以去其體之所害。因其一以應夫萬，因其主以待夫客，因其命物者以命夫物，未嘗曰反而識乎此心，存乎此心也。若釋氏之云識心，則必收視反聽，求識其體於恍惚之中，此非別立一心而何？

此言禪家所認識之心，實與儒家所認識者大有不同。當時理學家多染禪學，不能辨此，而競言識心，朱子剖析駁難，精卓暢盡，惜乎此處不能詳引。要之，理學家言心性，佛家禪宗亦言心性，此所謂「彌近理而大亂眞」，而惟朱子為能闢之豁如。朱子又言：

> 今人見佛老家之說，或以為其說似勝於吾儒，又或以為彼雖說得不是，不用管他。此皆是看他不破，故不能與之辨。

朱子自比其闢佛闢禪，如孟子之闢楊墨。在當時，朱子與學者門人往返書牘，當面問答，隨機應對。此等人亦皆依據孔孟，稱道伊洛，而不自知其浸染陷溺於佛說禪學中。朱子一一為之出正解，破迷誤，使儒、釋疆界，判然劃分，此固是朱子大貢獻所在。然朱子又常稱道禪林中人，謂：

> 天下有些英雄人，都被釋氏引將去。
>
> 某見在名寺中所畫諸祖師人物，皆魁偉雄傑，宜其傑然有立。
>
> 某常道，他下面有人，自家上面沒人。

又曰：

老佛亦儘有可取處。

惟朱子眞識得禪，故既能加以駁辨，亦能加以欣賞。今謂理學即自禪學來，此固不是。謂理學家闢禪僅是門戶之見，此復不是。然欲眞見理學與禪學相異究何在，相爭處又何在，則非通覽朱子之書，亦難得其要領。

二四

以上略述朱子論禪學。自論敬、論靜以下，直至論象山、論禪學各章，皆可謂是朱子論心學工夫者，惟已時時牽涉到論為學處。朱子既主內外本末一體，則為學之與養心，亦皆由此一體來，亦皆所以完成此一體。本章當續述朱子論為學。

朱子論心學工夫，每從一體之兩面會通合說。其論為學工夫，亦復如是。

問：「先生云：『一箇字包不盡。』但大道茫茫，何處下手？」先生乃舉中庸「大哉聖人之道」

一章，曰：「『尊德性道問學，致廣大盡精微，極高明道中庸，溫故知新，敦厚崇禮』，只從此下工夫理會。『居處恭，執事敬』，『言忠信，行篤敬』之類，都是德性。至於問學，卻煞闊，條項甚多。事事物物皆是問學，無窮無盡。」又曰：「自『尊德性』而下，雖是五句，卻是一句摠四句。雖是十件，卻是兩件統八件。『尊德性道問學』一句為主。」

又曰：

尊德性所以存心，致廣大、極高明、溫故、敦厚屬之。道問學所以致知，盡精微、道中庸、知新、崇禮屬之。

朱子內弟程允夫，以「道問學」名齋，囑朱子為之銘，朱子告以當易齋名為「尊德性」。蓋尊德性是道問學宗旨，道問學是尊德性方法。一切道問學，皆當為尊德性。朱子之告象山，亦曰：「某之學，道問學方面說多了。」此因尊德性無許多話說，道問學則其事無窮無盡，不容不多說。

又說「下學上達」云：

如做塔，且從那低處闊處做起，少間自到合尖處。要從頭上做起，卻無着工夫處。下學而上達，下學方是實。

先立箇粗底根脚，方可說上至細處去。

下學者事，上達者理，理即在事中。

聖門之學，下學上達，自平易處講究討論。積慮潛心，優柔厭飫，久而漸有得焉，則日見其高深遠大而不可窮。

而今人好玄妙，剗地說得無影無形。

都好高，說空說悟。

聖人言語說得平正。必欲求奇，說令高遠。說文字，眼前淺近底，他自要說深。在外底，他要說向裏。本是說他事，又要引從身上來。本是說身上事，又要引從心裏來。皆不可。

朱子教人，從低處闊處下學，不喜說空話，高話，玄妙話。不喜人常說向心裏，說無影無形話。實在當時理學家，這些話也已說得忒多了。

又說「博文約禮」。

問：「博文是求之於外，約禮是求之於內否？」曰：「何者為外？博文是從內裏做出來。知須是致，物須是格，雖是說博，然求來求去，終歸於一理，乃所以約禮也。」

聖門教人，只此兩事，須是互相發明。約禮底工夫深，則博文底工夫愈明。博文底工夫至，則約禮底工夫愈密。

內外交相助，博不至於汎濫無歸，約不至於流遁失中。

此處說汎濫無歸易知，說流遁失中不易知。約之又約，歸納到一點上，便易說得孤。說得孤，便易入禪。如懸空說心性，說理，說得高妙，說得無影無形，皆易流遁失中。朱子立說，皆從低處闊處多處近處說起，卻自平實不失中。朱子又說：

博文是多聞、多見、多讀。及收拾將來，全無一事，和敬字也沒安頓處。

此條更不易知。伊川言「未有致知而不在敬者」，若非此心收拾一處，何從下多聞多見多讀工夫。待及知之至而一旦豁然貫通，則此心湛然虛明，眾理具備，又須在何處再安頓此一敬字，而此心亦自無不敬。可見敬字工夫，乃是聖學之入門，非是聖學之歸宿。

又曰：

為學須是先立大本，其初甚約，中間一節甚廣大，到末梢又約。近日學者多喜從約，而不於博求之，何以考驗其約？又有專於博上求，而不反其約，其病又甚於約而不博者。

此條，一面箴砭當時之陸學，一面指斥當時之浙學。朱子曾謂象山「兩頭明，中間暗」，即指此。

朱子又曰：

孔子之教人，亦博學於文，如何便約得。

是朱子論博約，其意實更重於中間一節，即博之一面。大本之約，乃始學事。由博反約，乃成學事。中間一節，正是學問真下工夫處。又曰：

博文工夫雖頭項多，然於其中尋將去，自然有箇約處。聖人教人有序，未有不先於博者。顏子固不須說，只曾子、子貢得聞一貫之誨。餘人不善學，夫子亦不叫來罵一頓，教便省悟。只得且待他事事理會得了，方可就上面欠闕處告語之。

此言於博文中自有約，聖人只從博處教，不從約處教。又曰：

不求眾理之明，而徒恃片言之守，則雖早夜憂虞，僅能不為所奪。而吾之胸中，初未免於憒憒，是亦何足道。

僅求守約，則胸中終自憒憒。又曰：

釋老之學，莫不自成一家，此最害義。如坐井觀天，自以為所見之盡。及到井上，又卻尋頭不着。寧可理會不得，卻自無病。

理會不得，尚知要理會。屈居在井裏，所見不廣，而遽已自成一家，則不復要理會。此等處，發人深省，最當善體。即如禪宗祖師們，幽居深山寺裏，談空說悟，豈不亦自成一家。待其出寺下山，見了天地之大，民物之繁，自會討頭不着。

又曰：

為學須先立得箇大腔當了，卻旋去裏面修治壁落教綿密。今人多是未曾知得箇大規模，先去修治得一間半房，所以不濟事。

當時理學家，競務於心性守約。自朱子言之，亦只是一間半房而已。

朱子又說一貫，云：

一便如一條索，那貫底物事，便如許多散錢。須是積得這許多散錢了，卻將那一條索來一串穿，這便是一貫。

一者，對萬而言。今卻不可去一上尋，須是去萬上理會。

先就多上看，然後方可說一貫。學者寧事事先了得，未了得一字卻不妨。莫只懸空說箇一字，作大罩了，逐事都未曾理會，卻不濟事。

卻如人有一屋錢散放在地上，當下將一條索子都穿貫了。而今人元無一文錢，卻也要學他去穿。這下穿一穿，又穿不着。那下穿一穿，又穿不着。似恁為學，成得箇甚麼邊事。

不是一本處難認，是萬殊處難認。如何就萬殊上見得皆有恰好處？

會合上引，自見朱子論為學之要旨。

二五

以上略述朱子論學。主博文，主格物窮理，主多方以求，自然要教人讀書。但在理學家中，正式明白主張教人讀書，卻只有朱子一人。後人彙集其語，名為「朱子讀書法」者，不止一家。本章當再摘要撮述為朱子論讀書。

當時理學家風氣，務於創新說，各欲自成一家言。朱子教人讀書，多屬針對此項流弊而發。初視若大愚大拙，而實啟大巧大智之鍵。若至鈍至緩，而實蘊至捷至利之機。

問：「易如何讀？」曰：「只要虛心以求其義，不要執己見。讀他書亦然。」

又曰：

看書不可將己見硬參入去。隨他本文正意看，依本子識得文義分明。自此反復不厭，日久月深，自然心與理會，有得力處。

讀書若有所見，未必便是，不可便執着。且放一邊，且更讀，以來新見。如去了濁水，然後清者出。

牽率古人言語，入做自家意中來，終無進益。

須是胸次放開，磊落明快，恁地去。

或問：「讀書未知統要。」曰：「統要如何便會知得？近來學者，有一種則舍去冊子，卻欲於一言半句上便見道理。又一種則一向汎濫，不知歸着處。此皆非知學者。須要熟看熟思，久久間自然見箇道理，四停八當，而所謂統要者自在其中。」

看文字，少看熟讀，一也。不要鑽研立說，但要反復體翫，二也。埋頭理會，不要求效，三也。

此可謂朱子教人讀書三綱領。朱子又曰：

讀書須看得一書徹了，方再看一書。

須從一路正路直去，四面雖有可觀，不妨一看，然非緊要。

東坡教人讀書，每一書當作數次讀之。當如入海，百貨皆有，不能兼收盡取，但得其所欲求者。如欲求古今興亡治亂，聖賢作用，又別作一次求事迹文物之類，他皆如此。若學成，八面受敵，與慕涉獵者不可同日而語。

黃山谷與人帖有云：「學者喜博而常不精。汎濫百書，不如精於一。有餘力，然後及諸書，則涉獵亦得其精。蓋以我觀書，則處處得益。以書博我，則釋卷而茫然。」先生深喜之，以為有補於學者。

東坡、山谷，皆文章之士，不為理學家重視，而朱子獨有取其言。眞能讀書，則可不問理學經學史學文學，讀書則總該如此讀。朱子又曰：

讀書不可兼看未讀者，卻當兼看已讀者。

要將理會得處反復又看。

問：「看文字，為衆說雜亂，如何？」曰：「且要虛心，逐一說看去。看得一說，卻又看一說。且依文看，逐處各自見箇道理，久之自然貫通。」

衆家說有異同處最可觀。甲說如此，且撏扯住甲，窮盡其辭。乙說如此，且撏扯住乙，窮盡其辭。兩家之說既盡，又參考而窮究之，必有一眞是者出。

讀書至於羣疑並興，寢食俱廢，乃能驟進。如用兵，須大殺一番，方是善勝。

固不可鑿空立論，然讀書有疑，有所見，自不容不立論。其不立論者，只是讀書不到疑處。

熟讀書，自然有疑。若先去求箇疑，便不得。

讀書不廣，索理未精，乃不能致疑，而先務立說，所以徒勞苦而少進益。

學者所患，在於輕浮，不沉著痛快。

讀書寧詳毋略，寧下毋高，寧拙毋巧，寧近毋遠。

此又可謂是朱子教人讀書之四大戒條。果能詳能下能拙能近，自見沉著痛快。輕浮者則必好高好遠好巧好略。又曰：

看文字，須大段精采看。聳起精神，樹起筋骨，不要困，如有刀劍在後一般。

讀書譬之煎藥，須是以大火煑滾，然後以慢火養之，卻不妨。

寬着期限，緊着課程。

小作課程，大施工力。

如今日看得一版，且看半版，將那精力求更看前半版。

如射弓，有五斗力，且用四斗弓，便可拽滿，己力欺得他過。

如此讀書，內而存心養性，外則窮理致知，其道一轍，實非異軌。當時理學家相率以談心性為務，既不致知窮理，更益輕視讀書，目之為第二義，又相戒勿恃簡冊，朱子獨力矯其弊，謂：

凡吾心之所得，必以考之聖賢之書。脫有一字不同，則更精思明辨，以益求至當之歸。毋憚一時究索之勞，使小惑苟解，而大礙愈張。

求之自淺以及深，至之自近以及遠，循循有序，不可以欲速迫切之心求。非固欲畫於淺近而忘深遠，舍吾心以求聖人之心，棄吾說以徇先儒之說也。

鄙意且要學者息卻許多狂妄身心，除卻許多閑雜說話，着實讀書。初時儘且尋行數墨，久之自有見處。

凡百放低，且將先儒所說正文本句，反覆涵泳，久久自見意味。

只且做一不知不會底人，虛心看聖賢所說言語，未要便將自家許多道理見識與之爭衡。退步久之，卻須自有箇融會處。自家道理見識，未必不是，只是覺得太多了，卻似都不容他古人開口，不覺蹉過了他說底道理。至如前人議論得失，今亦何暇為渠分疏。且救取自家目今見處。若舍卻自己，又救那一頭，則轉見多事，不能得了。

讀古人書，非務外為人，爭古人之是非。乃欲擴大自己心胸，多聞多知，也該容古人開口說他底道理。但也不是要捨己以徇，乃求有箇融會，以益期於至當之歸。若要得如此，卻須把自家先放低，先退一步，虛心做一不知不會底人。莫把自家先與他爭衡，待瞭解得他，自會有疑有辨，久之卻來新見。朱子如此教人讀書，實亦不是專對當時理學界作箴砭，千古讀書，欲求得益，必當奉此為準繩。否則：

一事必有兩途，纔見彼說晝，自家便尋夜底道理反之，各說一邊，互相逃閃，更無了期。

凡務求創新見而輕視傳統，其弊皆如此。後之視今，亦如今之視昔。苟無傳統，亦將無學術可言。朱子又自說：

勤勞半世，汨沒於章句訓詁之間，黽勉於規矩繩約之中，卒無高奇深眇之見，可以驚世而駭俗。獨幸於聖賢遺訓，粗若見其坦易明白之不妄而必可行者。

此乃朱子之謹守傳統處，亦是其能獨創新說處。朱子又曰：

讀書別無他法，只是除卻自家私意，逐字逐句，只依聖賢所說，白直曉會，不敢妄亂添一句閑雜言語，則久久自然有得。如其不然，縱使說得寶花亂墜，亦只是自家杜撰見識。

新見亦都從傳統中來。若抹殺傳統，儘求新見，此等皆是杜撰。又曰：

方看得一句大學，便已說向中庸上去，如此支離蔓衍，彼此迷暗，互相連累。非惟不曉大學，亦無功力別可到中庸。枉費精力，閑立議論，翻得言語轉多，卻於自家分上轉無交涉。

故曰：

讀書惟虛心專意，循次漸進，為可得之。如百牢九鼎，非可一嘬而盡其味。切不可容易躁急，厭常喜新，專揀一等難理會無形影底言語，暗中想像，杜撰穿鑿，枉用心神，空費日力。

朱子教人讀書，其語尚多。有些處眞是說得如大愚大拙，至鈍至緩。但從來讀書人，卻無一人能如朱子之博讀而多通，特達而多見。或又疑朱子乃理學大儒，主要應在心性上用功，而朱子畢生精力卻又似都化在讀書上。不知朱子讀書，同時即是心地工夫。朱子教人要能具備虛心，專心，平心，恆心，無欲立己心，無求速效心，無好高心，無外務心，無存驚世駭俗心，無務杜撰穿鑿心，能把自己放低，退後，息卻狂妄急躁，警惕昏惰閑雜。能如此在自己心性上用功，能具備此諸心德，乃能效法朱子之讀書。故朱子教人讀書，同時即是一種涵養，同時亦即是一種踐履。朱子教人讀書，乃是理學家修養心性一種最高境界，同時亦即是普通讀書人一條最平坦的讀書大道。理學之可貴亦正在此。慎勿以為此等乃是理學家之教人讀書而忽之。

朱子追和二陸鵝湖詩有曰：

舊學商量加邃密，新知涵養轉深沉。

後人讀朱子書，多見其舊學商量之邃密，而不見其新知涵養之深沉。同時當知，舊學商量之邃密，即足以證其新知涵養之深沉。欲求瞭解到朱子新知之深沉處，則亦終必要效法朱子之讀書法來讀朱子書，乃能漸漸窺及。

論語述而篇，子曰：「述而不作，信而好古，竊比於我老彭。」朱子集注說之曰：

述，傳舊而已。作則創始也。故作非聖人不能，而述則賢者可及。竊比，尊之之辭。我，親之之辭。老彭，商賢大夫，蓋信古而傳述者也。孔子刪詩書，定禮樂，贊周易，修春秋，皆傳先王之舊，而未嘗有所作也，故其自言如此。蓋不惟不敢當作者之聖，而亦不敢顯然自附於古之賢人。蓋其德愈盛，而心愈下，不自知其辭之謙也。然當是時，作者略備，夫子蓋集羣聖之大成而折衷之，其事雖述，而功則倍於作矣。此尤不可不知。

此一段話，不啻是朱子之自道。孔子集古聖之大成，而朱子則集孔子以下諸賢之大成。其主要點只在求能述，而不敢自居於作。但眞能述，則其功自倍於作。此中有深意，非眞能明白到千古學術之大傳統者不易知。若其必欲有作，而不願自居於述者，此則先自把自己地位太提高了，太放前了，把輕視前人之書之心來讀前人之書，固宜於朱子之教人讀書法，感其無可欣賞，而亦不易於接受。

二六

以上略述朱子論讀書。其論為學，論讀書，上兩章之所言，皆在一般方法上，此下當略述朱子個人在學術上之實際成就，及其具體表現。但亦僅能略述其分治某一項學問之議論為主。至於對朱子每一項學問之內容落實處，則非此所欲詳。經學為儒學之主幹，自漢迄於北宋無變。理學創興，二程自謂得孟子以來不傳之祕，雖曰「反求之六經」，其實二程於漢儒以下之經學，殆亦不復重視。此風直至南宋，不革益烈。朱子說之曰：

今學者不會看文字，多是先立私意，自主張己說，只借聖人言語做起頭，便把己意接說將去，病痛專在這上。

說道理，只要撮那頭一段尖底，末梢便到那大而化之極處。中間許多，都把做渣滓，不要理會。相似把箇利刃截斷，中間都不用了。這箇便是大病。

其實理學興起，豈不即是要把秦漢以下中間一段全切斷了都不用。但在朱子自己，亦認為伊洛說理遠勝過了漢儒之說經。故曰：

自堯舜以下，若不生箇孔子，後人去何處討分曉。孔子後若無箇孟子，也未有分曉。孟子後數千載，乃始得程先生兄弟發明此理。

如此則豈不亦將中間一段截斷都不用。但朱子又曰：

漢儒一向尋求訓詁，更不看聖人意思，所以二程先生不得不發明道理開示學者，使激昂向上，求聖人用心處，故放得稍高。不期今日學者，乃捨近求遠，處下窺高，一向懸空說了，扛得兩腳都不着地，其為害反甚於向者之未知尋求道理，依然只在大路上。今之學者，卻求捷徑，遂至鑽山入水。

今之學者，即指一輩承接二程之理學言，亦即是指程門流弊言。求捷徑，便大害事。求鑽山入水，更會大害事。故朱子又曰：

今之談經者，往往有四者之病：本卑也而抗之使高；本淺也而鑿之使深；本近也而推之使遠；本明也而必使至於晦。此今談經之大患。

求高，求深，求遠而至於晦，此為當時理學家談經四大病。其病來自不治經而談經：

說來說去，只說得他自己一片道理，經意卻蹉過了。嘗見一僧云：「今人解書，如一盞酒，本是好，被這一人來添些水，那一人來又添些水，次第添來添去，都淡了。」他禪家儘見得這樣。

朱子明謂：今日理學家說經，其害已過於漢儒。又謂：他禪家儘見得，而今學者不知。朱子對當時理學家說經流弊之盡力掊擊，實已遠超於後人之攻擊理學者之上。後人攻擊理學，亦豈能如朱子之篤切而深至。朱子治經，一面遵依漢唐儒訓詁注疏舊法，逐字逐句加以理會，力戒自立說籠罩。一面則要就經書本文來解出聖賢所說道理，承守伊洛理學精神。就今語類所集，朱子告其門弟子，於二程遺說違失經旨而加以諍議與駁正者，約略計之，當可得二百條以上之多。其間有對某一條反復辨析達至三四次七八次者。連合計之，則總數當在三四百條以上。至於程門後學，乃及同時其他諸儒說經違失，朱子一一糾摘，語類中所見條數，不勝統計。蓋自有朱子，而後使理學重復回向於經學而得相綰合。古今儒學大傳統，得以復全，而理學精旨，亦因此更得洗發光昌，此惟朱子一人之功。

但就朱子研窮經學之所得，不僅在當時理學中杜塞歧途，而對漢以下諸儒說經，卻多開闢新趨。循此以下，將使儒家經學，再不復是漢唐儒之經學，而確然會走上一條新道路。朱子所謂「舊學商量加邃密，新知涵養轉深沉」，亦可於此窺見其一面。以下當就朱子經學，分經敍述。首先略述朱子之易學。

易經一書，北宋諸儒，自胡安定、范高平以來，皆所重視。濂溪、橫渠、康節，皆於易有深得。伊川畢生，亦僅成易傳一書。但朱子於伊川易傳頗不贊同。謂：

> 易傳推說得無窮，然非易之本義。先通得易本指後，道理儘無窮，推說不妨。便以所推說者去解易，則失易之本指。

因此朱子乃作易本義一書。本義中所闡發，則認易本為一卜筮書。謂：

易經本為卜筮而作，皆因吉凶以示訓戒。

聖人要說理，何不就理上直剖判說，何故恁地回互假托，何故要假卜筮來說，又何故說許多吉凶悔吝。

若把作占看時，士農工商事事人用得。若似而今說時，便只是秀才用得。

古時社會與後世不同，那時那裏有這許多秀才。故：

聖人便作易教人去占，占得恁地便吉，恁地便凶。所謂「通天下之志，定天下之業，斷天下之疑」者，此只是說著龜。

今人說易，所以不將卜筮為主者，只是嫌怕小卻這道理。故憑虛失實，茫昧臆度。

後人硬要自把一番道理來說聖人經書。朱子則就經書本文來求聖人意思。故又說：

易本是卜筮之書，卦辭爻辭，無所不包，看人如何用。程先生只說得一理。

易中之卦辭爻辭，包括着許多事，隨人問而指點其吉凶。朱子主張就事明理，伊川易傳則只懸空說得一理，要人把此理來應事，此是朱子說易與伊川易傳意見相歧處。換言之，伊川易傳，乃是以理學來說易，朱子則以易說易，以經學來說易。把易說通了，則自得為理學又平添出許多道理來。朱子又說：

易傳須先讀他書，理會得義理了，方有箇入路，見其精密處。非是易傳不好，是不合使未嘗看者看。須是已知義理者，得此便可磨礱入細。此書於學者，非是啟發工夫，乃磨礱工夫。

朱子意伊川易傳，非不是一部好書，識得義理者讀之，可資磨礱入細。但不能由此啟發人明易書本義，又不能啟發人從易書來明得伊川此番義理。朱子又說：

伊川要立議論教人，可向別處說，不可硬配在易上說。

把己意說經，易使人汩沒在此等經說上，而於義理無箇入路。伊川易傳說得儘好，尚如此，則不論程門以下了。

朱子又說：

易中詳識物情，備極人事，都是實有此事。今學者平日在燈窗下習讀，不曾應接世變，一旦讀此，皆看不得。

此條尤具深旨。不僅伊川易傳不合使未當看者看，即易之本經亦不合使未當看者看。要之易經不當使未接世變未窮事理者來作入門書。朱子又曰：

易之為書，因陰陽之變，以形事物之理。大小精粗，無所不備。尤不可以是內非外、厭動求靜之心讀之。

朱子意，讀易者，不可有是內非外、厭動求靜之心，儘在燈窗下讀，則將於易終無所得。若謂朱子教人只主博學，主多讀書，讀書又只主逐字逐句詳讀細讀，而忽略了朱子此等意見，則終是失了朱子論學宗旨。

朱子又說：

人自有合讀底書，如大學、語、孟、中庸等書，豈可不讀？讀此四書，便知人之所以不可不學底道理，與其為學之次序。然後更看詩、書、禮、樂。某纔見人說看易，便知他錯了，未嘗識那為學之序。易自是別是一箇道理，不是教人底書。

此處朱子為人開示為學門徑，及其次序，而謂易非教人之書，見人說看易，便知他錯了，此眞是大儒卓見，從來學者未曾說及。

朱子又說：

孔子之易，非文王之易。文王之易，非伏義之易。伊川易傳，又自是程氏之易。學者且依古易次第，先讀本爻，則自見本旨。

此處根據古易版本，分別次第，其果為伏羲易、文王易、孔子易與否，且不詳論。要之易之本書，有此三階序。朱子意，孔子已是根據了易之卜筮來說道理，伊川又別自說出一套道理，此當就其各自說的道理處來看，不必牽合易之本書來說。朱子易本義，則求擺脫了孔子說易乃至伊川說易，而只本易書來求易義。

然則伊川易傳所說道理，既不從易之本書來，又從何處來？朱子說：

他說「反求之六經而得」，也是於濂溪處見得個大道理，佔地位了。

後人見二程自言「反求之六經而得」，又伊川畢生只成了一部易傳，遂認為其學從六經來，從易來，朱子則說只是先從濂溪處見得個大道理占地位。此等處，實可謂一針見血，說到了前人學術眞血脈處。在理學界中眞是道人之所不能道。

伊川言易，伊川前濂溪、康節、橫渠亦皆言易。或謂濂溪、康節言易，皆從陳摶來。但陳摶前又有魏伯陽等言易。此等也如孔子言易，各發一義，既皆非易之本義，則只有就各人所言來分別衡論各人之是非。如此等處，朱子意見，可謂極宏通，又極細密。後人紛紛疑難辨詰，皆失朱子之淵旨。

朱子既主易為卜筮書，因而注重到易中之象數，反似更重過於易中之義理。朱子說：

> 經書難讀，而易為尤難。未開卷時，已有一重象數大概工夫。

言象數，乃是從卜筮，即文王易，更向上推，而到伏羲畫卦，即伏羲易上去。因此朱子言易，有許多處卻接近漢儒。朱子於作為易本義之後，又作易啟蒙，竭力主張康節之先天圖，此層更啟後人紛爭。

抑且朱子論易，除易之本義外，大而至於無極太極，先天後天，又下而至於如世俗所流行之火珠林、靈棋課之類。蓋亦是分着三階序來治易。一是從象數方面，直從伏羲畫卦到康節先天圖為一路。一是從卜筮方面，直從文王周公爻辭到後世火珠林、靈棋課之類為第二路。一是從孔子十翼到濂溪、橫渠、康節論陰陽為第三路。其他如參同契言養生之類又在外，朱子皆各別注意。其分明而豁達，古今人乃鮮有知之者。故其與人書有曰：

易且看程先生傳亦佳，某謬說不足觀。然欲觀之，須破開肚腸，洗卻五辛渣滓，乃能信得及。

其門人有云：

先生於詩傳，自以為無復遺恨，曰：「後世若有揚子雲，必好之矣。」而意不甚滿於易本義。蓋先生之意，只欲作卜筮用，而為先儒說道理太多，終是翻這窠臼未盡，故不能不致遺恨云。

若伊川易傳，則為以道理來說易之第三階序，而說得太多之尤者。觀此兩條，可以想像朱子論易之大概。

以上略述朱子論易學，以下當續述朱子論詩學。

朱子治經，成書兩種，曰易與詩。朱子謂：

詩自齊、魯、韓氏之說不傳，學者盡宗毛氏。推衍說者，獨鄭氏之箋。唐初諸儒疏義，百千萬言，不能有以出乎二氏之區域。本朝劉、歐陽、王、蘇、程、張，始用己意有所發明，三百五篇之微詞奧義，蓋不待講於齊、魯、韓氏之傳，而學者已知詩之不專於毛鄭矣。

此論漢儒治詩，本不專於毛鄭。宋儒亦能於毛鄭外用己意有所發明。

及其既久，求者益眾，說者愈多，同異紛紜，爭立門戶，無復推讓祖述之意。學者無所適從，而或反以為病。

宋儒能自出己意，有所發明，是其長。爭立門戶，使學者無所適從，是其短。不僅詩學如此，其他經學亦然。不僅治經學者如此，即理學亦復然。朱子之所以教人，則必：

兼綜眾說，融會通徹。一字之訓，一事之義，必謹其所自。及其斷以己意，雖或超出於前人，而必謙讓退託，未嘗敢有輕議前人之心。

此乃朱子稱其老友東萊所為家塾讀詩記之語。而朱子之衡評漢宋，指導當前，其意灼然可見。又謂東萊書中所引朱氏，「實熹少時淺陋之說，其後自知其說未安，有所更定，而東萊反不能不置疑」。蓋朱子治詩，先亦多宗毛鄭，後乃翻然易轍者。

朱子又自道其解詩工夫，謂：

當時解詩時，且讀本文四五十遍，已得六七分，卻看諸人說與我意如何。大綱都得，又讀三四十遍，則道理流通自得。

此項工夫，可分三層。其先是熟誦詩經本文，每詩讀至四五十遍。待見到六七分，然後再參眾說，是第二層。其參眾說，則必古今兼綜，巨細不遺。待大綱都得，又讀本詩三四十遍，則到第三層。而後詩中道理流通自得。其治詩如此，其治他經亦然。所以其學皆從傳統來，莫不有原有本，而又能自出己見，有創有闢。

問學者：「誦詩，每篇誦得幾遍？」曰：「也不曾記，只覺得熟便止。」曰：「便是不得。須是讀熟了涵泳讀取百來遍，那好處方出，方得見精怪。讀得這一篇，恨不得常熟讀此篇，如無那第二篇，方好。而今讀第一篇了，便要讀第二篇，恁地不成讀書。此便是大不敬。須是殺了那走作底心，方可讀書。」

朱子教人讀論孟，讀他書，亦時時如此說。已詳前論讀書篇。又曰：

某舊時看詩，數十家之說，一一都從頭記得。初間那裏敢便判斷那說是，那說不是。看熟久之，方見得是非，然也未敢便判斷。又看久之，方審得。又熟看久之，方敢決定。這一部詩幷諸家解，都包在肚裏。公今只是見前人解詩，也要解，更不問道理，只認捉着，便據自家意思說，於己無益，於經有害，濟得甚事。

讀了一詩，急要讀第二詩，此心常在走作中，此是心不敬之一。讀了他人說，便急要自己說，此是心不敬之二。他人說未熟看，便敢判其是非，便是心不敬之三。所謂不敬，只是不把來當作一事，不認眞，不仔細，如此何能眞看到詩中道理來？此處當細看前面朱子論格物窮理處。

朱子精擅文學，其治詩，亦主從文學參入。故曰：

聖人有法度之言，如春秋、書、禮，一字皆有理。如詩，亦要逐字將理去讀，便都礙。

詩有詩中之理，易有易中之理，諸書中之理，當各別去尋求。若只憑自己心中一理來讀詩讀易，便不是格物窮理。朱子又說：

> 今人說詩，空有無限道理，而無一點意味。
>
> 看詩，義理外，更好看他文章。
>
> 古人說：「詩可以興。」須是讀了有興起處，方是讀詩。
>
> 詩便有感發人的意思。今讀之無所感發，正是被諸儒解殺了。

理學家最不重文學。不知文學中亦自有文學之理。文學最大功用在能感發興起人。先把義理來解殺了詩，便失去詩之功用。朱子又曰：

> 今人不以詩說詩，卻以序解詩，委曲牽合，必欲如序者之意，寧失詩人之本意。
>
> 某解詩，都不依他序。總解得不好，也不過是得罪於作序之人。
>
> 盡滌舊說，詩意方活。

朱子為詩集傳，又為詩序辨說一冊，一主經文，而盡破毛鄭以來依據小序穿鑿之說，此是朱子一種辨僞工夫。與其易本義，主張易為卜筮書，同為千古創見。朱子嘗曰：

如有人問易不當為卜筮書，詩不當去小序，不當叶韻，皆在所不答。

其於己所創見，其自信有如此。而於詩傳，尤以為無復遺恨。然又曰：

某生平也費了些精神理會易與詩。然其得力，則未若語孟之多也。易與詩中所得，似雞肋焉。

此乃朱子本其理學立場，謂於詩、易中收穫不多。至於當時理學家，以自己意見來解詩說易，此為引人入歧。非朱子真下工夫，亦無以識其非。

以上略述朱子論詩學，以下當續述朱子論書學。

朱子於書經，未有成書，然有其絕大之發現。首為指出伏、孔兩家今古文之同異。朱子嘗謂：

今文多艱澀，古文反平易。

如何伏生偏記得難底，至於易底，全不記得。

此一疑問，遂開出後來明清兩代儒者斷定尚書古文之僞之一案，而其端實是朱子開之。可與其論易為卜筮書，與詩小序之不可信，同為經學上之三大卓見。

其次乃論尚書多不可信。有曰：

書中可疑諸篇，若一齊不信，恐倒了六經。

朱子所舉，如盤庚、如金縢、如酒誥、如梓材、如呂刑諸篇，皆屬今文。今文亦多可疑，此則後來明清諸儒所未能及。朱子讀書，極富辨僞精神，又極富疑古精神，其於經書亦然，可謂敻出千古。惜乎朱子為恐倒了六經，於書經方面未加詳細發揮。

朱子又疑禹貢，謂：

如禹貢說三江及荆揚間地理，是吾輩親自見者，皆可疑。至北方即無疑。此無他，是不曾見耳。

朱子意，若親到北方，目覩北方山水，則禹貢在此方面亦當多可疑。後人則謂禹之治水，未曾親到南方，故言荆揚間地理可疑，此似尚非朱子意。故朱子又曰：

有工夫更宜觀史。

如理會禹貢，不如理會後代歷史地理沿革。故朱子不教人治春秋，而自所致力則在溫公之通鑑。其在某些處，常有置史於經之上之見解，亦非從來經生諸儒所及。

其又一貢獻，則謂：

書中某等處，自不可曉，只合闕疑。某嘗謂尚書有不必解者，有須着意解者，有略須解者，有不可解者。

昔日伯恭相見，語之以此，渠云「亦無可闕處」。因語之云：「若如此，則是讀之未熟。」後二年相見，云：「誠如所說。」

書中有如制度，如天文曆法，如地理，如其他名物，非博洽此等專家之業，則不易解，此事清儒亦知之。除此等外，尚書仍多有不可解處，則清儒似未識得。

朱子初亦欲自作書集傳，未成稿，晚年以付及門蔡沈，又告之曰：

蘇氏傷於簡，林氏傷於繁，王氏傷於鑿，呂氏傷於巧，然其間儘有好處。

是朱子於宋儒解書，亦一一平心抉其短而不忽其所長，求以薈粹融會，定於一是，其用意無異於治他經。惜乎蔡沈之傳，則似未能深體朱子之淵旨。

以上略述朱子論書經，以下當續述朱子論春秋。

朱子於春秋未有撰述，又戒學者勿治。曰：

春秋難看，不食馬肝，亦不為不知味。

春秋無理會處，不須枉費心力。

春秋難看，此生不敢問。

某平生不敢說春秋。

要去一字半字上理會褒貶，求聖人之意，你如何知得他肚裏事？

不是郢書，乃成燕說，今之說春秋者正此類。

某都不敢信諸家解，除非是得孔子還魂親說得。

春秋只是直載當時之事，要見當時治亂興衰，非是於一字上定褒貶。

看春秋只如看史樣。

且須看得一部左傳首尾通貫，方能略見聖人筆削與當時事之大意。

以三傳言之，左氏是史學，公、穀是經學。史學者記得事卻詳，但於道理上便差。經學於義理上有功，然記事多誤。

問公、穀。曰「據他說，亦是有那道理，但恐聖人當初無此等意。」

以上略述朱子論春秋，以下當續述朱子論禮學。

朱子於經學中特重禮，其生平極多考禮議禮之大文章。尤其於晚年，編修禮書，所耗精力絕大。

朱子論禮，大要有兩端。一曰貴適時，不貴泥古，一曰禮文累積日繁，貴能通其大本。又曰：

孔子曰：「行夏之時，乘殷之輅。」已是厭周文之類了。某怕聖人出來，也只隨今風俗，立一箇限制，須從寬簡。而今考得禮子細，一一如古，固是好。如考不得，也只得隨俗，不礙理底行將去。

禮不難行於上，而欲其行於下者難。

古禮恐難行。古人已自有個活法。如弄活蛇相似，方好。今說禮，只是弄得一條死蛇。

禮樂多不可考，蓋為其書不全，考來考去，考得更沒下梢。故學禮者多迂闊。一緣讀書不廣，兼亦無書可讀。

又曰：

> 古禮非必有經，豈必簡策而後傳。

此意亦為從來言禮者所未及。故又曰：

> 禮，時為大。有聖人者作，必將因今之禮而裁酌其中，取其簡易，易曉而可行。

朱子意，其要不在考禮，而在能制禮。故曰：

> 有位無德而作禮樂，所謂「愚而好自用」。有德無位而作禮樂，所謂「賤而好自專」。居周之世而欲行夏殷之禮，所謂「居今之世，反古之道」。道即指議禮制度考文之事。

朱子自己無位，故屢言「有聖人者作」云云以寄慨。然朱子雖未能制禮，亦不免時有議禮之文。其範圍極廣泛，幾於無所不包。有關社會下層者，有關政府上層者。議禮則必考文。朱子言：

在講筵時，論嫡孫承重之服，當時不曾帶得文字行。旋借得儀禮看，又不能得分曉。後來歸家檢注疏看，分明說嗣君有廢疾不任國事者，嫡孫承重。當時若寫此文字出去，誰人敢爭。乃知書非多看不辨。

朱子因此謂漢儒之學，有補世教者不小。因亦極重古者禮學專門名家之意。謂此等人終身理會此事，有所傳授，雖不曉義理，卻記者。凡此禮有疑，皆可就而問之。朱子晚年編修禮書，亦欲匯納古代禮文，分其門類，歸之條貫，以便尋檢。然朱子終因議禮遭忌逐，遂有黨禁之禍。在其卒前一日作三書，二書皆為交付其門人完成禮書工作，此書後稱儀禮經傳通解。

以上略述朱子論禮學。

朱子以理學大師而巋然為經學巨匠，其經學業績，在宋元明三代中，更無出其右者。清儒故意持異，今當就兩者間略作一比較。

一、朱子治經，於諸經皆分別其特殊性，乃及研治此經之特殊方法與特殊意義之所在。清儒似乎平視諸經，以為皆孔氏遺書，故曰「非通羣經不足以通一經」。其說似乎重會通。然因其無分別，乃亦無會通可言。

二、朱子治經，除經之本文外，必兼羅漢唐以下迄於宋代諸家說而會通求之，以期歸於一是。清儒則重限斷。先則限斷以注疏，宋以下皆棄置不理會。繼則限斷以東漢，又繼則限斷以西漢，更復限斷於家法。極其所至，成為爭門戶，不復辨是非。

三、朱子說經，雖在理學立場上素所反對如蘇東坡，尤甚者如張橫浦，苟有一言可取，亦加採納。清儒於其自立限斷之外，全不闌入。尤其如朱子，校儀禮少牢饋食禮「日用丁『巳』」乃「戊己」之「己」之訛，清儒不得不承用，然亦委曲閃避，以引述朱子語為戒。其弟子蔡沈所為書集傳，清儒亦有沿用，而亦沒其名不提。

四、朱子說經，極多理據明備創闢之見，清儒亦不理會。其大者，如謂易是卜筮書，孔子易當與文王周公易分別看，清儒不加引伸，亦不加反駁。只據漢儒說，一若未見朱子書。朱子辨毛序，事據詳確，清儒乃仍有專據毛序言詩者。亦有據不全不備之齊、魯、韓三家各自依附言詩者。朱子言尚書有不可解，清儒乃有專據鄭氏一家解尚書者。朱子分別春秋三傳，言其各有得失，清儒則有專主公羊排左氏，而擴大成為經學上今古文之爭。朱子治禮學，不忘當前，每求參酌古今而期於可行。清儒則一意考古，僅辨名物，不言應用。朱子儀禮經傳通解，規模宏大，為其經學上巨著。文集、語類中，考禮議禮，觸處皆是。而清儒顧謂宋代理學家，只言理，不言禮。

五、朱子論尚書，論春秋，每及於史，並有置史於前之意。清代史學，則只成經學附庸，治史亦只如治經，不見有大分別。

上之五項，皆其犖犖大者。至如訓詁、考據、校勘，清儒自所誇許，實則宋儒治經，亦無不及此諸項。惟宋儒貴能自創己見，清儒則必依傍前人，此亦各有得失。朱子則力矯當時好創己見之病，於前人陳說絕不忽視，但於詳究前人陳說後，仍留自創己見之餘地。清初諸儒，如閻若璩於尚書，胡渭於禹貢，顧棟高於左傳，其後如方玉潤於詩，亦尚取徑寬而用意平，不如乾嘉以下正統經學之拘固。然自乾嘉以下諸儒視之，亦若未够標準，故清經解正編，此諸書多所不采。而方玉潤之詩，則續經解亦未采列。

二七

以上略述朱子之經學，以下當續述朱子之四書學。

在宋代理學家心中，四書學亦即是經學，而四書地位，尚尤較其他諸經為重要。首先提出四書而賦與以極崇高之地位者為二程，朱子畢生，於四書用功最勤最密，即謂四書學乃朱子全部學術之中心或其結穴，亦無不可。

大學是否當分經傳；其所謂經，是否為孔子之言而曾子述之；其所謂傳，是否為曾子之意而門人記之；中庸是否為子思所著以授孟子；古代儒家傳統，是否乃是孔、曾、思、孟一線相承，如二程之所言，朱子之所定：此皆大有論辨餘地。但四書結集於程朱，自朱子以來八百年，四書成為中國社會之人人必讀書，其地位實已越出在五經之上。而讀四書，則必兼讀朱子之論孟集注與學庸章句，已定為元明清三代朝廷之功令。據此事實，朱子四書學所影響於後代之深且大，亦可想見。本章則只略述朱子完成此四書集注與章句之經過。

朱子有言：

語孟工夫少，得效多；六經工夫多，得效少。

此一條，即已把宋以下之孔孟並重代替了漢以下之周孔並重，把四書地位來代替了五經地位。換言之，乃是把當時之理學來代替了漢唐之經學。所謂「六經工夫多，得效少」，據上述朱子經學一章，已可明得其大概。至謂「語孟工夫少，得效多」，此語似更易明白，不用多講。但朱子一生所用於語孟之工夫實不少。較其所用於五經者，實更多出百倍。朱子乃是效法漢儒經學工夫而以之移用於語孟，逐字逐句，訓詁考據，無所不用其極，而發揮義理則更為深至。我所謂朱子乃綰經學與理學而一之者，亦於此益見。蓋朱子之四書學，乃是其理學之結晶，同時亦是其經學之結晶。朱子以前之理學家，其說語孟，多是以孔孟語作一起頭，接着自發己意，缺乏了一種經學精神，其勢將使理學與儒家傳統脫節，亦如先秦諸子之自成一家而止。朱子四書學，重在即就語孟本文，務求發得其正義，而力戒自立說。而後孔孟儒家大傳統，得以奠定。此即是一種經學精神。然在朱子語孟集注、學庸章句中，終不免有許多自立說之處，此乃是一種理學精神。故曰朱子之四書學，乃是綰經學與理學而一之。使經學益臻於邃密，理學益臻於深沉。

朱子年十三四時，即從其父松韋齋獲聞二程說語孟義。至年三十四，成為論語要義一書，是為朱子四書學之最先著作。先乃「徧求古今諸儒說，合而編之」。後則「獨取二程與其門人朋友數家之說」，而曰「毋牽於俗學，毋惑於異端」，此為朱子獨遵二程以求孔孟大義之第一步。

至朱子四十三歲，又成論孟精義。此書仍如論語要義，獨取二程及其朋友門人凡九家之說。惟由論語擴及孟子，又改「要義」稱「精義」。然當注意者，朱子至其時，仍只采前人說，不自立意。又於二程門下諸家，謂其淺深疏密毫釐之間，不能無少異於二程。然又謂讀語孟，不可便謂其所收諸家精義都不是，都廢了，須借它做階梯去尋求。此時朱子在大體上，仍是從程門上窺二程，從二程上窺孔孟。惟於程門諸儒，已漸悟其有失師旨。

至朱子四十八歲時，論孟集注、或問成書。此時，朱子已認精義中說得沒緊要處多，故只約其精粹妙得本旨者為集注，又疏其所以去取之意為或問。至是而朱子始自出手眼，尤於二程門下諸家說多所擺棄。

或問中於諸家說多有駁正，為恐使學術風氣趨於輕薄，故不以示人，獨在其門人間私相傳錄。但其後集注屢有刪改，或問不及隨之不斷增修，故遂中止。今於朱子四十八歲後集注之不斷刪改，與其對諸家之續多駁正處，只有讀語類，尚可窺尋其一二。

前所收之精義，至朱子五十一歲時，又改稱為要義。蓋至其時，朱子已見所收「精義」未必精，而仍不要都廢了，故又改稱要義，乃與其三十四歲時作為論語要義時取名要義之意又不同。蓋先之稱要義，表其重視。後稱精義，表其更重視。後又改稱要義，則表其不復如稱精義時之重視。反復之間，卻可表出朱子學識思想之與年而俱進。

今再綜述此一番經過：其先為要義與精義，皆是一依二程為主，而旁及二程之朋友與門人者，最多只九人。嗣為集注，乃始自出手眼。其論孟集注與其學庸章句之最後定稿，徵引諸家，自漢以下凡五十餘人。專就論語集注言，亦有三十餘家。較前為精義時增出甚多，此是一大轉變。又其引諸家，或因其說有病，而加增損改易，非其本文，此已不得專以會集諸家視之。又有同時引兩說，因其皆通，故幷存之，惟每以列前者為稍勝。又於注下用圈，圈下復有注，則多認為是文外之意，只於正文有發明，或是通論一章意，其價值自不如圈上之注為正式闡明孔孟本旨者之更重要。而所引二程說，亦多列在圈下，此是朱子亦不認二程說為盡得孔孟之本旨與正義也。故朱子又自說：

集注乃集義之精髓。

集義乃是精義、要義之最後改名。此時乃既不稱「精」，亦不稱「要」，只稱集義，則只是集此諸家之說而已。自有理學，伊洛以來，談孔孟義之諸家說中，集注則為其最後之精髓，此為朱子之自負語。蓋至其時，朱子乃始自信能直從孔孟闡孔孟，與以前之必從二程上窺孔孟者有不同。朱子又曰：

某於論孟，四十餘年理會，中間逐字稱等，不教偏些子。

此在兩漢經學諸家中，似乎亦無人眞能如此用心。又曰：

某舊時用心甚苦。思量這道理，如過危木橋子，相去只在毫髮之間，才失脚，便跌落下去。聖人說一字是一字，自家只平着心去秤停他，都使不得一毫杜撰，只順他去。如今方見得分明。

此乃朱子六十一歲時語。其先是從伊洛諸儒語中求孔孟，至是乃從孔孟自己語中求孔孟，又子細從一字一字上求，要如在秤上稱，不高些，不低些。自說到今時，方略見得道理恁地。但朱子自六十一歲後，集注章句尚是不斷修改。至六十八歲時又說：

今年頗覺勝似去年，去年勝似前年。

是年元旦，朱子在其藏書閣下東楹書曰：

周敬王四十一年壬戌，孔子卒。至宋慶元三年丁巳，一千六百七十六年。

據此楹書，可以想見朱子當時之心情，上追一千六百七十六年而重見古聖人之大義，此其躊躇滿志為何如。而集注章句，此下仍是不斷有修改。但朱子又說：

三十年前長進，三十年後長進得不多。

此是朱子六十九歲時語。三十年前，乃是朱子從童蒙初學直到論語要義成書，而又轉步走向論孟集注、學庸章句路上來。此時立基礎，開識見，逐年長進。三十年後，乃是論孟集注成書，而一路一字一字稱等，不教偏些子，常如在危木橋上行去，一失腳便落下，故謂長進得不多。朱子此條語，或可說在當時，並不專為其四書學言，然四書學乃是朱子畢生學問一主要骨幹，以此說朱子此條意，應無大誤。朱子先又曾說「五十後長進不多」，五十後正是論孟集注初稿完成後兩年，故知此數條主要皆是指此一事言。

朱子又說：

某嘗說，自孔孟滅後，諸儒不子細讀得聖人之書，只是自說他一副當道理，硬將聖人經旨說從他道理上來。聖賢已死，又不會出來和你爭。正如人販私鹽，擔私貨，須用求得官員一兩封書，掩頭行引，方敢過場務，偷免稅錢。今之學者正是如此。

此為朱子最晚年語。其時理學風氣好自立說，而多錯解古人意，朱子譬之如販私鹽漢。其自為四書集注章句，則正是要為聖人來爭此道理。又說：

中庸難說。緣前輩諸公說得多了，其間儘有差舛處，又不欲盡駁難他底，所以難下手。不比大學，都未曾有人說。

又曰：

理學最難。可惜許多印行文字，其間無道理底甚多，雖伊洛門人亦不免。

朱子於經學，不欲盡量發疑，恐倒了六經。其於四書學，亦不欲盡量駁難當時諸儒說話，恐使學風轉薄，其實亦恐將倒了理學。理學與經學之主要集中點，應在能發明孔門義理。朱子四書學，正是在此一目標上努力。再細論之，朱子於四書，惟於論語一書無間然，於孟子、學、庸三書，亦尚時有所評隲。惟今讀其集注章句，似是只將古人言語重述一過，無己見，無創論，在朱子像是僅作一引渡人，只教人對此四書，一字一句，明得其意義所指而已。然而碎義與大道並呈，聖言與己見交融，苟非細參，實難深解。若更能進而徧讀朱子之文集，又先之以或問，繼之以語類，可以見其錙銖必較，毫釐必爭，曲折遞進之經過。並有同一條注文，二十餘年來，屢經修訂改易，即今可考，有達於四五次以上者。直至其臨卒前三日，尚修改大學誠意章注，此則為人人皆知之事。

然朱子為四書集注章句，雖常戒人要一依本文正義，勿下己意，而朱子本人亦明明多自下己意處。如論語「得罪於天，無所禱也」，集注「天即理也」四字，明屬朱子意，非孔子意，已在前說過。又如大學，格物補傳一百三十四字，朱子自稱是竊取程子之意以補之，其實重要處仍是朱子意，非程子意，此亦在前論過。又如論語「夫子喟然歎曰吾與點也」一語十字，此在文字上似無難解處，而集注化了一百三十七字來解此十字。此非自發己見而何？然朱子為此一百三十七字，幾經曲折迂迴，大段改動可考者有四次，此外尚有改動一二字一二句者不計。至其費了幾許文字言說，散見於文集、語類，來對此十字所涵蘊之義理作發揮，作辨難，更是不計其數。

即就上述三事言，此皆當時理學上重要問題所在。理學興起，本為復興儒學，並亦極多新義。而流弊所及，大家競創新義，不免於孔孟大傳統精神時有走失。朱子四書學主要工作，乃在發明孔孟精義，而使理學新說與孔孟精義緊密貫通。其集注章句中，所包理學新義極豐富。朱子亦屢言，程張所說，有為孟子所未曾道及者。朱子僅求以理學來擴新儒學，卻不喜理學於儒學中有走失。所謂擴新與走失，則亦一衡之於義理之至當，非是孔孟所未言，即認之為走失。故朱子之四書學，一面極富傳統精神，另一面則又極富創造精神。凡屬理學新義之有當於創造性者，朱子亦已盡量納入其四書集注與章句中。凡朱子認為於孔孟大傳統有走失而無當於創造性者，雖程張所言，亦不闌入。或則僅收於圈外，不列入注之正文。使讀者辨別其雖有發明，而非本義。故其集注與章句，實乃朱子自出手眼，確然成為一家之言，縱謂皆是朱子之自出己意，亦無不可。惟朱子自認其一家言，於孔孟大傳統有創新，無走失，如是而已。若使後人能繼續獲有創新，則朱子四書集注與章句，自亦可謂其中尚未一一盡臻於定論。即如上述「吾與點也」一百三十七字長注，其實是朱子受了明道影響擺脫未盡，後來黃震東發另作一說，始為獲得了孔子當時之真意。若使朱子復起，亦將承認。

二八

以上略述朱子之四書學，此下當續述朱子之史學。

朱子之學，重在內外合一，本末兼盡，精粗俱舉，體用皆備。就某一意義言，則史學屬於外末，只及人事粗處用處。若不先在義理之大本大體上用功，而僅注意於史學，此為朱子所不許。然在理學家中，能精熟史學者，實惟朱子一人。不惟他人無可望其項背，即其肯在史學上眞實用心者，亦不多見。

言史學，當分著史、論史、考史三項。朱子於此，皆所留心。其所為通鑑綱目，實亦是一番精心結撰之作，惜其未有成書。其他如八朝名臣言行錄，伊洛淵源錄，伊川年譜等，皆是朱子在著史方面小試其技，然亦開出後人寫史許多法門。

朱子在論史上，尤其特多創見。大體言之，朱子論史，可分為論治道，論心術，論人才，論世風之四者。此皆在歷史上有莫大關係。其論治道，則曰：

論學便要明理，論治便要識體。

此所謂體，即是一大格局。朱子於歷代制度，無不精究。如論官制，論取士，論財政，論兵制，論刑法，論其他一切民事，無不委悉詳備。而尤極注意於歷代之因革。朱子認為法無不弊，弊則當變，故不主張法古而主張變法。

問：「孔子監前代而損益之，及其終也，能無弊否？」曰：「惡能無弊。」

即如秦之變周，朱子亦謂有「事勢之必變」，「亦是事勢合到這裏」。雖說「秦變得過了」，但亦寄予以同情。但朱子又謂：

秦法盡是尊君卑臣之事，所以後世不肯變。

有變而不得其道者；有懷挾私心而不肯變者；亦有不知變者。尤其不肯變，則是病在心術上。朱子又極論宋代建官之弊，曰：

此須大有為後痛更革之。若但宰相有志，亦不能辦，必得剛健大有為之君。須是剛明智勇出人意表之君，方能立天下之事。

此即在今日民主政體下，若非有剛明智勇大有為之政治領袖，仍將不足以立事。而剛明二字，實更為難得。故朱子論治道，則必進而論心術。有與陳亮龍川辨「義利雙行、王霸並用」之說諸長函，最為朱子論史卓識所在。朱子認為漢唐開國，一切皆本之私意，而曰：

漢高祖私意分數少，唐太宗一切假仁借義以行其私。

朱子稱心術為「本領」，有曰：

本領全在無所係累處。有許大本領，則制度點化出來，都成好物。故在聖人則為事業。眾人沒那本領，雖盡得他禮樂制度，亦只如小屋收藏器具，窒塞都滿，運轉都不得。

陳龍川只知事求可，功求成，但若不見道義，只論功利，本領錯了，終亦無事業可言。朱子此番意見，直至清初黃梨洲明夷待訪錄原君、原臣、原法諸篇，始為之重加闡發，此可謂是理學家觀點在歷史學、政治學上之最大貢獻。

論心術，亦不在專論君主。朱子又言：

今世有二弊，法弊時弊。法弊但一切更改之，卻甚易。時弊則皆在人。人皆以私心為之，如何變得？嘉祐間法，可謂弊矣，王荊公未幾盡變之，又別起得許多弊，以人難變故也。

法弊易變，時弊在人。人之難變，以其心術本領之不易變，如此則仍須回復到理學家所講之義理。朱子從其論治道，論心術，而推及於論人才與世風，大本則一，不再詳引。惟朱子皆是根據歷史情實而加以評述，後世惟王船山讀通鑑論，近似此一意味。

朱子又曰：

讀史當觀大倫理，大機會，大治亂得失。

將孔子置在一壁，卻將左氏、司馬遷駁雜之文鑽研推尊，謂這箇是盛衰之由，這箇是成敗之端，說甚盛衰興亡治亂，直是自欺。

孔子之道，即是人道大倫理所在。擱置了此大倫理，來談盛衰興亡治亂，只知得有此事，不知此事背後之所以然之理，則到頭只成得自欺。朱子又曰：

只管去考制度，卻都不曾理會箇根本，一旦臨利害，卻都不濟事。

每一事之背後必有理，同時又必有人，須理到人到而後事始到。故變法必待要變人，救時必待要救人，此亦是箇根本，朱子理學史學之通貫合一處在此。又曰：

聖人固視天下無不可為之時，然勢不到他做，亦做不得。會做事底人，必先度事勢，有必可做之理，方去做。

此處說到勢字，亦為治史應世者所必當注意一要項。理無不可為，而勢有不可為。明得勢，乃能識機會。此雖孔孟亦無如何。又曰：

「看前古治亂，那裏是一時做得？少是四五十年，多是一二百年醖釀，方得如此。」遂俯首太息。

勢非一時做得，乃由積久醖釀。朱子又曰：

今為天下，有一日不可緩者，有漸正之者。一日不可緩者，興起之事也。漸正之者，維持之事也。

朱子值南宋偏安之世，其生年正金兵陷臨安北還之年，其卒年下距元兵入臨安七十六年。生平於當時立國兵財大計，籌謀甚熟，尤於復讎北上之機會，揆度審的。謂秦檜死，高宗內禪，乃一大有為之機會。又言金亮之亂，乃一掃而復中原一大機會。又曰：

凡事要及早乘勢做，才放冷了，便做不得。

天下萬事有大根本，而每事之中又各有要切處。所謂大根本，固無出於人主之心術。所謂要切處，則必大本既立，然後可推而見。若徒言正心，而不足以識事物之要，或精覈事情，而特昧夫根本之歸，則是腐儒迂闊之論，俗士功利之談，皆不足與論當世之務。

恢復之計，須是自家喫得些辛苦，少做十年或二十年，多做三十年，豈有安坐無事而大功自致之理。

今朝廷之議，不是戰，便是和，不戰便和。不知古人不戰不和之間，亦有箇硬相守底道理，卻一面自作措置。今五六十年間，只以和為可靠，兵又不曾練得，財又不曾蓄得，說恢復底都是亂說。

凡朱子指陳當時形勢，規劃兵財大計，不作高論，不落虛談，坐而言，皆可起而行，其一切見解，多從史學中來。惜其一生出仕時少，居家時多，其仕亦在州郡。身居朝廷，不到百日。凡其所言，雖皆指陳精要，恰中機宜，然亦迄未見用。至謂「興起」之事不可一日緩，「維持」之事只有漸正之，此乃最切實之言。故其畢生惟以講學為急，其論時事，則除明快把捉恢復時機外，在時勢不符，機會不到中，仍亦一一有其維持漸正之方。史學理學會合使用，此在千古大儒中，實亦難其匹儔。後人乃謂伊洛無救於靖康之難，朱子無救於南宋之亡，則孔子亦何補於春秋，孟子又何補於戰國。正為不治史學，乃為此孟浪之談。

朱子於著史、論史外，尤長於考史。自謂：

考證又是一種工夫，所得無幾，而費力不少，向來偶自好之，固是一病，然亦不可謂無助。

朱子考證工夫，多用在史學上，而又博及古今。考天文，考曆法，考地理，考水道，考形勢，考風土習俗，考陣法，考弓馬，考衣冠制度，考聲律，考花草，考魚鳥，而最多則在考史事。其考古史，較其所得，亦遠超於後人之畢生從事，如清儒崔述東壁考信錄之類。其於近代史，考論愈詳。如論荊公變法，新舊黨爭，皆經細覈，不涉空言。即如其於濂溪，不僅闡述其思想，復詳考其生平行事著作，使後人重知濂溪其人其事。朱子考證工夫，誠亦不可謂其非卓越於古今。

二九

以上略述朱子之史學，以下當續述朱子之文學。

理學家於文學，似乎最所忽視。濂溪有「文以載道」之論，其意重道不重文。惟朱子文道並重，並能自為載道之文。嘗曰：

歐陽子知政事、禮樂之不可不出於一，而未知道德、文章之尤不可使出於二。有是實於中，則必有是文於外。蓋不必託於言語，著於簡冊，而後謂之文。易之卦畫，詩之詠歌，書之記言，春秋之述事，與夫禮之威儀，樂之節奏，皆已列為六經，而垂萬世。其文之盛，後世固莫能及。

此乃言廣義之文學，以經學、文學貫通合一言之，而理學精神亦自包孕在內。朱子論學重博通，重一貫，故能言及於此。又曰：

韓愈氏慨然欲追詩書六藝之作，然略知不根無實之不足恃，而其論古人，則又以屈原、孟軻、司馬遷、相如、揚雄為一等，而不及於賈、董。其論當世之弊，則但以「詞不己出」，而遂有「神徂聖伏」之嘆。

此見朱子論文，別有一標準。司馬相如、揚雄辭賦家言，不得與屈原、孟子並列。賈誼、董仲舒，則不當擯之在文外。至於「詞必己出」，不得懸為文章之能事。朱子論文，推而通之既欲極其廣，分而別之又必極其嚴。凡朱子論學皆如此，論文亦其一端。

朱子既揭文道合一之論，以文學通之於經學，又進一步以文學通之於史學。謂：

有治世之文，有衰世之文，有亂世之文。六經，治世之文也。如國語，委靡繁絮，真衰世之文耳。至於亂世之文，則戰國是也。然有英偉氣，非衰世國語之文之比。楚漢間文字，真是奇偉，豈易及。

既曰文道一致，則文章自可通之於世運。而朱子重視亂世之文尤過於衰世之文，謂戰國亂世之文有英偉氣，非國語衰世文可比，則又是一項高明特達之見，非深於文者不能知，尤非深於史者不能知，更非深於道者不能知。又曰：

大率文章盛則國家卻衰，如唐貞觀、開元都無文章，及韓昌黎、柳河東以文顯，而唐之治已不如前。

國初文章，皆嚴重老成。嘗觀嘉祐以前誥詞等，言語有甚拙者，而其人才，皆是當世有名之士。蓋其文雖拙，而其辭謹重，有欲工而不能之意，所以風俗淳厚。至歐公文字，好底便十分好，然猶有甚拙底，未散得他和氣。到東坡文字，便已馳騁忒巧了。及宣政間，則窮極華麗，都散了和氣。所以聖人取「先進於禮樂」，意思自是如此。

此更以文章覘世運，而闌入幽微。其論文，寧拙毋巧，寧重毋薄，皆與理學相通。

因說科舉所取文字，多是輕浮，不明白著實。因歎息云：「最可憂者，不是說秀才做文字不好，這事大關世變。東晉之末，其文一切含胡，是非都沒理會。」

因論某人言，曾於某處見虜中賦，氣脈厚。先生曰：「那處是氣象大了，說得出來自是如此，不是那邊人會。」

此處從當時南北雙方科舉文字推論及於文風世運，更涉深微。此間秀才文字輕薄，可見風氣已壞。非是秀才做文字不好，乃是秀才做人先不好，此大堪憂。那邊人作賦氣脈厚，此乃北方中原地理背景使然。而宋、金雙方國運消長，亦由此可推。

朱子亦多就文論文語，所論率多著眼於文章之神理氣味。理學注重人格修養，一文之神理氣味，即是此文之文格表現，亦即是此文作者心智修養之表現。故曰：

貫串百氏及經史，乃所以辨驗是非，明此義理。豈特欲使文詞不陋而已。義理既明，又能力行不倦，則其存諸中者必也光明四達，何施不可。發而為言，以宣其心志，當自發越不凡，可愛可傳。

其論西漢有曰：

董仲舒文字平正，只是困善，無精彩。匡衡、劉向諸人文字皆善弱，無氣燄。司馬遷文雄健，意思不帖帖，有戰國文氣象。賈生文字雄豪可喜，只是逞快，下字時有不穩處。武帝以前文雄健，武帝以後便實；到杜欽、谷永，又太弱無歸宿了。

朱子以理學大師，而於仲舒、匡、劉、杜、谷儒者之文皆致不滿。又論仲舒文尚在司馬相如、揚雄之上。此等處，皆見朱子論文學之獨具隻眼處。其論宋文則曰：

東坡文字明快，老蘇文雄渾，儘有好處。

從理學立場論，朱子極不喜蘇氏父子。就文論文，則加讚許。又曰：

「李泰伯文實得之經中，雖淺，然皆自大處起議論，文字氣象大段好，甚使人愛之。亦可見其時節方興。老蘇父子自史中戰國策得之，故皆自小處起議論，歐公喜之。李不軟貼，不為所喜。」又曰：「以李視今日之文，如三日新婦，然某人輩文字，乃蛇鼠之見。」

此節尤見朱子論文之獨具隻眼處。其指導人學文，則曰：

人要會作文章，須取一部西漢文，與韓文、歐陽文與南豐文。

韓文高，歐陽文可學，曾文一字挨一字，謹嚴，然太迫。

朱子學文自南豐入，然其評曾文，又能深中其病。即就文學一端言，亦可見其為學之博通與深至，嚴正而無阿。

朱子論詩，則謂古今有三大變。

自虞夏以來，下及魏晉為一等。晉宋間顏謝以後下及唐初為一等。沈宋以後，定著律詩，下及今日，又為一等。唐初以前，為詩固有高下，而法猶未變。至律詩出，而後詩之與法始皆大變。

此在朱子心中，其所理想之詩，亦自有一標格。而以文學史觀點通論古今，衡評其於此標格之離合遠近而定其高下，此其意境之遠卓，亦決非僅僅模擬以為詩者之所知。嘗謂：

欲抄取經史諸書所載韻語，下及文選漢魏古詞，以盡乎郭景純、陶淵明之所作，自為一編，而附於三百篇、楚辭之後，以為詩之根本準則。又於其下二等之中，擇其近於古者各為一編，以為之羽翼輿衞。然顧為學之要有急於此者，亦復自知材力短弱，決不能追古人而與之並，遂悉棄去，不能復為。

朱子之終未為此，亦當為詩學發展上一大可惜之事。

朱子又謂：

古人之詩，本豈有意於平淡。但對今之狂怪雕鎪，神頭鬼面，則見其平。對今之肥膩腥臊，酸鹹苦澀，則見其淡。自有詩之初以及魏晉，作者非一，而其高者無不出此。

又曰：

嘗以為天下萬事皆有一定之法，學之者須循序而漸進。如學詩，則且當以此等為法。向後若能成就變化，固未易量，然變亦大是難事。李杜韓柳，初亦皆學選詩。然杜韓變多而柳李變少。變不可學，而不變可學。故自其變者而學之，不若自其不變者而學之。學者其毋惑於不煩繩削之說而輕為放肆以自欺也。

朱子論詩主平淡。論學詩，則謂不變可學，而變則不可學。此皆極可珍貴之至論。至於謂可以不煩繩削，而提倡自由抒寫之說，則為朱子所反對。而朱子自為詩，則脫胎選體，於宋詩中獨為突出。理學家中能詩者，北宋有康節，明代有陳憲章白沙，較之朱子詩之淵雅醇懿，殆皆不如。

朱子於文學，生平有三大著作。一在中年，為詩集傳，已略述於經學篇。又二為韓文考異與楚辭集注，皆在晚年。韓文考異校勘精密，識解明通，不僅為校勘學開出無窮法門，而凡所斷制，實多有僅知從事校勘者所莫能窺其高深之所在。蓋自有考異，而韓集遂有定本可讀，後人亦卒莫能超其上。楚辭集注亦為治楚辭者一必讀書。此乃朱子晚年最後完成之一部著作。在其易簀前三日，改大學誠意章，又修楚辭一段。其改誠意章，人人知之，而朱子一生最後絕筆，實為其修楚辭一段，此則後人少所述及，尤當大書特書，標而出之，以釋後人羣認為理學家則必輕文學之積疑。

三〇

以上略述朱子之文學，此下當續述朱子之雜學。

當時理學家風氣，為學務求一出於正，於旁雜之學皆欲刪薙。即文史之學，亦尚以旁雜視之。學術影響於生活，故理學家常不免有拘束枯燥之嫌。其途嚴而窄。朱子力主博通，又其興趣橫逸，格物窮理，範圍無所不包，故其學似不免出於雜。今當續述朱子之雜學，分作游藝與格物兩項，先述其游藝之學之一面。

論語有曰：「志於道，據於德，依於仁，游於藝。」孔子親以禮、樂、射、御、書、數六藝設教，惟後世六藝幾皆廢，朱子於論語此條頗極重視。集注說之曰：

游者，玩物適情之謂。藝，皆至理所寓，日用之不可闕。朝夕游焉以博其義理之趣，則應務有餘，而心亦無所放。

游藝則小物不遺，而動息有養。學者不失其先後之序，輕重之倫，則本末兼賅，內外交養，日用之間無少間隙，涵泳從容，忽不自知其入於聖賢之域。

程門戒玩物，無事且教靜坐。朱子此番意見，顯已從二程轉手。同時陳龍川深譏之，謂：

張敬夫、呂伯恭於天下義理，自謂極其精微，於物情無所不致其盡，而於陰陽卜筮、書畫技術，及凡世間可動心娛目之事，皆斥去弗顧。朱元晦論古聖賢之用心，平易簡直，直欲盡擺後世講師相授，世俗相傳，以徑趨聖賢心地。抱大不滿於秦漢以來諸君子，而於陰陽卜筮、書畫技術皆存而好之，豈悅物而不留於物者固若此乎？

實則朱子所不滿於秦漢以來之儒者，為其窮理之未精。其留心於諸藝，乃為其亦皆有理寓焉，於格物窮理之中，固不妨有玩物適情之趣。正為當時理學家都於此忽視，龍川乃以子之矛攻子之盾，而朱子之在當時理學界風氣中，別具見解，別創風格，此意乃不為龍川所識。

朱子在三十三歲時自言，二十年來，與黃子衡為東西鄰，朝夕聚而語，六經百氏之奧，立身行事之方，與夫當世之得失，無不講以求其至。而及乎文章之趣，字畫技藝之工否者皆其餘。是游藝之學，正是朱子一種餘興，自青年以至於中年，即已寄好於此。又曰：

此雖餘事，亦見游藝之不苟。

餘事不苟，亦正是一種養心之道。

朱子深好書法，早年乃學曹操，晚年乃喜荊公。自謂其父自少好學荊公書。或嘗論之，以其學道於河洛，學文於元祐，而學書於荊公為不可曉。朱子題荊公某帖，謂：

愛其紙尾三行，語氣凌厲，筆勢低昂，尚有以見其跨越古今，斡旋宇宙之意。

此皆一種藝術上欣賞心情之流露。然朱子又謂：

張敬夫嘗言，平生所見王荊公書，皆如大忙中寫，不知公安得有如許忙事。此雖戲言，然實切中其病。平日得見韓公書蹟，雖與親戚卑幼，亦皆端嚴謹重。蓋其胸中安靜詳密，雍容和豫，故無頃刻忙時，亦無纖芥忙意。與荊公之躁擾急迫正相反。書札小事，而於人之德性，其相關有如此。

可見藝術欣賞之與道德修養，亦不妨有時分歧別出，但最後終貴能會歸而一致。朱子評書法，亦一如其評文章，皆從文藝表現而直透到心術精微，而其襟懷之寬宏，與其趣味之肫摯，其風度高卓，雖屬小節，亦可見其德性修養之所至，足供後人無限之仰慕。其他品評歷代名家書法，皆可謂從道藝合一論之立腳點出發。

朱子於書法外，亦好繪事，並亦自能作畫。在其卒前兩三月內，因一鄉人新作一亭，欲畫東漢晚年陳寔、荀淑相會事。朱子為之計畫如何繪出其事首尾於一靜的畫面上，而又一一為之考究其車服制度，想像其人物風采，博訪周諮，並覓畫手，又為畫屏作贊，為畫工作贈序，為其晚年文字作最後殿軍。其餘事不苟有如是，其文采風流又如是。

朱子又好琴，並精樂律。蔡季通游其門，精數學，朱子以老友視之。嘗有兩書答季通論琴，謂：

大抵世間萬事，其間義理精妙無窮，皆未易以一言斷其始終。須看得玲瓏透脫，不相妨礙，方是物格之驗。

及季通以僞學禁赴貶所，朱子與書曰：

律書法度甚精，近世諸儒皆莫能及。但吹律未諧，歸來更須細尋討。

季通能言琴理，而不能琴，朱子每以為憾。而甚推其律呂新書。然猶憾其吹律未諧，欲其自貶所歸後再尋討，而季通終卒於貶所。此皆屬朱子晚年事。以一理學大師，當怫逆困境，猶潛心此等專家絕業，洵非常情所能測。

朱子又能言醫事與藥物。有送夏醫序，謂：

嘗病世之論者，以為天下之事，宜於今不必根於古，諧於俗不必本於經。夏君之醫，處方用藥，奇怪絕出，有若不近人情，而其卒多驗。問其所以然，則皆據經考古而未嘗無所自。

又論關脈定位，謂世傳叔和脈訣，非叔和本書，然似得難經本指，而不取郭長陽書中密排三指之法。則朱子於醫書亦所用心。朱子又嘗告其朋舊，無事時不妨看藥方，可知得養生之理。

問：「陸宣公既貶被謗，闔戶不著書，只為古今集驗方。」曰：「豈無聖經賢傳可以玩索，終不成和這箇也不得理會。」

是朱子講游藝之學，仍重辨先後，論輕重。必是問者失此指，故朱子以此答之。

朱子又能言靜坐養生之術，常與蔡季通討論及於參同契。及季通貶，朱子送行，尚以參同契為言。後乃自為此書作注，題曰空同道士鄒訢，其不猶常情處如此。此亦為後人所譏，然朱子理學，乃別有其一番境界，實為後人所不知。

龍川又言朱子好陰陽卜筮，言陰陽乃為言宇宙問題一大節目，言卜筮則以旁通於治易。朱子又嘗言相人術，言地理書。以一曠代大儒，而於世間方伎雜術百家小書，雖不輕信苟從，亦不一切鄙斥。蓋理學家言理，每偏於嚴而窄，朱子則主和而通。然苟非有如朱子心力之磅礴，興趣之橫溢，則其事實難，無怪象山以支離譏之。今若把朱子全部學術只當作一件藝術看，亦可為後人留無窮欣賞之餘地。

以上略述朱子雜學中之游藝學，此下當續述朱子雜學中之格物學。

朱子論格物，已專章略述。其涵意甚廣，上自宇宙，下至人生，靡所不包。亦可謂朱子全部學術，即是其格物窮理之學。惟今人言格物，則專指自然科學，與朱子之注重人生界更遠過其注重宇宙界者不同。故朱子言格物，不得謂其是一自然科學家，然朱子於自然科學方面亦有貢獻。以朱子觀察力之敏銳，與其想像力之活潑，其於自然科學界之發現，在人類科學史上，亦有其遙遙領先，超出諸人者。論朱子之時代，尚遠在近代自然科學發生以前數百年，當時中國學術界，留心此方面者並不多，而專門分科之業亦尚不受人重視。朱子以理學大儒，而其科學發現亦復如此之卓越，誠當大書特書而標出之。

朱子科學上發現之最值提起者，為其因化石而推論及於地質演變之一端。其言曰：

常見高山有螺蚌殼，或生石中，此石即舊日之土，螺、蚌即水中之物。下者變而為高，柔者變而為剛，此事思之至深，有可驗者。

今高山上多有石上蠣殼之類，蠣須生於泥沙中，今乃在石上。天地變遷，何常之有。山河大地初生時，尚須軟在。

天地始初，混沌未分時，想只有水火二者。水之滓脚便成地。今登高而望，羣山皆為波浪之狀，便是水泛如此。只不知因甚麼時凝了。初間極軟，後來凝結得硬。

以上乃由見高山上化石而推論及於地層變化，與此後西方科學上之發明，義無二致。朱子又曰：

天地初間，只是陰陽之氣。這一箇氣運行，磨來磨去，磨得急了，便拶出許多渣滓，裏面無處出，便結成箇地在中央。日月星辰只在外，常周環運轉。地在中央不動，不是在下。天運不息，晝夜輥轉，故地搉在中間。使天有一息之停，則地須陷下。造化之運如磨，上面常轉而不止。萬物之生，似磨中撒出，有粗有細，自是不齊。如人以兩盌相合，貯水於內，以手常常掉開，則水在內不出。稍住手，則水漏。天四方上下都周匝無空闕，逼塞滿皆是天。地之四向，底下卻靠着那天。天包地，其氣無不通。恁地看來，渾只是天。

此由地質推論到天文。以近代科學家言繩之，朱子所言固屬粗疎，然亦有失有得，其想像力之偉大，誠屬可驚。又曰：

天運於外，地隨而轉。今坐於此，但知地之不動，安知天運於外，而地不隨之以轉耶？

朱子先認地在天中，後又認地亦隨天而轉，此皆在朱子之晚年。隨時思索，遞有推進。又有星不貼天之說，獨於古人積見持異議。

問：「康節論六合之外，恐無外否？」曰：「理無內外，六合之形須有內外。曆家算氣，只算得日月星辰運行處，上去更算不得。安得是無內外。」

此又說曆法有限，而推論到六合之外去。又曰：

天只是一箇大底物，須是大着心腸看它始得。以天運言之，一日固是轉一匝。然又有大轉底時候，不可如此偏滯求。

朱子既言地在天中，又言天在日月星辰之外，曆家只算得日月星辰之小運行，此外尚有大運行。此等想法，皆前人所未及。朱子乃玩索邵康節之漁樵對問而推說及此。大抵朱子言宇宙，皆因濂溪、橫渠、康節說而益加推進。伊川懷疑康節「六合無外」之說，朱子不之取。朱子又曰：

天地之初，如何討得人種，自是氣蒸結成。似今人身上虱，是自然變化出來。

此乃討論到物種原始。因此又歷引釋氏及道家言。又如論：

月體常圓無闕，但常受日光為明。月中是地影。古今人皆言月有闕，惟沈存中云無闕。

此又見朱子之博及羣書，而善加采擇。沈氏為人，為當時理學家所輕，朱子獨重其書。亦如伊川為當時理學家所重，而朱子獨非其說。又如謂：

氣蒸而為雨，如飯甑蓋之，其氣蒸鬱，而汗下淋漓。氣蒸而為霧，如飯甑不蓋，其氣散而不收。

此其隨事窮格之精神與其觀察力之明銳皆可見。朱子於自然物理，極富興趣，雖微末小節，亦所不忽。但必一一證之於實驗，否則不加輕信。嘗聞人言：

昔有道人云：「筍生可以觀夜氣。嘗揷竿以記之，自早至暮，長不分寸；曉而視之，已數寸矣。」後在玉山僧舍驗之，則日夜俱長，良不如道人之說。

此事與陽明格庭前竹子，正可相映成趣。朱子言格物，必先有一問題存在，乃從此問題循而探討，故曰「因其已知之理而益窮之」。如聞一道人言，僧舍偶閒，乃驗筍之生長。此亦所謂玩物適情，朱子之格物學乃與其游藝學相通合一。而朱子之博學多通，曠古無匹，亦可由此等處窺見其所以然之消息。

三一

以上略述朱子之雜學，即游藝與格物之學。至是而朱子學術之大體，已約略分述，此下當再略述朱子學之流衍。

朱子生時，四方學者響附雲集。及其身後，其學流衍益廣。所著書，如四書集注章句及詩易兩種，元明清三代皆懸之功令，定為取士標準，凡應舉者皆所必讀。其學影響後世之深且大，可勿論。但朱子之學，既廣博無涯涘，又其所追求嚮往之最後目標，更為高遠。畢生常在孜孜兀兀中向前不輟，學者旅進旅退，雖曰親炙，或相從歲月不久。朱子之卒，其弟子著者，如黃榦直卿，輔廣漢卿，陳淳安卿，陳埴器之，李燔敬子，張洽元德，廖德明子晦，李方子公晦，蔡沈仲默，皆能確守師承。然而傳述發明已不易，充實光大事更難。而宋室日替，以至於覆滅，朱門再傳，如魏了翁鶴山，眞德秀西山，其卒皆距宋亡不遠。至如黃震東發，王應麟伯厚，乃朱門三傳，均已老死於宋亡之後。文天祥文山，則以身殉國。是則朱學之不獲大昌於後，實與國運世運互為因果，較之孔子身後，殆是更為不幸。

元之所以為元，則尚幸有諸儒，或在朝，或在野，牽補彌縫其間。其著者，許衡魯齋在朝，劉因靜修在野，皆朱學也。而吳澄草廬，最為一時魁傑。其五經纂言，有功經術，論者謂其接武建陽。然其時已有和會朱陸之說，草廬亦言之，曰：「問學不本於德性，其蔽必偏於語言訓釋之末。」蓋其時朱子書已成為獵取功名之途，故草廬特提尊德性與道問學之辨。然草廬言道統則曰：「近古之統，周子其元，程張其亨，朱子其利，孰為今日之貞乎。」斯其所自任可知，而其終奉朱子為傳統之正亦可知。

明祖開國，華夏重光，而儒運則熸。方孝孺正學之死，元氣抑遏殆盡。此下明代理學，乃是一不絕如縷之局面。直俟陳獻章白沙、王守仁陽明先後迭起，而後理學大振。然白沙微近北宋之康節，陽明出而朱陸異同之公案復熾。王學昌行，朱學消沉，至東林始有由王返朱之意嚮。然東林僅從王學角度窺朱學，亦未能觸及朱子學之大體系。明代朱學流衍，惟羅欽順整菴一家，所得較深。

晚明三大儒，顧炎武亭林，始自東發、厚齋上窺朱子，著為日知錄，上篇經術，中篇治道，下篇博聞，儼然朱子學之榘矱。然曰：「理學之名，自宋人始有之，古之所謂理學者經學也。」其意乃欲以古人經學替出宋明理學，終是於朱子精神有距離。黃宗羲梨洲，則欲以經史實學來變講堂錮習。講堂錮習，正是明末王學積弊，而經史實學，則理學家中惟朱子一脈有其傳。梨洲有曰：

讀書不多，無以證斯理之變化；多而不求於心，則為俗學。

斯言頗近朱子。惟梨洲自負為王學傳統，於此乃不自知。其時最能發揮兩宋理學周張程朱之傳統者，為王夫之船山。船山能精思，務博學，於莊、老、釋氏書皆所深研，其為學規模極似朱子，而船山之最後宗主則為橫渠。又有陸世儀桴亭，著思辨錄，調和朱王；而呂用晦晚村，原本朱子四書義，宣揚民族精神，罹身後極禍。蓋其時正是學術將變，羣言競興，而尚未有定向。乃亦有專意攻擊朱子者，南北各一人。在北方為顏元習齋，在南方為毛奇齡大可。

習齋駁斥朱子，並駁斥及於宋明理學之全部。力言禮樂事物，而不治經史，篤古而不通今。大可則自居為陽明學，著有四書改錯一書，分三十二門四百五十一條，歷辨朱子四書注，幾於無一條不錯，謂「聚九州四海之鐵鑄不成此錯」。而閻若璩百詩則謂「天不生宋儒，仲尼如長夜」，「朱文公三代下孔子」。清初學術界，多采多姿，異說蠭起，精神壯闊，依稀使人重覩先秦與北宋之遺風。

清廷於其時乃一意提倡宋學，並特尊朱子。康熙五十一年，升朱子配享孔廟，續修朱子全書，又御纂性理精義。雍正二年，特以其時專治朱子學者陸隴其稼書從祀兩廡。朝廷刻意崇揚於上，而學術界乃肆力反對於下。惠棟定宇專尊漢學，方朱子配享孔廟之年，乃一十六歲青年，專反宋學與朱子之戴震東原，於陸稼書從祀兩廡時方兩歲，而紀昀曉嵐適一歲。逮此諸人年長成學，而一時風氣大變，成為清代乾嘉盛世漢儒經學獨行之時代。

定宇一家，三世傳經，其父士奇天牧，嘗手書楹帖云：「六經尊服鄭，百行法程朱。」是尊漢猶不反宋。及定宇則曰：「宋儒之禍，甚於秦灰。」風氣激變，即在惠氏一家父子之間而可見。東原初從學於江永愼修，愼修極尊朱子，承朱子之儀禮經傳通解而為禮書綱目，自謂欲卒成朱子之志。又為近思錄集注，自謂「幸生朱子之鄉，取其遺編輯而釋之，或亦先儒之志」。東原自述其學本之愼修，然其為孟子字義疏證，則謂程朱「以意見為理而禍天下」。是則風氣激變，即在江戴二人師弟子之間而亦可見。

然而此一風氣，其來也驟，其去亦忽。江藩鄭堂得師傳於惠氏，作為漢學師承記，初不列梨洲亭林，謂兩家之學，皆深入宋儒之室，但以漢學為不可廢，多騎牆之見，依違之言，非眞知灼見者。其友非之，謂兩人實啟國朝經學，今為拘牽之論，何所見之不廣，乃補寫黃顧兩人於師承記之末。又於其後特為宋學淵源記，於清初諸臣自號述朱，獲朝廷寵眷，顯貴一時者皆不列。陸稼書特邀從祀之典，亦不列。即王懋竑白田，以畢生精力為朱子年譜一書，考據極精審，因其尊朱，亦不列。其書所列，或處下位，或伏田間，聲聞不廣，姓氏將湮，殆多無足輕重。江氏此書，固不足重，而其風之變則可見。

阮元芸臺，乃東原私淑，一意尊漢排宋。然其晚年在粵，推譽陳建清瀾學蔀通辨，謂其學博識高，為三百年來之崇議。又謂朱子中年講理，固已精實，晚年講禮，尤耐繁難。東原孟子字義疏證，江鄭堂國朝經師經義目錄有其書，而阮纂清經解顧不收，此其意態之變亦可知。

又汪中容甫好詆宋儒，其子喜孫孟慈，乃謂皆出凌廷堪次仲之所誣讕。至如章學誠實齋，謂東原戒人以鑿空言理，其學實自朱子，而醜貶朱子，斥其謬妄。方東樹植之，在阮芸臺幕中著為漢學商兌，謂當時諸儒於諸經注疏實未嘗詳玩，客氣好事，矯異矜名。非惟不能入宋儒之室，亦斷未能若唐賢之眞實。其後陳澧蘭甫，乃力主教人讀注疏，著為東塾讀書記十五卷，特立「朱子」一卷。謂朱子自讀注疏，教人讀注疏，而深譏不讀注疏者。謂昔時講學者多不讀注疏，近時讀注疏者乃反訾朱子，皆未知朱子之學。又曰：「朱子好考證之學，而又極言考證之病。讀書玩理與考證，自是兩種工夫，朱子立大規模，故能兼之。學者不能兼，則不若專意於其近者。」近者即指宋學義理。陳氏為學，乃有聞於阮氏在粵之風教而起，然而其變則速於置郵而傳命。故所謂乾嘉經學，亦僅止於乾嘉一時而止。道咸以下，「其亡其亡，繫於苞桑」，風氣已變，早不是乾嘉。

在乾嘉時，堅立漢宋壁壘，深斥宋儒，亦由有激而起。其上則激於清廷之尊朱，其下則激於媚清以求顯達者，羣奉朱子為正學而嚴斥陸王。清廷屢興文字大獄，實使在野學者，深抱反抗心理，不得已而於故紙堆中爭意氣。惟激而過偏，人心易倦。惜未有大儒繼起，使其變而一歸於正。繼此乃有主張變法之公羊學興起，此亦有激而來。而今古文之爭，遂使清儒經學隨清政權而俱亡。民國以來，讀書博古之風已息，言學者僅知有清儒，於清儒中僅知有乾嘉，於乾嘉學中僅知有考據。乾嘉以前如梨洲、亭林，乾嘉以後如實齋、蘭甫，其學之通博，已皆不能深知。又不喜言義理思想，其意若謂義理思想盡在西方，故僅求以乾嘉考據來重新估定傳統上一切價值。侈言先秦諸子，亦借以為蹈瑕抵隙之助。孔子尚務求打倒，更何論於程朱？而朱子博通之學，其規模之大，條理之密，亦更不易為近代學人所瞭解。

三二

以上略述朱子學之流衍，以下當再略述研究朱子學之方法，以終斯篇。

朱子讀書多，著書多，所著書中所牽涉之問題多，此三多，為古今諸儒所莫逮。故治朱子學而求能盡其條理，得其會通，事大不易。今言研究朱子學之方法，則莫如即依朱子所以教人讀書為學之方，以讀朱子之書，求朱子之學。

朱子教人讀書，必以熟讀其人之本書正文為主。如讀論語，古今說論語者何限，而讀論語者，自必以論語本書正文為主。其他諸說，則僅能作參考，不能作正主。至於捨卻本書正文，不務參考旁求，而僅主自創己見，其事乃更為朱子所力戒。朱子距今八百年，衡評及於朱子之學者，何止數百家。或尊或斥，其間相去，有如霄壤。今於此數百家異說之外，更創一說，亦不因而見多。默爾而息，不再創說，亦不因而見少。若欲求明朱子學之眞相，則莫如返求之朱子之書。多所涉獵於述朱諍朱之間，而於朱子本人之書不精不熟，勢將泛濫而無歸，亦如治絲之益棼。

朱子書，可分為兩大類。一為其著述書，最為後世傳誦者，如四書集注章句、易本義、詩集傳、近思錄之類。又一為其文集與語類，文集一百卷，又續集十一卷、別集十卷。語類亦一百四十卷。此兩百六十一卷書，後人能首尾循覽終卷者殊不多。然若專讀其著述書，而不讀其文集與語類，則如朱子教人常云「喫饅頭僅撮一尖」，終不得饅頭之眞味。本人為朱子新學案，於其文集、語類兩百六十一卷書，逐篇逐條均經細讀，乃見朱子著述各書，其精義所在，其餘義所及，多為只讀各書所未易尋索者。又見朱子為學之會通處，有在其各種著述之上之外者。乃知不讀文集、語類，即無以通朱子之學。

除理學家外，率多鄙視語錄。一則謂此體襲自禪宗，一則謂既非語者親筆，錄者容有誤記。即在理學家中如二程，常戒來學者勿只重聽說話。在其門人中，亦有疑他人記錄有誤，不加重視者。然朱子則極不以為然。朱子深究二程之學，即從語錄參入。固亦有疑其門人誤記處，然苟無語錄，試問二程之學，又將於何處窺尋。

朱子之歿，其門人競出平日所記加以刊布，黃榦直卿序之曰：

> 記錄之語，未必盡得師傳之本旨。而更相傳寫，又多失其本眞。甚或輒自删改，雜亂訛舛，幾不可讀。

然又曰：

先生之著書多矣，教人求道入德之方備矣。師生函文間，往復詰難，其辨愈詳，其義愈精。讀之竦然如侍燕間承謦欬也。歷千載而如會一堂，合衆聞而悉歸一己，是書之傳，豈小補哉！

又李性傳成之序曰：

池錄之行，文肅黃公直卿既為之序。其後書與伯兄，乃殊不滿意。且謂「不可以隨時應答之語易平生著述之書」。性傳謂記者易差，自昔而然。和靖稱伊川之語曰：「某在，何必觀此書？」文公先生則曰：「伊川亡，則不可以不觀。」愚謂語錄與四書異者，當以書為正，而論難往復書所未及者，當以語為助。與詩易諸書異者，在成書之前亦當以書為正，而在成書之後者，當以語為是。非特此也，先生平日論事甚衆，規恢其一也。至其暮年，乃謂「言規恢於紹興之間者為正，言規恢於乾道以後者為邪」，非語錄所載，後人安得而知之。

「伯兄」謂李心傳微之。直卿雖有不滿語類之意，成之所云可謂正論。如論孟集注成於朱子四十八歲，此後二十餘年遞有改易，其最後所定，固是觀今本而可知。然其二十餘年中不斷改定之曲折層次，則幸有語類可資鈎稽，此性傳所謂「當以語為助」也。又如易本義成稿後即未有改定，而語類論易，多有在本義後與本義異者，此性傳所謂「當以語為是」也。

抑且著書作文與對面言談自有不同。「流落人間者，泰山一毫芒」，學者千里從師，不以讀其書為足，必以見其人為快。不僅可以質疑問難，亦必有聞其所未聞者。朱子語類，尤與其他理學家之語錄不同。理學家語錄，大率多談性理，朱子語類，則上自天地之所以高厚，下至一物之微，幾於無所不談。今語類一百四十卷中，軼出於其著書範圍者甚多。性傳指其言規恢一端，誠如滄海之一粟而已。直卿重其師之著述，而輕其同門之所記錄，竊恐將使後人無以眞得朱子學之大精神所在。直卿之言曰：「歷千載而如會一堂，合衆聞而悉歸一己，是書之傳，豈小補哉。」斯可謂直卿對語類一書價值最恰當之評論。

袁桷清容有言：「朱子門人當寶慶紹定時，不敢以師之所傳為別錄，以黃公勉齋在也。勉齋既沒，夸多務廣，語錄、語類爭出，而二家之矛盾始大行。」竊謂此說亦頗易啟後人對語類之誤會。朱陸之爭，朱子貽書友好，常囑勿傳布，恐多增紛呶。其隨時面告門人，亦必戒其勿多宣揚。並屢以集兩家之長，補自己之短為訓。然兩家之有爭論，則為不可掩之事實。直卿朱子行狀有曰：

> 求道而過者，病傳注誦習之煩，以為不立文字，可以識心見性。不假修為，可以造道入德。守虛靈之識，而昧天理之眞。借儒者之言，以文老佛之說。學者利其簡便，詆訾聖賢，捐棄經

典。猖狂叫呶，側僻固陋，自以為悟。

此其斥陸學，可謂辭嚴義正。又為書朱子行狀後有曰：

流俗之論，以為前輩不必深抑，異學不必力排。稱述之辭，似失之過。孔孟諸賢，至謂孔子賢於堯舜，豈以抑堯舜為嫌乎？孟子闢楊墨而比之禽獸，衞道豈可以不嚴？夫子嘗曰：「莫我知也夫！」又曰：「知德者鮮矣。」甚矣聖賢之難知也。知不知，不足為先生損益，然使聖賢之道不明，異端之說滋熾，是則愚之所懼，而不容於不辯。

此處言異端，正指陸學。直卿方以尊師斥陸為不容己之辯，烏有如清容之所云。

抑且語類中直指二程解經誤失，不下三四百條以上，其駁正二程之自立說者亦復不少。其於程門諸儒之走失師傳，更多指摘。此皆不見於文集及著述中。文集著述發明大義，其與門弟子之談說，則轉多微言。若置語類不讀，豈能得此曲折細微之所在。

惟讀文集、語類，有一點最當注意者，即為文集各篇、語類各條之年代先後。文集起自朱子二十餘歲，先後共歷四十餘年。語類起自朱子四十餘歲，先後共歷二十餘年。其間多有明白年代可據，亦有可推勘而得。亦有雖不能得其確年，而可斷定其在某年上下數年之內者。朱子歷年思想見解之遞轉而遞進，與夫其言辨考索之愈後而愈密，皆可由此覘之。其間容有記錄錯失，然果錯綜以求，會合而觀，亦將無所遁形。惟如吳堅所云：「但涉獵乎語錄，而不玩味於成書，幾乎而不為入耳出口之資。」此則亦所當戒。

清儒朱澤澐止泉論朱子語類極為有見，茲錄其語如下：

語類一書，晚年精要語甚多。五十以前，門人未盛，錄者僅三四家。自南康、浙東歸，來學者甚眾，誨諭極詳。凡文詞不能暢達者，講說之間，滔滔滾滾，盡言盡意。義理之精微，工力之曲折，無不暢明厥旨。誦讀之下，謦欬如生。一片肫懇精神，洋溢紙上。在當日諸門人，前後各得一說，彼此各聞一義，而後人讀之，反聚前後彼此之各聞者，彙萃參伍，這處那處，表裏始終，眞有登高自卑，行遠自邇，漸進漸高遠之妙。是安可概以門人記錄之不確而忽之。

此最為能道出語類價值所在。蓋語類乃是朱子五十後晚年學問思想所薈萃，而又隨問流露，活潑生動，委悉詳備。語類之在朱學全部系統中，正如畫龍點睛，使人讀之，有破壁飛去之感。朱子之精神笑貌，畢寓於此，「千年如會於一堂，眾聞悉歸之一己」，較之親炙，亦何多遜。治朱學而期於深山之得寶，則語類一書，斷不可忽。本書所收材料，以文集、語類為主。屬晚年者，則更以語類為多。至於朱子之著述，有待學者循書尋索，首尾備究。本書所引，力求簡省。即四書集注章句，亦復如此。

學者幸勿以本書不多引及而忽之。

惟有一事最當提及者，門戶之見，實為治朱學者一絕大之障蔽。明程敏正篁墩著道一編，證朱陸兩家之始異而終同。王陽明朱子晚年定論繼之。其說之非，同時羅欽順整菴已疑之。此後陳清瀾學蔀通辨對王說力肆詆辯。此下言朱學者則必稱清瀾之書。然朱子成學在晤象山以前，其為學自有根柢與其獨特之精神所在，初不為針對象山而發。今於學術大範圍之內，單劃出理學一小圈，又於理學一小圈之內，專鈎出朱陸異同一線，乃於此一條線上進退爭持。治陸王學者，謂朱子晚年思想轉同於陸，此猶足為陸學張目。治朱子學者，僅證得朱子晚年並無折從於陸之痕迹，豈朱子學之價值固即在是乎？孫承澤著考正晚年定論，謂「朱子四十五以後，實無一言合於陸氏，亦無一字涉於自悔」。李紱穆堂又著朱子晚年全論，謂「盡錄朱子五十一歲至七十一歲論學之語見於文集者，一字不遺，共得三百七十餘篇，其言無不合於陸子」。同時王白田輯朱子切要語，陳蘭甫譏之，謂其書「專為排陸王而作」。而夏炘心伯論穆堂晚年全論不過為學蔀通辨報仇。此等誠是學術界一大可駭怪之事。治陸王學者以陸王為中心，而治朱學者則以反陸王為中心。孟子有言，「能言距楊墨者聖人之徒」，一若朱子之得列為聖學，亦只為其能與象山持異。竊謂朱學之晦而不彰，有四大害。其一害於科舉之陋儒，志在名位，不在學術。其二被禍於清帝王之表揚，與夫承望恩澤之一輩僞學者之希旨而邀寵。然此二者，尚皆在學術之外。其三更甚者，則為治朱學而專務於爭門戶，一若只於陸王之反面求之，即為朱子精旨所在，此則尤為治朱學之絕大障蔽。

而又有第四害：自有朱子，理學大盛，道家固已不振，而釋氏禪宗亦如強弩之末，更不能與理學相爭衡。於是諍朱反朱者，乃亦只限於儒者與理學之一大傳統之內，更無超出於此以起與朱子持異者，此尤為朱子學不能大發明大振起之一大障蔽。今則西學東傳，國內學術思想界又引起一激動，或者朱子學轉有復興重光之機，此則為本書著者所深望。

黃梨洲為明儒學案，其書闡揚王學，頗見精采。晚年有意為宋元學案，既非夙所究心，殊難勝任愉快。其子百家主一承其家學，以王學餘緒衡量兩宋，宜於不得要領。全祖望謝山本於理學寢饋不深，又濡染於李穆堂之偏見，其修補黃氏父子之宋元學案，所費工力甚為深博，然於平章學術，考鏡得失，則多有偏阿。於陸學則每致迴護，涉及朱學，則必加糾彈。其語散見，不易覺察。治理學者每先窺此書，憑之入門，而不知其已引導入於歧途。非惟不足升堂奧，亦將無以窺門牆。本學案多引朱子原書，頗少牽引他說。惟黃、全學案乃學者所必治，雖不能一一加以駁正，然於緊要處亦偶有提及。讀者舉一反三，可知本書與黃、全學案著眼不同，持論有別。然亦並不專在朱陸異同一問題上立意，則深望讀者之加察。

「學案」舊例，僅是散摘諸條，略加評案，易使讀者如看格言集，或讀相駁書，幾如理學家言非屬教訓，即係辨詰。學術氣味不免冲淡，思想條理更難體究。使人對理學諸家易生厭倦。在理學盛時，其病尚不易顯。今值理學已衰，學案舊體例急待改進。本書多分篇章，各成條貫，使人每讀一條，易於瞭解其在一家思想全體系中之地位與意義。分而讀之，固可各見其有然。合而思之，乃可盡見其所以然。自可知一家學術，必有其根柢所在，與其精神所寄。固不輕為教訓，亦非專務辨詰。因名本書為「新學案」，亦只指其體例言，非敢標新而立異，以期譁眾而取寵。學者其諒之。

學者初看理學家語錄，每易感其枯燥。學案中又加以摘錄，則枯燥之病益見。本書鈔撮朱子文集、語類，每不厭其繁，又不厭其重複，有一義而輾轉引述至十數條、數十條之多。並亦一仍原文，不輕刪削。期使讀者低徊循誦，反復思繹，得其浸灌膏澤之潤，達於歡暢洋溢之趣。抑且朱子書繁重難讀，嘗一臠知鼎味，此一臠則必求其味之腴者，乃可使人雖不見鼎而無憾。斯亦求讀者之諒察。

治一家之學，必當於其大傳統處求，又必當於其大背景中求。本書采錄朱子所言，止於組織條理，讀者自可因文見義，不煩多所闡申。此亦竊師朱子教人解經注書之遺意。惟作者私人仰止讚歎之情，則亦時有不能已於默者。嚶鳴之求，理宜有此，讀者當不以煖煖姝姝於一先生之言而加以菲薄。其他苟有所發揮，則胥於大傳統處，大背景中，稍作指點，使讀者於傳統中見朱子之創闢，於背景中見朱子之孤往。

知人論世，自古所貴。治朱子學，則必求明朱子其人及其時代。自昔有朱子年譜，始作者為其門人李方子果齋，然原本已不傳。此下有明儒李默古冲，清儒洪璟去蕪，遞有所作。其最後最著者，則為王白田本。其書經二十餘年四易稿而後定，較之李、洪兩譜，所勝實多。然白田年譜用力雖勤，而識解容有未透，又不脫門戶之見，亦未能窺朱子學之深邃，其同時友好朱止泉曾貽書力辨，而白田未能接受。夏心伯著述朱質疑十六卷，於白田年譜頗多糾正。然王、夏兩氏，姑不論其於朱子學術大體未能深窺，即就考訂事跡言，亦尚不免各有疏失。本書因治朱學者必讀王譜，故於其書亦多駁正，而兼及於夏氏書。此亦猶如駁正黃、全學案，皆不得置而不談，非欲泛濫旁及。

本書初欲分為三編。一思想之部；一學術之部；又一則為經濟之部，凡朱子仕宦所及之政績，及其對當時之政論政見皆屬之。今成思想、學術兩編，篇幅已多。其第三編，自問無以遠出乎王氏年譜、夏氏質疑之上，此兩家書縱有疏失，亦易考見，故不復作。而於朱子對當時之政論政見，則散附其一二於史學篇，雖不能詳，要亦可見其大體。

本書既成，為其卷帙之已多，又為提綱一篇冠諸首。學案求詳，重在記敍。提綱求簡，稍加發揮。庶使讀者易入。然眞能發揮朱子學之本意者，宜莫如朱子本人。他人所發揮，或反易失朱子之本意。讀者儻由提綱進讀學案，更由學案進讀朱子之原書，於朱子學術思想自多啟悟。斯而後，可以各自有所發揮，此在古人，謂之自得之學，必如是始為可貴。否則只讀學案，學案既力求詳盡，雖不覩朱學之全貌，亦可窺朱學之概略。於此而求自得，亦不中不遠。提綱僅為入門，若徒誦提綱，即謂已知朱子，而遽欲自有所發揮與評騭，此乃朱子平日教人最所力戒之事。是則余之為此提綱，正恐將因之得罪於朱子。惟若讀提綱者，由是而知朱子思想之邃密，與夫其學術體系之博大，而因以知於曠代大儒，不當輕施己見，即屬讚揚，已屬逾分，妄作彈斥，決難確當。是則雖不治朱子之書，不修朱子之業，讀此提綱，亦足為博學知服之一助。

學案與提綱，皆於朱子之學術、思想分途敍述。其思想方面，雖片言隻辭，皆出朱子所躬行實踐，親體默證。讀者當反求諸己，心領神會，得一善而拳拳服膺，可以終身享受。此乃理學之所以為可貴處。至於學術方面，則不論經學、史學、文學及其他諸端，在朱子亦自有此成就而止，學者當不以其所成就而自限。只求得此榘範，明此途轍，鳶之飛，魚之躍，海闊天空，將一任學者之自極其所至。朱子精神充滿，氣魄宏大，故能立大規模而兼斯兩者。尊德性而道問學，致廣大而盡精微，極高明而道中庸，四通六闢，成此一家。學者則貴各就才性所近，各自求有成立。若徒務博涉，不知反己，此恐不為能善學朱子，並亦將為朱子所不許。

朱子論理氣

朱子論宇宙萬物本體，必兼言「理」、「氣」。然朱子言理氣，乃謂其一體渾成而可兩分言之，非謂是兩體對立而合一言之也。此層最當明辨，而後可以無失朱子立言之宗旨。語類云：

天下未有無理之氣，亦未有無氣之理。（一）

有是理，便有是氣。（一）

理未嘗離乎氣。（一）

理非別為一物，即存乎是氣之中。無是氣，則是理亦無掛搭處。（一）

但有此氣，則理便在其中。（一）

又曰：

如陰陽五行，錯綜不失條緒便是理。若氣不結聚時，理亦無所附著。（一）

細簹上引，則理氣乃一體渾成，非兩體對立，顯然矣。

理氣既屬一體，何以必分而兩言之？語類云：

才說太極，便帶著陰陽。才說性，便帶著氣。不帶著陰陽與氣，太極與性那裏收附。然要得分明，又不可不拆開說。（九四）

太極與性皆即理。理必收附於氣，為要分明，故拆開說，遂兩言之也。語類又曰：

「『一陰一陽之謂道』，陰陽何以謂之道？」曰：「當離合看。」（七四）

離而看則陰陽是氣非道，合而看則道不離陰陽，所以一陰一陽者即道。又曰：

道須是合理與氣看。理是虛底物事，無那氣質，則此理無安頓處。易說「一陰一陽之謂道」，

> 這便兼理與氣而言。陰陽，氣也；一陰一陽則是理矣。（七四）

離而看，則氣與理道為二。合而看，則氣與理道為一。既當離合而看，則亦當離合而言也。然太極圖注又曰：

> 推之於前，不見其始之合，引之於後，不見其終之離。

是則理氣雖當離合看，而理氣則始未有合，終未有離也。終未有離，語詳前。始未有合，語詳後。

> 問「氣坱然太虛，升降飛揚，未嘗止息」。曰：「此張子所謂『虛空即氣』也。蓋天在四畔，地居其中。減得一尺地，遂有一尺氣，但人不見耳。此是未成形者。」問：「虛實以陰陽言否？」曰：「以有無言。及至浮而上，降而下，則已成形者。若所謂『山川之融結，糟粕煨燼』，即是氣之渣滓。要之皆是示人以理。」（九八）

朱子言理氣，多本之濂溪、橫渠，此條乃引橫渠正蒙。正蒙言「虛空即氣」，所謂「有無」，乃指有形無形言。風雨雪霜，皆是氣之成形者，皆當屬諸地，皆即是「氣之渣滓」；氣之「太虛」則屬天。

天地不可言有無。天地合一而可分言，有形無形亦合一而可分言。於其合一與分言中皆見理。理氣既屬一體，實未見有所謂離，即亦未見有所謂合。有則俱有，無則俱無，宜無先後可言。然既可分言，則亦可分先後。若必言先後，則當言理先而氣後。語類云：

未有天地之先，畢竟也只是理。有此理，便有此天地。若無此理，便亦無天地，無人，無物，都無該載了。（一）

未有天地之先當先有理，此即是「推之於前，不見其始之合」也。又曰：

有是理後生是氣。（一）
先有箇天理了卻有氣。（一）
有是理便有是氣，但理是本。（一）

又曰：

理未嘗離乎氣，然理形而上者，氣形而下者。自形而上下言，豈無先後。（一）

又曰：

此本無先後之可言，然必欲推其所從來，則須說先有是理。（一）

又曰：

理與氣本無先後之可言，但推上去時，卻如理在先，氣在後相似。（一）

問先有理後有氣之說。曰：「不消如此說。而今知得他合下是先有理後有氣邪？後有理先有氣邪？皆不可得而推究。然以意度之，則疑此氣是依傍這理行。及此氣之聚，則理亦在焉。要之也先有理，只不可說是今日有是理，明日卻有氣。也須有先後。且如萬一山河大地都陷了，畢竟理卻只在這裏。」（一＊）

此見朱子本謂理氣不可分先後。但若定要分時，則理應在先。因理是形而上者，是本。及其為氣成形，則為末，應在後。如言造化，只能說造化必有理，不能說當其造化時始造化出理來。造化只是此理，故云「天即理」。卻不能說造化只是此氣。此兩語有分別。故雖說理氣一體，又不能不說理是形而上，是本。然又不當硬認成兩截。

語類又云：

形上形下，只就形處離合分別，此正是界至處。若只說在上在下，便成兩截矣。（九四）

離而看，則可謂有先後。合而看，則不能認作兩截。既不能認作兩截，而又謂可以有先後。此中一離一合，有甚深妙義，當細參。

中庸章句言：

天以陰陽五行化生萬物，天即理也。

謂陰陽五行化生萬物，然不可謂陰陽五行即是天。然又不得謂天以理化生萬物，則若天在理上，又是何物乎。文集卷五十九答趙致道書謂：

若論本原，即有理然後有氣。若論稟賦，則有是氣，而後理隨而具。

此一分別最為明晰。中庸章句又言：

氣以成形，理亦賦焉。

此亦言賦稟。「理亦賦焉」者，猶言天亦在物中也。

問：「或問『氣之正且通者為人，氣之偏且塞者為物』，如何？」曰：「物之生，必因氣之聚而後有形。得其清者為人，得其濁者為物。假如大爐鎔鐵，其好者在一處，其渣滓又在一處。」又問：「氣則有清濁，而理則一同，如何？」曰：「固是如此。理者，如一寶珠，在聖賢則如置在清水中，其輝光自然發見。在愚不肖者，如置在濁水中，須是澄去泥沙，則光方可見。今人所以不見理，合澄去泥沙，此所以須要克治也。至如萬物，亦有此理。天何嘗不將此理與他，只為氣昏塞，如置寶珠於濁泥中，不復可見。然物類中亦有知君臣母子、知祭、知時者，亦是其中有一線明處。然而不能如人者，只為他不能克治耳。且蚤虱亦有知，如飢則噬人之類是也。」（一七）

萬物有生成之理，又有保持恆久之理，復有發展光昌之理。如朝菌蟪蛄，僅得生成，未得保持恆久。

如麟鳳龜鶴，能保持恆久，未能發揚光昌。惟人得理最備，故能兼此三者。此條所言，如君臣母子，乃至聖賢之理，皆為人道光昌所必具。謂性即理，又謂物之無生者亦具性，此皆言物各有理，乃指生成存在之理言。自生成存在以至保持恆久，而又能發展光昌，皆理也。理，有分指，有兼指，亦學者所當辨。

語類又曰：

> 太極只是一箇理字。（一）
>
> 若無太極，便不飜了天地。（一）

若無理，則天地不成天地也。就宇宙自然界言，則曰理與氣。就歷史人文界言，則曰道與器。雖是道在器中，卻只能說器由道成，不能說道從器生，亦不得云器即是道。

語類又曰：

> 既有形氣，如何得不壞。但一箇壞了，又有一箇。（四五）

天地亦屬形氣，亦須有壞時，但不能說理亦有壞時。理壞了，則一切俱無。故曰「若無太極，便不飜了天地」。又說，「萬一山河大地都陷了，畢竟理卻只在這裏」。因形氣不得不壞，但一箇壞了又有一箇，則正為理之常在。理不隨形器之壞而俱壞，亦應不待形氣之生而始生。故若定要為理氣分先後，則應說理在氣先也。

語類又曰：

大率天地是那有形了，重濁底。乾坤是他性情。其實乾道、天德，互換一般，乾道又言得深些子。天地是形而下者。只是這箇道理，天地是箇皮殼。（六八）

天地僅是箇皮殼，不是在皮殼中長出一番道理，乃是由這道理長成出這皮殼，朱子理先氣後之說，大致如此。謂乾道比天德言得深些子，因言天，已屬有形，在氣一邊。言乾，則指其性情，在理一邊。故乾道、天德兩語，雖可互換，卻有深淺。

理既為本，又在氣先，然不可離氣求理。語類云：

當初釋迦為太子時，出遊，見生老病死苦，遂厭惡之，入雪山修行。從上一念，便一切作空看，惟恐割棄之不猛，屏除之不盡。吾儒卻不然。蓋見得無一物不具此理，無一理可違於物。佛說萬理俱空，吾儒說萬理俱實。從此一差，方有公私義利之不同。今學佛者云「識心見性」，

不知是識何心，是見何性？（一七）

謂理是虛，由其離氣言。謂理是實，由其合氣言。

又曰：

「橫渠正蒙『游氣紛擾』一段，專是說氣，未及言理。『游氣紛擾，合而成質者，生人物之萬殊』，此言氣到此已是渣滓麄濁者，去生人物，蓋氣之用也。『其動靜兩端循環不已者，立天地之大義』，此說氣之本。」因說：「佛、老氏卻不說着氣，以為此已是渣滓，必外此然後可以為道，遂至於絕滅人倫，外形骸，皆以為不足卹。」（九八）

離氣言理，其病至此，故朱子深斥之。

又曰：

天地與聖人都一般，精底都從那粗底上發見。道理都從氣上流行。雖至粗底物，無非是道理發見。天地與聖人皆然。（九八）

又曰：事物可見，其理難知。即事即物，便要見得此理。但要眞實於事物上見得這箇道理，然後於己有益。大學之道，不曰窮理，而謂之格物，只是使人就實處窮竟。事事物物上有許多道理，窮之不可不盡也。（七五）

又曰：事事物物上便有大本。苦只說大本，便是釋老之學。（一五）

又曰：有一種人，思慮向裏去，嫌眼前道理粗，於事物上都不理會，此乃談玄說妙之病，其流必入於異端。（一六）

又曰：

大學所以說格物，卻不說窮理。蓋說窮理，則似懸空無捉摸處。只說格物，則只就那形而下之器上，便尋那形而上之道。便見得這箇元不相離。（六二）

又曰：

不可一向去無形迹處尋。精粗表裏，融會貫通，無一理之不盡。（九）

聖人不令人懸空窮理，須要格物者，要人就那上見得道理破，便實。（一四）

人多把這道理作一箇懸空底物。大學不說窮理，只說箇格物，便是要人就事物上理會。（一五）

所以有此物，便是有此氣。所以有此氣，便是有此理。故易傳只說：「元者萬物之始，亨者萬物之長，利者萬物之遂，貞者萬物之成。」不說氣只說物者，言物則氣與理皆在其中。（六八）

又曰：

若只恁懸虛不已，恰似村道說無宗旨底禪樣，瀾翻地說去也得。將來也解做頌，燒時也有舍利，只是不濟得事。（一一七）

又曰：

自謂能明其德而不屑乎「新民」者，如佛老便是。（一七）

文集卷四十六答劉叔文有曰：

所謂理與氣，此決是二物。但在物上看，則二物渾淪不可分開各在一處，然不害二物之各為一物也。若在理上看，則雖未有物，而已有物之理，然亦但有其理而已，未嘗實有是物也。大凡看此等處，須認得分明，又兼始終，方是不錯。

就於物而觀，則理氣自見不可分。若屏物離氣，單從理上看，則理為虛理，非實理。朱子既不主專從虛處脫離事物求理，但亦不許專就實處，只就氣上認理，不向上求。其中深趣，誠當潛玩。又說「兼始終」，始終即是本末先後，即是既兼理氣而合一看之，又必知理先氣後也。謂「理氣決是二物」，此語不可拘，細看前後自知。

其第二書又曰：

未有此氣，已有此性。氣有不存，性卻常在。雖其方在氣中，然氣自氣，性自性，亦自不相夾雜。至論其偏體於物，無處不在，則又不論氣之精粗而莫不有是理焉。不當以氣之精者為性，性之粗者為氣也。

性氣分言，即猶理氣分言。萬物未生，其理已具。萬物既滅，其理不亡。若謂受氣以後始具性，則性隨於氣，將有萬不同。惟其性在氣先，故物有同性。性在氣先者，又謂之「天地之性」。性在氣中者，又謂之「氣質之性」。性非有二，亦當離合看之。

問「性者生之質」。曰：「不然。性者生之理；氣者生之質，已有形狀。」（一三七）

「性者生之質」，乃董仲舒語。朱子改言之，曰：「性者生之理，氣者生之質。」此層詳見論仁篇。朱子既不喜離事言理，亦不喜離心言理，而主言性即理。

文集卷四十一答程允夫有云：

處己接物，內外無二道也。得於己而失於物者無之。故凡失於物者，皆未得於己者也。然得謂得此理，失謂失此理，非世俗所謂得失也。若世俗所謂得失者，則非君子所當論矣。「時中」之說，亦未易言。若如來喻，則是安常習故，同流合污，「小人無忌憚」之「中庸」，後漢之胡廣是也，豈所謂「時中」者哉？大抵俗學多為此說，以開苟且放肆之地，而為蘇學者為尤甚。蓋其源流如此，其誤後學多矣。

理不離氣，故亦不離事，不離心，然而必分言之，又必與性合言之，此中大有深意。上引一書言理，不涉宇宙界，專就人事界言，然必言內外無二道，乃可一之於理，非一之於心與事。若惟知從心與事求理，則不免流於苟且放肆之地，為安常習故，為同流合污，為「小人無忌憚之中庸」，而曰理即在是，此與朱子言理大相違異。學者由此參入，乃可窺朱子言理之精要處。

朱子主理必寓於氣，氣又必不能違於理，此似理為氣主，而氣受理之宰制，然實不然。語類云：

理無情意，無計度，無造作，只此氣凝聚處，理便在其中。且如天地間，人物草木禽獸，其生也莫不有種，定不會無種了白地生出一箇物事，這箇都是氣。若理，則只是個淨潔空闊底世界，無形迹。他卻不會造作。氣則能醞釀凝聚生物。（一）

又曰：

形而上者是理。才有作用，便是形而下者。（七五）

此說理無情意，無計度，無造作，無作用，只是個形而上底「淨潔空闊底世界」。淨潔謂其無內容，空闊謂其無限界。只有氣處便有理。但氣能醞釀凝聚生物，有活動，有作為，而理則無之。只是氣之一切活動作為，必有箇範圍，不能外於理。故氣能生物，而物生必有種，不得亂生，此即是理限制着氣，氣不違於理也。語類又曰：

天地生物，千萬年，古今只不離許多物。（一）

種有限，則物有限，此即氣為理限，故曰理先氣有。語類又曰：

氣雖是理之所生，然既生出，則理管他不得。如這理寓於氣了，日用間運用都由這箇氣。只是氣強理弱。（四）

問：「季通主張氣質太過。」曰：「形質也是重。且如水之氣如何似長江大河有許多洪流。金之氣如何似一塊鐵恁地硬。形質也是重。被此生壞了後，理終是拗不轉來。」（四）

理生氣，而氣強過理，理拗不轉氣，此亦如氣生形質，形質又強過氣，氣拗不轉形質也。

孟子言：「人所以異於禽獸者幾希。」不知人何故與禽獸異，須着說是形氣不同，故性亦少異，始得。（四）

天地生物，各與一無妄，萬物各具一性，然形體異，性亦不得不異。若只說天地有好生之德，試問何不專生人，卻偏要生許多禽獸。也不多生麟鳳，卻又多生了蚊蠅。此即理管不得氣，天亦無奈何物。

陳了翁云：「氣質之用狹，道學之功大。」與季通說正相反。若論其至，不可只靠一邊。如了翁之說，則何故自古只有許多聖賢。如季通之說，則人皆委之於生質，更不修為。（四）

天地生人，亦不能專生聖賢，卻生許多不如聖賢底。蓋因人物皆屬氣一邊事。氣生壞了，理無奈何，既是管他不得，又是拗他不轉。故曰氣強理弱。若理強過氣，天地間由理來作主，理無先後，可一下完成。儘生好人，不生壞人，造化亦幾乎息，而聖人好人亦將無可作為，更不需有乾健不息、聖敬日躋之功。正因理依附氣，不自作主，故生人生物，有生人生物之理，生好生壞，亦各有生好生壞之理。理則常在，天行仍需人事。天人可以並存而不可偏廢。此所謂不可只靠一邊也。橫渠正蒙嘗言：「一故神，兩故化。」理氣分，故能神而化。若理氣不分，或是偏主於理，或是偏主於氣，只靠一邊，則天地神化將不可見。朱子殆自橫渠正蒙又上會之於濂溪太極圖說，而主張此理氣兩分之論也。

語類又曰：

> 理是有條瓣，逐一路子，以各有條，謂之理。（六）
>
> 「理是那文理。」問：「如木理相似？」曰：「是。」（六）
>
> 理是有條理，有文路子。文路子當從那裏去，自家也從那裏去。文路子不從那裏去，自家也不從那裏去。（六）
>
> 「理如一把線相似，有條理。如這竹籃子。」指其上行篾，曰：「一條子恁地去。」又別指一條，曰：「一條恁地去。又如竹木之文理相似，直是一般理，橫是一般理。」（六）

理只是宇宙大氣中之條理、界瓣、文路子相似，這是從氣言理。若擴大向大氣整體看，則理又是此大氣整體一箇大匡廓，大架構。

語類又曰：

道是統名，理是細目。（六）

道字包得大，理是道字裏面許多理脈。（六）

道字宏大，理字精密。（六）

此亦可謂整宇宙即是一道體，惟朱子常兼氣言，故多言理，少言道。亦時言道理，則或偏道，或偏理，讀者當隨處辨之。

因論「庖丁解牛」一段至「恢恢乎其有餘刃」，曰：「理之得名以此。」（一二五）

又曰：

「所見無全牛」，熟。（一二五）

庖丁解牛，依着牛身筋骨上紋路子下刀，故能游刃有餘地。格物窮理，如在牛身上窮此解牛之理。捨卻牛身，即無解牛之理可得。朱子常以「熟」字教學者，看得牛身熟，即見無全牛。非是無全牛，只看熟了其身上筋骨紋路子，即若無全牛也。但此乃從氣言理。若推擴看此氣之整體，則理又似此氣一大匡廓，大架構。氣只由理形成，不能在理外。若如此說，究不能謂理之於氣一無所主宰，故曰氣必不違乎理也。

問：「天地之心，天地之理，理是道理，心是主宰底意否？」曰：「心固是主宰底意。然所謂主宰者，即是理也。」（一）

蒼蒼之謂天，運轉周流不已，便是那箇。而今說，天有箇人在那裏批判罪惡，固不可。說道全無主之者，又不可。這裏要人見得。（一）

問：「天地之心亦靈否？還只是漠然無為？」曰：「天地之心，不可道是不靈，但不如人恁地思慮。伊川曰：『天地無心而成化，聖人有心而無為。』」（一）

此處把心與理綰合說之。所謂天地無心，聖人無為，只說其一任自然，一依於理而已。而又若天地無心，聖人有心。蓋天地只是一氣，人則有了形質。形質異，則心亦異，於大通中有萬別，此即所謂理一分殊也。語類又曰：

有心便存得許多理。（六）

又曰：

合天地萬物而言，只是一箇理。及在人，則又各自有一箇理。（一）

自然與人文，雖只一理，但亦有分別。朱子在宇宙自然界中高抬人心之地位與作用，心即理與心不即是理之細密分辨，亦可由此見入，此尤為治朱子學者所宜深切體會。

理一同而經常，氣萬異而多變，此乃理氣間一大分辨。朱子從另一面言之，則又有氣同理異之說。文集卷四十六答黃商伯有云：

論萬物之一原，則理同而氣異。觀萬物之異體，則氣猶相近而理絕不同。氣之異者，粹駁之不齊，理之異者，偏全之或異。

語類：

問理與氣。曰：「伊川說得好，曰：『理一分殊。』合天地萬物而言，只是一箇理。及在人，則又各自有一箇理。」（一）

此兩條，皆言氣同理異，而尤特別言「在人則各自有一箇理」。涵義極深，關係極大。朱子學之主要精神及其許多重要理論皆從此出，治朱學者當深切體會。文集卷五十八有答黃道夫及徐子融兩書，茲再摘錄以見大旨。其答黃道夫云：

天地之間，有理有氣。理也者，形而上之道也，生物之本也。氣也者，形而下之器也，生物之具也。是以人物之生，必稟此理，然後有性。必稟此氣，然後有形。其性其形，雖不外乎一身。然其道器之間，分際甚明，不可亂也。若劉康公所謂「天地之中，所謂命」者，理也，非氣也；所謂「人受以生」，所謂「動作威儀之則」者，性也，非形也。禮運之言，其曰「天地之德」者，理也。其曰「陰陽之交、鬼神之會」者，氣也。詩曰：「天生烝民，有物有則。」周子曰：「無極之眞，二五之精，妙合而凝。」所謂眞者理也，所謂精者氣也；所謂則者性也，所謂物者形也。上下千有餘年之間，言者非一人，記者非一筆，而其說之同如合符契，非能牽聯配合而強使之齊也。此義理之原，學者不可不察。

書中多引古經籍，而自以己意分析會通言之，遂使理學經學一貫相承，合一無間，此乃朱子所為有大功於當時之理學與傳統之儒學也。其答徐子融有云：

伊川先生言「性即理」，此一句自古無人敢如此道。心則知覺之在人而具此理者也。橫渠先生又言：「由太虛有天之名，由氣化有道之名，合虛與氣有性之名，合性與知覺有心之名。」其名義亦甚密，皆不易之至論也。蓋天之生物，其理固無差別。但人物所稟，形氣不同，故其心有明暗之殊，而性有全不全之異耳。若所謂仁，則是性中四德之首，非在性外而別為一物，而與性並行也。然惟人心至靈，故能全此四德而發為四端，物則氣偏駁而心昏蔽，固有所不能全矣。然其父子之相親，君臣之相統，間亦有僅存而不昧者。若生物之無知覺者，則又其形氣偏中之偏者。故理之在是物者，亦隨其形氣而自為一物之理。天下無無性之物，即如來喻，木燒為炭，人陰為土，亦有此灰土之氣。既有灰土之氣，即有灰土之性，安得謂枯槁無性也。

此書分別理氣形體，所謂格物之學也。朱子學尚綜合，又尚分析。重會通，又重條理。此兩書，上自古經籍，下至北宋諸儒之說，皆為之分析條理而綜合會通之，以求其精粗表裏無不融貫，而稱之曰「義理之原」。所謂氣有粹駁，理有偏全，而天下無無理之物，即謂其無無理之氣也。而氣同理異之大旨，亦畢具於此矣。其立說之最大喫緊處，則在天人之分合上。觀朱子論天人、論聖賢兩章可見。朱子學之博大精深，與其篤厚高明之處，胥當由此參入，學者其無忽焉。

朱子言理，尤重於言理之常。伊川言有變始有常，朱子則言有常始有變。此一分辨，亦極關重要，語詳解經篇。

問：「家齊而后國治天下平，如堯有丹朱，舜有瞽瞍，周公有管蔡，卻能平治，何也？」曰：「堯不以天下與丹朱而與舜，舜能使瞽瞍不格姦，周公能致辟於管蔡，使不為亂，便是措置得好了。然此皆聖人之變處。想今人家不解有那瞽瞍之父，丹朱之子，管蔡之兄，都不須如此思量，且去理會那常處。」（一五）

能理會常處，則遇變亦可使之常。若專從變處理會，則不易理會出那常處來。

問：「夫子非不明德，其歷諸國，豈不欲春秋之民皆止於至善，到他不從，聖人也無可奈何。」曰：「若使聖人得位，則必須綏來動和。」又云：「此是說理，理必須是如此。且如『致中和，天地位，萬物育』，然堯有九年之水，想有多少不育之物。『大德必得名位福壽』，也豈箇箇如此，只是理必如此。」（一四）

問：「『大德必得其位，必得其祿，必得其壽』，堯舜不聞子孫之盛，孔子不享祿位之榮，何也？」曰：「此或非常理，今所說，乃常理也。」（六四）

此皆就歷史人事言。又曰：

常如風和日暖，變如迅雷烈風。若無迅雷烈風，則都旱了，不可以為常。（三七）

此言自然界。又曰：

家語云：「山之怪曰夔罔兩，水之怪曰龍罔象，土之怪羵羊。」皆是氣之雜糅乖戾所生，亦非理之所無也。專以為無則不可。如冬寒夏熱，此理之正也。有時忽然夏寒冬熱，豈可謂無此理。但既非理之常，便謂之怪，孔子所以不語，學者亦未須理會也。（三）

問：「橫渠物怪神姦書，先生提出『守之不失』一句。」曰：「且要守那定底。」（九八）

如「精氣為物，遊魂為變」，此是理之常也。「守之勿失」者，以此為正，且恁地去，他日當自見也。若「委之無窮，付之不可知」，此又溺於茫昧，不能以常理為主者也。（九八）

問：「格物窮理，但理自有可以彼此者。。」曰：「不必如此看。理有正有權，今學者且須理會正。」（一五）

又曰：

而今只是理會箇正理。若以聞見所接論之，則無了期。（一二六）

理有正常之理，有變怪之理。就人事言，但當守其定底以善處其變。就自然言，此等變怪之理，朱子只主抱一存疑態度，謂他日當自見，不主刻意急去窮格。故朱子有時雖亦喜說靈怪，不一筆抹殺，但亦不急切求解說。

因說：「氣化有不可曉之事，但終未理會得透，不能無疑。」或問：「釋氏有靈怪處，是如何？」曰：「多是眞僞相雜。人都貪財好色，都重死生，卻被他不貪財，不好色，不重死生，這般處也可以降服得鬼神。如六祖衣鉢，說移不動底，這只是胡說。果然如此，何不鳴鼓集衆，白晝發去，卻夜間發去，做甚麼？」（四七）

此乃有直斥其僞者，然亦不盡斥其為僞。是亦一種知之為知之，不知為不知之態度也。故朱子於言理之後，又繼之以言命。

明儒羅整菴力尊朱子，曾貽書陽明，竭辨異同，而於朱子言理氣則疑之，其困知記有曰：

又曰：

薛文清讀書錄，甚有體認工夫，然亦有未合處。所云「理氣無縫隙，故曰器亦道，道亦器」，其言當矣。至於反覆證明「氣有聚散、理無聚散」之說，愚則不能無疑。夫一有一無，其為縫隙也大矣。蓋文清之於理氣，亦始終認為二物，故其言未免時有窒礙也。竊嘗以為氣之聚，便是聚之理，氣之散，便是散之理。惟其有聚有散，是乃所謂理也。

胡敬齋窮理，似乎欠透。如云：「氣乃理之所為。」又云：「有理而後有氣。」又云：「氣嘗能輔理之美矣，理豈不救氣之衰乎？」

觀此，知整菴之疑朱子，實因後世述朱者如薛、胡，皆於理氣分合言之未能恰當，故推究及於朱子也。

困知記又曰：

通天地，亘古今，無非一氣而已。氣本一也，而一動一靜，一往一來，一闔一闢，一升一降，循環無已。積微而著，由著復微，為四時之溫涼寒暑，為萬物之生長收藏，為斯民之日用彝倫，為人事之成敗得失，千條萬緒，紛紜膠轕，而卒不可亂，有莫知其所以然而然，是即所謂理也。初非別有一物，依於氣而立，附於氣以行也。朱子有云：「理與氣決是二物。」又云「氣強理弱」，又云「若無此氣，則此理如何頓放」，似此類頗多。

朱子言理氣，有合而看，有離而看，如整菴所引諸條，此皆離而看之語也。然更有合而看之一邊，故整菴亦僅謂朱子小有未合，實則朱子之言乃是更周到，更細密，勝於整菴之只看一邊也。

梨洲明儒學案諸儒學案中，引整菴語而更進一層言之，曰：

先生之論心性，頗與其論理氣自相矛盾。在天為氣者，在人為心。在天為理者，在人為性。理氣如是，則心性亦如是，決無異也。人受天之氣以生，只有一心而已。先生之言理氣不同於朱子，而言心性則於朱子同，故不能自一其說耳。

整菴力辨禪學，高景逸稱之，謂「自唐以來，排斥佛氏，未有若是之明且悉。」整菴辨陸王，亦如其辨禪，主要皆在辨析心性。梨洲一本王學，謂整菴不能自一其說，不知整菴之失，在其言理氣，不在其言心性。

整菴又說：

理須就氣上認取，然認氣為理便不是。

此言得之。故整菴之失，亦只是小有未合。

又黃泰泉亦主理氣合，其論學書有曰：

氣之有條不可紊者謂之理。天生人物，靈蠢不同，實有主宰之者。如曰「惟皇上帝，降衷於下民，若有恆性」。不言天而言帝者，有主宰於其間。

朱子言理先氣有，本是不得已而推之。今曰有天帝主宰乎氣，豈不亦是以理推之？然推之如是，則泰泉之辨，是誠不可以已乎？

朱子論無極太極

朱子論理氣，實本之周濂溪太極圖說，至少可謂朱子乃憑藉濂溪太極圖說以證成其理氣論之體系。要之朱子之宇宙本體論，其有得於濂溪太極圖說之啟悟者實多，此則斷無可疑。語類云：

太極只是天地萬物之理。（一）

又曰：

太極卻不是一物，無方所頓放。故周子曰「無極而太極」，是他說得有功處。（七五）

又曰：

周子曰「無極而太極」，蓋云無此形狀，而有此道理耳。（九四）

蓋恐人將太極做一箇有形象底物看，故又說無極，言只是此理也。（九四）

太極分開，只是兩箇陰陽，括盡了天下事物。（九四）

「無極而太極」，只是說無形而有理。所謂太極者，只二氣五行之理，非別有物為太極也。（九四）

以理言之，則不可謂之有。以物言之，則不可謂之無。（九四）

周子恐人於太極之外更尋太極，故以無極言之。既謂之無極，則不可以有底道理強搜尋。（九四）

若謂物物者亦必是一物，則上帝造物，上帝亦猶一物也。今謂物之前更無他有，故曰「以理言則不可謂之有」。然物不能自為物，必有所由，故曰「以物言則不可謂之無」。今謂萬物生成之理即寓於物之中，非自別為一物在於物之外，則人心又往往不肯即此便休，仍將於太極外更尋太極，於寓於物中之理以外更尋一超物而獨立之理，故必謂之無極，庶使人不再以有底道理去尋求也。

又曰：

太極即在陰陽裏。自見在事物而觀之，則陰陽涵太極。推其本，則太極生陰陽。（七五）

問：「太極始於陽動乎？」曰：「陰靜是太極之本，然陰靜又自陽動而生。一靜一動，便是一箇闢闔。自其闢闔之大者推而上之，更無窮極，不可以本始言。」（九四）

問：「無極而太極有積漸否？」曰：「無積漸。」（九四）

周子所謂「無極而太極」，非謂太極之上別有無極也。但言太極非有物耳。如云「上天之載，無聲無臭」。故云「無極之眞，二五之精」，既言無極，則不復別舉太極也。（九四）

文集卷四十九答王子合書有一柬與此條下語同。

問：「此『上天之載』，即是太極否？」曰：「蒼蒼者是上天，理在『載』字上」。（九四）

因天仍只是形而下，天能載，乃始見天之理。太極則只是理，不指形言。

語類又曰：

一理渾然，非有先後。（六八）

故曰「無積漸」、「不可以本始言」。物則必有本始，有積漸。

語類又云：

> 氣無始無終，且從元處說起。元之前又是貞了。如子時是今日，子之前又是昨日之亥，無空闕時。然天地間有箇局定底，如四方是也。有箇推行底，如四時是也。理都如此。（六八）

朱子言太極，不認其為本始，即時間之最先。又不認其為是邊際，即空間之至遠極盡處，只曰：

> 太極只是箇極好至善底道理。（九四）
>
> 自外面推入去，到此極盡，更沒去處，所以謂之太極。（九八）

自外面推入與從內面推出，此辨極重要。大學格物補傳所謂「莫不因其已知之理而益窮之，以求至乎其極」，亦是從每一物向裏推入以求至其極，非謂從每一物向外推之以求至其極也。此層後人多誤解。

後人多疑朱子之理氣分說，明儒羅整菴困知記謂：「凡物必兩而後可以言合，太極與陰陽果二物乎？其為物也果二，則方其未合之先，又各安在？朱子終身認理氣為二物，其原蓋出於此。」羅氏指出朱子主理氣兩分，其說本於濂溪太極圖說，是也。「太極動而生陽，動極而靜，靜而生陰」，亦即朱子理先氣有之所本。黃梨洲宋元學案又為太極圖說辨護，謂整菴所辨之三語，「正明理氣不可相離，故加『妙合』以形容之，猶中庸言『體物而不可遺』也。非『二五之精』，則亦無所謂『無極之眞』矣。朱子言『無形有理』，即是尋『無極之眞』於『二五之精』之外，雖曰無形，而實為有物，亦豈無極之意乎？故以為歧理氣出自周子者非也。」梨洲此說，可以解「無極之眞」與「二五之精」之「妙合」，然不悟太極生陽生陰，豈非亦歧太極與陰陽而二之乎？朱子說理氣，實乃一而二，二而一，所謂「要得分明，不可不拆開說」。後人之辨，皆由未究朱子立言之大與其詳，乃亦不得其立言眞意之所在。

文集卷四十九答王子合有云：

周子所謂「無極而太極」，非謂太極之上別有無極也。但言太極非有物耳。如云「上天之載，無聲無臭」。故下文云：「無極之眞，二五之精」，既言無極，則不復別舉太極也。若如今說，則此處豈不欠一太極字耶？「人生而靜」，靜者固是性，然只有生字，便帶卻氣質了。但生字已上又不容說。蓋此道理未有形見處，故今纔說性，便須帶着氣質，無能懸空說得性者。「繼之者善」，本是說造化發育之功。明道此處，卻是就人性發用處說。如孟子所謂「乃若其情則可以為善」之類是也。伊川所言「極本窮源之性」，乃是對「氣質之性」而言。言其氣質雖善惡不同，然極本窮源而論之，則性未嘗不善也。

此書朱子自加辨析，本極明白。所謂「妙合而凝」，乃指「二五之精」言，非謂「二五之精」與「無極之眞」之妙合也。太極非有物，朱子已自言之。惟此「二五之精」如何能妙合而凝，此即所謂「無極之眞」矣。則縱謂是「無極之眞」與「二五之精」之妙合而凝，亦無不可。整菴所疑，自是多餘。朱子又謂「只有了生字，便帶卻氣質，但生字已上又不容說」，此是向上一路，雖不容說，卻不能抹殺而遂謂之無。又曰「無能懸空說得性者」，然極本窮源而論，則不得不謂理先氣有，其說已詳理氣篇。梨洲謂其「尋『無極之眞』於『二五之精』之外」，亦是一種羅織也。可知羅、黃兩氏所言，實皆未能窺到朱子立言之眞際。

又文集卷四十五答廖子晦有云：

論孟之言，平易明白，固無此等玄妙之談。雖以子思、周子喫緊為人，特著中庸、太極之書以明道體之極致，而其所說用功夫處，只說「擇善固執」、學問思辨而篤行之，只說「定之以中正仁義而主靜」、「君子修之吉」而已。未嘗使人日用之間，必求見此天命之性、無極之眞，而固守之也。蓋原此理之所自來，雖極微妙，然其實只是人心之中許多合當做底道理而已。但推其本，則見其出於人心，而非人力之所能為，故曰「天命」。雖萬事萬化皆自此中流出，而實無形象之可指，故曰「無極」耳。若論功夫，則只「擇善固執」、「中正仁義」，便是理會此事處。非是別有一段根原功夫又在講學應事之外也。如說「求其放心」，亦只是說日用之間，收斂整齊，不使心念向外走作，庶幾其中許多合做底道理漸次分明，可以體察。亦非捉取此物，藏在胸中，然後別分一心出外以應事接物也。來書又云：「事事物物，皆有實理，如仁義禮智之性，視聽言動之則，皆從天命中來，須如顏、曾洞見全體，即無一不善。」此說雖似無病，然詳其語脈，究其意指，亦是以天命全體者為一物之渾然，而仁義禮智之性，視聽言動之則，皆是其中零碎渣滓之物，初不異於前說也。至論所以為學，則又不在乎事事物物之實理，而特以洞見全體為功，凡此似亦只是舊病也。且曰洞見全體而後事無不善，則是未見以前，未嘗一一窮格以待其貫通，而直以意識想像之耳。是與程子所訶「對塔而說相輪」者，何以異哉。

此書轉而言功夫，可謂平實切近之至。但若不認有理而只言氣，不認本體而只言工夫，則有如明儒所謂「工夫即是本體」。而黃梨洲明儒學案序乃曰：「心無本體，工夫所至，即其本體。窮理者窮此心之萬殊，非窮萬物之萬殊。」自象山僅言心，不喜言性，至陽明言良知，亦不重言性與天道。循此以下，則非至如梨洲之言不止。然洵如梨洲所言，則理學亦無可再續。是亦猶羅整菴之主張，僅主有二氣五行而不主有太極，而僅以一敬字作工夫，幾乎其不折而入此絕境乎。由此見朱子之理氣分言，實有其卓識宏抱與其深情密意之所為不可及也。

語類又曰：

不求其所以然，只說一箇自然，是顢頇也。（一四）

只言一氣一心，更不問其所以然，此非顢頇而何。

語類又云：

「五行一陰陽也，陰陽一太極也。」二氣交感，所以化生萬物，這便是「天地之塞吾其體，天地之帥吾其性」。萬物到秋冬時各自收斂閉藏，忽然一下春來，各自發越條暢，這只是一氣。一箇消，一箇息。那箇滿山青黃碧綠，無非是這太極。（九四　一一六）

又曰：

「無極而太極」，而今人都想像有箇光明閃爍底物事在那裏。不知本是說無這物事，只是有箇理，解如此動靜而已。及至一動一靜，便是陰陽。一動一靜循環無端。「太極動而生陽」，亦只是從動處說起，其實動之前又有靜，靜之前又有動，推而上之，其始無端。推而下之，以至未來之際，其卒無終。自有天地，便只是這物事在這裏流轉。一日便有一日之運，一月便有一月之運，一歲便有一歲之運，都只是這箇物事滾滾將去。一箇起，一箇倒。一箇上，一箇下。其動也便是中是仁，其靜也便是正是義。不動則靜，不靜則動。「聖人定之以中正仁義」，便是主張這箇物事。（一一六）

這個物事便是太極，太極本無這物事，只是一箇理。理解動靜，便是陰陽，便是氣。但朱子並不說這物事只是理不是氣。當然亦不說這物事只是氣不是理。「天下未有無理之氣，亦未有無氣之理」，即是說無無陰陽之太極，亦無無太極之陰陽。故曰「妙合而凝」。為要得見這箇物事分明，則不可不拆開為說，故分理氣為二說之也。

朱子又把橫渠正蒙與濂溪太極圖合說。語類云：

「由太虛有天之名」，這全說理。「由氣化有道之名」，這說着事物上。（六〇）

又曰：

「由太虛有天之名」，只是據理而言。「由氣化有道之名」，由氣之化，各有生長消息底道理，

故有道之名。既已成物，則物各有理，故曰「合虛與氣有性之名」。（六〇）

又曰：

「由太虛有天之名」，都是箇自然底。「由氣化有道之名」，是虛底物在實上見，無形底物因有形而見。所謂道者，如天道、地道、人道。（六〇）

「本只是一箇太虛，漸漸細分，說得密耳。太虛便是這四者之總體，而不雜乎四者而言。氣化是那陰陽造化，寒暑晝夜、雨露霜雪、山川木石、金水火土皆是。只這箇便是那太虛。只是便雜卻氣化說。雖雜氣化，而實不離乎太虛，未說到人物各具當然之理處。」問：「太虛便是太極圖上面底圓圈，氣化便是圓圈裏陰靜陽動否？」曰：「然。」又曰：「『合虛與氣有性之名』，有這氣，道理便隨在裏面。無此氣，則道理無安頓處。如水中月，須是有此水，方映得那天上月。若無此水，終無此月也。心之知覺，又是那氣之虛靈底。聰明視聽作為運用，皆是有這知覺，方運用得這道理。所以橫渠說：『「人能宏道」，是心能盡性。「非道宏人」，是性不知檢心。』又邵子曰：『心者性之郛郭。』此等語，皆秦漢以下人道不到。」（六〇）

虛只是說理。（六〇）

又曰：

「由太虛有天之名，由氣化有道之名」，此是總說。「合虛與氣有性之名，合性與知覺有心之名」，此是就人上說。（六〇）

橫渠如此議論，極精密。（六〇）

此處朱子會合濂溪、橫渠兩家之說。惟朱子於濂溪太極圖無異辭，於橫渠正蒙則頗有駁難，學者仍當分別而觀。濂溪、橫渠兩人皆以宇宙造化為一氣之分陰分陽而來，然皆復在氣之上安放一更高之名辭。濂溪謂之「太極」，橫渠謂之「太虛」，此兩名辭，實皆淵源自道家。而兩人亦意各有異。朱子乃綰合而一視之，並稱之曰「理」。此理字主要乃從二程思想中來。曰太極，曰太虛，終是一虛稱。曰太極太虛即理，則成為實指。故朱子之理氣論，實乃綰合周、張、二程四家之說，而完成一更圓密更明確之體系，廣大無不包，精微無不入，有宋一代理學，必到朱子，始達於集大成之止境，即此可見。朱子關於此方面對橫渠正蒙之批駁，詳朱子評述橫渠篇，當參讀。

明儒王浚川亦主理氣一，而專據橫渠。其言曰：

張子曰：「太虛不能無氣，氣不能不聚而為萬物，萬物不能不散而為太虛。循是出入，皆不得已而然也。氣之為物，散入無形，適得吾體；聚而有象，不失吾常。聚亦吾體，散亦吾體。知死之不亡者，可與言性矣。」橫渠此論，闡造化之祕，明人性之源，開示後學之功大矣。朱子乃論而非之，曰：「性者，理而已矣，不可以聚散言。其聚而生散而死者，氣而已矣。所謂精神魂魄，有知有覺者，皆氣所為也。故聚則有，散則無。若理則初不為聚散而有無也。」嗟乎！其不然也甚矣。朱子又曰：「氣之已散者，既散而無有矣，其根於理而日生者，則固浩然而無窮。」今為之改曰：「氣之已散者，既歸於太虛之體矣。其絪縕相感而日生者，則固浩然而無窮。」張子所謂「死而不亡者」如此。

浚川以橫渠「死而不亡者」惟氣，朱子謂之「大輪迴」，其說詳橫渠篇。浚川又曰：

有形亦是氣，無形亦是氣。道寓其中。有形，生氣也。無形，元氣也。元氣無息，故道亦無息。

於生氣之上又加一元氣，不幾於架牀疊屋乎？又曰：

虛受乎氣，非能生氣。理載於氣，非能始氣。

若謂氣散而太虛受之，是太虛與氣又分而為二矣。謂理非能生氣，是猶謂飛機成而後有飛機之理，非由飛機之理而產出飛機，則飛機固何由始乎？若堅主理氣必合而一言之，不許離而兩言之，則終必有礙。浚川又主性即是氣，辨詳論性篇。

浚川又曰：

> 謂理能生氣，即老氏「道生天地」矣。謂理可離氣而論，是形性不相待而立，即佛氏以山河大地為病，而別有所謂眞性矣。

整菴之言又不然。謂：

> 老子外仁義禮而言道德，徒言道德而不及性，與聖門絕不相似，自不足以亂眞。所謂「彌近理而大亂眞」，惟佛氏耳。

整菴善辨心性，謂佛氏正是混心性而一言之，其言極精闢，勝於浚川遠矣。

語類又曰：

人人有一太極，物物有一太極。（九四）

又曰：

太極非是一物，即陰陽而在陰陽，即五行而在五行，即萬物而在萬物。只是一箇理而已。因其極至，故名曰太極。（九四）

此即理未嘗離乎氣之說也。今若曰物物有一陰陽，人人有一陰陽，天地之間一氣陰陽無乎不在，此則僅是一形而下之宇宙，亦僅是一形而下之造化，朱子決不如此主張。然若曰人人有此理，物物有此理，天地之理只是一理，則理又寓在何處。捨氣覓理，亦非朱子所主張。若從氣推求，其極至處，自見有理。理與氣不相雜，故分二言之。理與氣又不相離，故合一言之。因此乃有無極太極之名也。

文集亦多論及無極太極者，卷四十五答楊子直有云：

天地之間，只有動靜兩端循環不已，更無餘事，此之謂易。而其動其靜，則必有所以動靜之理焉，是則所謂太極者也。聖人既指其實而名之，周子又為之圖以象之。其所以發明表著，可謂無餘蘊矣。原極之所以得名，蓋取樞極之義。聖人謂之太極者，所以指夫天地萬物之根也。周子因之而又謂之無極者，所以著夫無聲無臭之妙也。然曰「無極而太極」、「太極本無極」，則非無極之後別生太極，而太極之上先有無極也。又曰「五行陰陽，陰陽太極」，則非太極之後別生二五，而二五之上先有太極也。以至於成男成女，化生萬物，而無極之妙蓋未始不在是焉。此一圖之綱領，大易之遺意，與老子所謂「物生於有，有生於無」，而以造化為眞有始終者，正南北矣。熹向以太極為體，動靜為用，其言固有病。後已改之曰：「太極者，本然之妙也。動靜者，所乘之機也。」此則庶幾近之。蓋謂太極含動靜則可，以本體而言也。謂太極有動靜則可，以流行而言也。若謂太極便是動靜，則是形而上下者不可分，而「易有太極」之言亦贅矣。

後人多辨濂溪太極圖源出道家，此在朱子亦未加否認。語類又云：

嘗讀張忠定公語錄，公問李畋云：「汝還知公事有陰陽否」云云，此說全與濂溪同。忠定見希夷，蓋亦有些來歷。（九三）

是朱子亦知太極圖與陳摶有關係。然如上引與楊子直書，乃辨太極圖說持論與老子不同，此則最該細辨。至於此圖果出道家與否，無關宏旨也。書中又標出造化無始終，及形上形下不可不分，此兩意亦極重要，可參讀本書論數篇及體用篇。

又文集卷三十七答程可久有云：

太極之義，正謂理之極致耳。有是理，即有是物，無先後次序之可言。故曰「易有太極」，則是太極乃在陰陽之中，而非在陰陽之外也。今以「大中」訓之，又以乾坤未判、大衍未分之時論之，恐未安。「形而上者謂之道，形而下者謂之器」，今論太極，而曰「其物謂之神」，又以天地未分、元氣合而為一者言之，亦恐未安。有是理即有是氣，氣則無不兩者，故易曰「太極生兩儀」，而老子乃謂道先生一而後一乃生二，則其察理亦不精矣。

又一書曰：

熹前書所謂太極不在陰陽之外者，正與來教所謂不倚於陰陽而生陰陽者合。但熹以形而上下者，其實初不相離，故曰在陰陽之中。吾丈以形而上下者，其名不可相雜，故曰不在陰陽之外。雖所自而言不同，而初未嘗有異也。但如今日所引舊說，則太極乃在天地未分之前，而無所與於今日之為陰陽，此恐於前所謂不倚於陰陽而生陰陽者有自相矛盾處，更望詳考見教。

太極在陰陽之中，即是理寓氣中也。太極不在陰陽之外，即離了氣將無理可覓也。不相離又不相離，此即理氣合一兩分之說也。

又文集卷七十一記林黄中辨易西銘篇有云：

林曰：「聖人明言『易有太極』，而公言易無太極，何耶？」曰：「太極乃兩儀四象八卦之理，不可謂無，但未有形象之可言爾。故自此而生一陰一陽，乃為兩儀，而四象八卦又是從此生。」

此言無極太極非有非無，亦即合一兩分之說也。又文集卷三十六答陸子靜有云：

來書又謂「大傳明言『易有太極』，今乃言無，何也？」今夏因與人言易，其人之論正如此，當時對之不覺失笑，遂至被劾。老兄且謂大傳之所謂有，果如兩儀、四象、八卦之有定位，天地五行萬物之有常形耶？周子之所謂無，果是虛空斷滅，都無生物之理耶？老子「復歸於無極」，無極乃無窮之義，如莊生「入無窮之門以遊無極之野」云爾，非若周子所言之意也。今乃引之，而謂周子之言實出於彼，此皆理有未明，而不能盡乎人言之意也。

此兩書皆辨易大傳不言無極之疑。與象山書中之「其人」即林黃中。答陸子靜書又曰：

語道體之至極，則謂之太極。語太極之流行，則謂之道。雖有二名，初無兩體。周子所以謂之無極，正以其無方所，無形狀。以為在無物之前，而未嘗不立於有物之後。以為在陰陽之外，而未嘗不行乎陰陽之中。以為通貫全體，無乎不在，則又初無聲臭之可言也。

又答陸子美書曰：

不言無極，則太極同於一物，而不足為萬化根本。不言太極，則無極淪於空寂，而不能為萬化根本。

此其為一而二，二而一，為要分明，不可不拆開說之之意，亦可謂暢竭無餘蘊矣。餘詳朱子評述濂溪篇。

明儒曹月川有太極圖說述解，其序曰：

太極，理之別名耳。天道之立，實理所為。太極者，象數未形、而其理已具之稱，形器已具、而其理無朕之目。孔子而後，論太極者皆以氣言。老子道生一而後乃生二，莊子師之，曰：「道在太極之先。」曰「一」，曰「太極」，皆指作天地人三者氣形已具、而混淪未判之名；道為一之母，在太極之先。而不知道即太極，太極即道。以通行而言則曰道，以極致而言則曰極，以不雜而言則曰一，夫豈有二耶？列子「混淪」之云，漢志「含三為一」之說，所指皆同。微周子啟千載不傳之祕，則孰知太極之為理而非氣也哉。是後有增周說首句曰「自無極而為太極」，則亦老莊之流。有謂太極上不當加無極二字者，則又不知周子理不離乎陰陽、不雜乎陰陽之旨矣。亦惟朱子克究厥旨，遂尊以為經，而註解之，眞至當歸一之說也。至於語錄，或出講究未定之前，或出應答倉卒之際，百得之中不無一失，非朱子之成書也。

月川此序，一承朱子以理解太極之義，闡發甚當。道家言太極，只指氣，不指理。濂溪太極圖說雖承用道家言，而實異道家之意，亦辨析甚明。又有辨戾一文，略曰：

周子謂「太極動而生陽，靜而生陰」，則陰陽之生，由乎太極之動靜。而朱子之解極明備矣。及觀語錄，卻謂「太極不自會動靜，乘陰陽之動靜而動靜耳」。遂謂「理之乘氣，猶人之乘馬。馬之一出一入，而人亦與之一出一入」，以喻氣之一動一靜，而理亦與之一動一靜。若然，則人為死人，而不足以為萬物之靈。理為死理，而不足以為萬化之原。理何足尚，而人何足貴哉？今使活人乘馬，則其出入行止疾徐，一由乎人馭之何如耳。活理亦然。不之察者，信此則疑彼，信彼則疑此。經年累歲，無所折衷。故為辨戾，以告夫同志君子。

朱子乘馬之喻，特謂理必載於氣，氣必載理而行，月川呆看了，遂有「死人乘活馬」之疑。因疑此理亦是死理。但朱子言理氣，主要在言宇宙自然界，故有理弱氣強之說。若使宇宙自然界，理之乘氣，亦如活人乘馬，出入行止疾徐，一由乎理之馭之。則此宇宙自然，當已一切盡美盡善，更何待於人之贊育。老子言道生一，莊子云道在太極之先。正貴天道自然，不煩再有人為。天地人生只是一氣之化，而此化便是道，正因有活理馭之也。朱子則謂天下未有無理之氣，而理卻不會造作，日用間運用都由這個氣，而氣又必不違乎理。故理與氣，必當合而觀，又當離而觀。「無極而太極」，此太極指理。「太極動而生陽」，此太極乃是指氣。故曰「太極非是別為一物，即陰陽而在陰陽」也。月川所疑，蓋因過分看重了理氣之合而為一，而不曾細看得理氣之又可離而為二也。

又月川過分看重了朱子之成書見於文字者，而謂語類「或出講究未定之前，或出應答倉卒之際，百得之中不無一失」，此固有之。然如辨戾所引「太極不自會動靜」，此乃朱子為太極圖解時並未明白說到，而後又補足說之者。讀朱子書甚不易，正貴從語類推究其成書。若一信成書，而不求之於語類，則終未能暢竭其趣也。

黃梨洲明儒學案諸儒學案引月川此疑而說之曰：

先生之辨，雖為明晰，然詳以理馭氣，仍為二之。氣必待馭於理，則氣為死物。抑知理氣之名，由人而造。自其浮沈升降者而言，則謂之氣。自其浮沈升降不失其則者而言，則謂之理。蓋一物而兩名，非兩物而一體也。

自有月川「死人騎活馬」之疑，遂啟羅整菴「天地無非一氣，初非別有一物曰理」之論。梨洲又承整菴之意，故曰「理氣蓋一物而兩名，非兩物而一體」。此說似是，而復失之。止曰「一物兩名」，當知兩名之間自有不同。否則兩名若無不同，既為一物，又何煩有兩名。又梨洲謂理氣乃一物，不如說是一體。惟雖一體，當合而看，又離而看，上述朱子論理氣篇，已剖析甚詳，讀者其細闡焉可也。

朱子論陰陽

朱子論理氣，為一體之兩分。其論陰陽，亦一氣之兩分也。語類云：

陰陽只是一氣，陽之退便是陰之生，不是陽退了又別有箇陰生。（六五）

此即一體兩分與兩體對立之辨。又曰：

陰陽有相對而言者，如東陽西陰，南陽北陰是也。有錯綜而言者，如晝夜寒暑，一箇橫一箇直是也。伊川言「易，變易也」，只說得相對底陰陽流轉而已，不說錯綜底陰陽交互之理。言易須兼此二意。（六五）

又曰：

體在天地後，用起天地先。對待底是體，流行底是用。體靜而用動。（六五）

一氣之消長進退，是為氣之動，即氣之用也。因其有此用，遂以見此體。陰陽對待，若為兩體，體成則靜。普通常認為有體斯有用，顧不知先有消長之用，乃成陰陽之體。若論其最先，則惟是一體，即氣而已。一氣之化而為兩，此乃後起之體，非原始之體也。天地原始之體，則曰太極，太極兼理氣而為一體。及其分陰分陽，對待為體，則在天地之後矣。陰陽本一體，論其先，則應以陽動為主。如天地本一體，論其先，則先天而後地。理氣本一體，論其先，則理先而氣後也。

文集卷四十五答廖子晦有云：

繼善成性，分屬陰陽，乃通書首章之意，但熟讀之自可見矣。蓋天地變化，不為無陰，然物之未形則屬乎陽。物正其性，不謂無陽，然形器已定則屬乎陰。嘗讀張忠定公語云：「公事未著字以前屬陽，著字以後屬陰。」似亦窺見此意。

就陰陽言，雖曰「一動一靜，互為其根」，然必欲分先後，則動在先而靜在後，用在先而體在後。宇宙萬物之生成，皆有已形之體，當屬陰。論其先，則由一陽之能動大用而起。

語類有曰：

橫渠言：「游氣紛擾，合而成質者，生人物之萬殊。其陰陽兩端，循環不已者，立天地之大義。」說得似稍支離。只合云：陰陽五行，循環錯綜，升降往來，所以生人物之萬殊，立天地之大義。（九八）

既言陰陽，又言游氣，故曰稍支離。天地大義，人物萬殊，皆由此一氣之升降往來循環錯綜而起。故若細分之，則由生乃有成。若渾言之，則隨生隨成，生處即是成處。故陰陽一體，動靜互為其根也。

故又曰：

「動靜無端，陰陽無始」，天道也。始於陽，成於陰，本於靜，流於動，人道也。然陽復本於陰，靜復根於動，其動靜亦無端，其陰陽亦無始。則人蓋未始離乎天，而天亦未始離乎人也。

此條天道人道分言，乃朱子思想體系中一重要關節。所謂「合天地萬物言，只是一箇理，及在人，又各自有一箇理」也。若以生、成分言，則天地大德曰生，而人物萬殊，已屬成之一邊。若以理、氣分言，則在天地自然界，似乎氣較為主，故曰理管不得氣，拗不過氣，理弱氣強。若落到人身上，則正貴以理為主，使能由理來管氣，來拗過氣，使氣弱而理強。否則又何貴於天地之間而有人？故渾言之而謂「動靜無端，陰陽無始」者，乃指天道自然言。若在人道，則已是陰道有成，故曰「以靜為本」。而求其上合天道，務使健動不息，於自然之中有一主宰之理，斯則人道所以貴陽貴動也。太極圖說解又曰：

陰陽成象，天道之所以立也。剛柔成質，地道之所以立也。仁義成德，人道之所以立也。道一而已，隨事著見，故有三才之別。而於其中，又各有體用之分焉。其實則一太極也。陽也，剛也，仁也，物之始也。陰也，柔也，義也，物之終也。能原其始，而知所以生，則反其終而知所以死矣。此天地之間，綱紀造化，流行古今，不言之妙。聖人作易，其大意蓋不出此。

此皆通人道於天道而一言之。故又曰：

陰陽雖是兩箇字，然卻只是一氣之消息，一進一退，一消一長。進處便是陽，退處便是陰。長處便是陽，消處便是陰。只是這一氣之消長，做出古今天地間無限事來。所以陰陽做一箇說亦得，做兩箇說亦得。（七四）

又曰：陽氣只是六層，只管上去，上盡後，下面空缺處便是陰。（六五）

又曰：方其有陽，那裏知道有陰。有乾卦，那裏知道有坤卦。天地間只是一箇氣，自今年冬至到明年冬至，是他地氣周匝。把來折做兩截時，前面底便是陽，後面底便是陰。又折做四截也如此，便是四時。天地間只有六層，陽氣到地面上時，地下便冷了。只是這六位陽，長到那第六位時，極了，無去處，上面只是漸次消了。上面消了些箇時，下面便生了些箇，那便是陰。這只是箇噓吸。噓是陽，吸是陰。喚做一氣，固是如此，然看他日月男女牝牡處，方見得無一物無陰陽。如至微之物，也有箇背面。若說流行處，卻只是一氣。（六五）

說陰陽必說到易卦，說易即說宇宙。宇宙只是一體，此體便是一氣。從此一氣分陰分陽，那裏是陰陽二氣對立而成宇宙乎。故又曰：

只從陰陽處看，則所謂太極者，便只是在陰陽裏。所謂陰陽者，便只在太極裏。而今人說陰陽上面別有一箇無形無影底物是太極，非也。（九五）

陰陽便是宇宙太極之體，此即朱子太極圖解所謂之「渾然一體」也。故又曰：

陰陽五行為太極之體。（三六）

此體字是體質。道之本然之體不可見，觀此則可見無體之體。（三六）

無極猶言無體之體。無極不在太極之外或上，猶宇宙之體亦不在陰陽之外或上也。故又曰：

「易有太極」，便是下面兩儀四象八卦。自三百八十四爻摠為六十四，自六十四摠為八卦，自八卦摠為四象，自四象摠為兩儀，自兩儀摠為太極。以物論之，易之有太極，如木之有根，浮屠之有頂。但木之根，浮屠之頂，是有形之極。太極卻不是一物，無方所頓放，是無形之極。故周子曰「無極而太極」，是他說得有功處。夫太極之所以為太極，卻不離乎兩儀四象八卦，如「一陰一陽之謂道」，指一陰一陽為道則不可，而道則不離乎陰陽也。（七五）

陰陽即是太極之體，亦可說其是道體，其非兩體對立更可見。

朱子又說「至微之物也有箇背面」，是謂陰陽猶一體之正反面也。正反必有主從，故朱子謂「進處是陽，退處是陰，長處是陽，消處是陰」。進與長是正面，是上一截，退與消是反面，是下一截。物必先有長進，乃有消退，此亦主從與上下截之辨也。語類又云：

且如造化周流，未着形質，便是形而上者屬陽。才麗於形質，為人物，為金木水火土，便轉動不得，便是形而下者屬陰。若是陽時，自有多少流行變動在。及至成物，一成而不返。謂如人之初生屬陽，只管有長，及至長成，便只有衰。此氣逐旋衰減，至於衰盡則死矣。周子所謂「原始反終」，只於衰盡處可見反終之理。（九四）

陽屬始，是上一截。陰屬終，是下一截。語類又曰：

乾無對，只是一箇物事。至陰則有對待，大抵陰常虧於陽。（六九）

乾無對待，只有乾而已，故不言坤。坤則不可無乾，陰體不足，常虧欠，若無乾，便沒上截。

大抵陰陽二物，本別無陰，只陽盡處便是陰。（六九）

坤本是箇無頭底物。（六八　六九）

此一分辨，至為重要，若換辭言之，則曰：

只乾便是氣之統體，物之所資始，物之所正性命，豈非無所不包。但自其氣之動而言則為陽，自其氣之靜而言則為陰。所以陽常兼陰，陰不得兼陽。陽大陰小，陰必附陽。皆此意也。（六九）

如是則雖說陰陽對待，不可說無陽有陰。

問：「剝一陽盡而為坤，程云：『陽未嘗盡也。』」曰：「剝之一陽未盡時，不曾生。纔盡於上，這些子便生於下了。」（七二）

問：「一陽復於下，是前日既退之陽已消盡，而今別生否？」曰：「前日既退之陽已消盡，此又是別生。伊川謂『陽無可盡之理，剝於上則生於下，無間可容息』，說得甚精。且以卦配月，則剝九月，坤十月，復十一月。剝一陽尚存，復一陽已生，坤純陰，陽氣闕了三十日，安得謂之無盡？」曰：「恐是一月三十日，雖到二十九日，陽亦未盡否？」曰：「只有一夜亦是盡，安得謂之無盡。嘗細推之，這一陽不是忽地生出，纔立冬，便萌芽，下面有些氣象。上面剝一

分，下面便萌芽一分，上面剝二分，下面便萌芽二分。積累到那復處，方成一陽。坤初六，便是陽已萌了。」（七一）

由卦象言，坤六爻皆陰，明是純陰之卦。但依事理言，則陽不能盡，陽不可無。同此推法，以言夬、乾、姤三卦，亦不能說乾卦屬純陽，陰盡無陰。故云：

「剝上九一畫分為三十分，一日剝一分，至九月盡方盡。然剝於上則生於下，無間可息。至十月初一日，便生一分。積三十分而成一畫。但其始未著耳。至十一月已成，此所謂『陽未嘗盡也』。」或問：「陰亦然，今以夬、乾、姤推之，亦可見矣。但所謂『聖人不言』者何如？」曰：「前日劉履之說，蔡季通以為不然，某以為分明是如此。但聖人所以不言者，這便是一箇參贊裁成之道。蓋抑陰而進陽，長善而消惡，用君子而退小人，這便可見。此理自是恁地，雖堯舜之世，豈無小人，但有聖人壓在上面，不容他出而有為耳，豈能使之無邪？」（七一）

劉履之說：

蔡季通嘗言：「陰不可以抗陽，猶地之不足以配天，此固然之理也。而伊川乃謂：『陰亦然，

聖人不言耳。』元定不敢以為然也。」（七一）

實則蔡氏意見，正與朱子所謂「陽無對待，陰有對待」，「陽可兼陰，陰不能兼陽，陽大陰小」，「陽是統體，陰有虧欠」云云者相類似。惟言有多端，此乃純就理言，而理必因事而見，就事言之，則純陽之乾，亦不害於陰之未盡。朱子陳義，有時每若支離而實則圓宏，此其一例也。

語類又曰：

陽來謂之復，復者，是本來物事。陰來謂之姤，姤是偶然相遇。（六五）

此仍是陰不能與陽相對也。物消必長，是本來要長。物長必消，則是偶然有消。物之有長有消，皆屬自然，何以必要如此分別，此則聖人參贊裁成之道也。又曰：

陽化而為陰，只恁消縮去，無痕迹，故謂之化。陰變而為陽，其勢浸長，便覺突兀，有頭面，故謂之變。（七五）

自陰來做陽，其勢浸長，便覺突兀有頭面。自陽去做陰，這只是漸漸消化去。（七五）

天地之所以為天地，人物之所以為人物，皆自陰來做陽之變也。若自陽去做陰，則天地閉，人物滅矣。一任自然，恐是自陽去做陰底成分多了。故必濟之以人文之道，使自陰來做陽也。

語類又曰：

「能說諸心」，乾也。「能研諸慮」，坤也。「說諸心」，有自然底意思，故屬陽。「研諸慮」，有作為底意思，故屬陰。「定吉凶」，乾也。「成亹亹」，坤也。事之未定者屬乎陽，「定吉凶」所以為乾。事之已為者屬陰，「成亹亹」所以為坤。大抵言語兩端處皆有陰陽，如「開物成務」，「開物」是陽，「成務」是陰。如「致知力行」，「致知」是陽，「力行」是陰。周子之書屢發此意，推之可見。（七六）

整箇宇宙大自然，是箇陰陽。整箇人文社會，亦是箇陰陽。故陰陽雖可分，而實是一。雖是一，而又可分。語類又曰：

張乖崖云：「陽是人有罪而未書案，尚變得。陰是已書案，更變不得。」此人曾見希夷來，言亦似太極圖。（一二九）

事已成，變不得，一片陰沉，復何前途之有。惟有事未定，尚變得，始是陽明之局，因有前途可覩也。然此亦只是分言之，乃見如此。若合言之，則消息循環，只是一氣，亦只是一理。人貴能就此氣中識得此理，而善為運使耳。

問：「仁智動靜之說，與陰陽動靜之說同否？」曰：「莫管他陽動陰靜，公看得理又過了。大抵看理只到這處便休。又須得走過那邊看，便不是了。仁主於發生，其用未嘗不動，而其體卻靜。知周流於事物，其體雖動，然其用深潛縝密，則其用未嘗不靜。其體用動靜雖如此，卻不須執一而論，須循環觀之。若必欲以配陰陽，則仁配春，主發生，故配陽動。知配冬，主伏藏，故配陰靜。然陰陽動靜又各互為其根，不可一定求之也。」（三二）

此因論仁智而推及陰陽。其曰「看理只到這處便休」，此語截斷有力，學者當默觀心會。分陰分陽，主動主靜，雖可分說，卻又須合看。所謂「互為其根」，當「循環觀之」也。於此分合循環中乃見理。若一向執一而論，陰是陰，陽是陽，動是動，靜是靜，則泥殺了，只見有一定之事，卻不見理之存在矣。

語類又曰：

同異之理，如同姓本親，以下去漸疏。異姓本疏，他日婚姻卻又親。陰陽相函之理也，萬物聚散之理也。（一三八）

此因人之氏姓分別而推論及於宇宙萬物之大自然。聚有散，散有聚，親可疎，疎可親，同中有異，異中有同，故曰「陰陽相函」。然即就氏姓言，則必以聚與親與同者為主。推之於宇宙萬物之大自然，亦是陽為主而陰為變。變必有所主，主必有所變，然必變而不失其所主者乃為得也。

語類又曰：

「以性情言之謂之乾」，天之性情則是一箇健。健故不息，惟健乃能不息，其理是自然如此。使天有一時息，則地須落下去，人都墜死。緣他運轉周流，無一時息，故局得這地在中間。今只於地，信得他是斷然不息。（六八）

以性情言，只能謂健故不息，不能謂順斯不息。以天地言，亦只能言天道不息，不能謂地道不息。此天道之健，即是陽道之動，此地道之順，則是陰道之靜也。今問此天道之健與陽道之動何自來，則曰由地道陰道變來。此地道之順與陰道之靜何自來，則曰由天道陽道化來。若論此大自然之本體，則兼天地，包陰陽，故曰「無極而太極」。易道則只論變易，不論化易，此乃中國易道深意淵旨所寄。故曰：

易之言陰陽，有指君子小人而言，有指天理人欲而言，有指動靜之機而言。初不可以一偏而論。如天下皆君子而無小人，皆天理而無人欲，其善無以加。有若動不可以無靜，靜不可以無動，蓋造化不能以獨成。或者見其相資而不可相無，遂以謂天下不可皆君子而無小人，不能皆天理而無人欲，此得其一偏之論。（一一五）

蓋專就事言，誠若天下不能無小人，無人欲。轉就理言，則不可謂天下不可無小人，無人欲也。故雖事理並言，亦必理為主而事為從。然朱子言理，亦特就其切近人事者言之。若摒棄人事於不問，懸空言理，於何而顯，亦復與人事何裨，其言陰陽亦如是。故曰：

天地造化，陰陽五行之運，若只管說，要如何？（二八）

可見朱子之微旨。語類又曰：

無極之前，陰含陽也。有象之後，陽分陰也。陽占卻陰分數。（一〇〇）

此條乃朱子述邵康節語而加以解說。康節嘗謂老子得易之體，故其說易，亦時雜以老莊道家意。所謂「無極之前」，其時方屬混沌，天地未判，人物未生，則只見陰，不見陽，故曰「陰含陽」。「有象之後」，天地已分，人物漸生，其時乃始見陽，故曰「陽分陰」。朱子謂是「陽占卻陰之分數」。濂溪太極圖說則一本儒家言，雖曰「動靜互為其根」，然必從「太極動而生陽」說起。朱子言易，極重康節，蓋視其地位猶在二程之上，故曰：

邵子所謂易，程子多理會他底不得。（六五）

但朱子多主理言，常只據濂溪太極圖說，於邵氏易避不深言，此又其微旨所在也。

問：「邵先生說『無極之前』，無極如何說前？」曰：「邵子就圖上說循環之意。自姤至坤是陰含陽。自復至乾是陽分陰。復、坤之間乃無極。自坤反姤是無極之前。」（六五）

朱子頗取康節皇極經世「元會運世」之說，即取其言天地與世運之循環，此就事上言，則已說到濂溪太極圖說之前面去。朱子心存其意，只不肯向人細說耳。語類又曰：

先生謂甘叔懷曰：「曾看河圖洛書數否？無事時好看。雖未是要切處，然玩此時，且得自家心流轉得動。」（六五）

心能流轉，始不拘滯，然此只當於無事時玩，凡此皆其微旨所在。餘參看論數篇。

朱子論鬼神

朱子論鬼神，亦由其論氣之分陰分陽者推衍伸展而來。語類云：

鬼神只是氣，屈伸往來者氣也。天地間無非氣，人之氣與天地之氣常相接，無間斷。（三）

鬼神不過陰陽消長而已。亭毒化育，風雨晦冥皆是。（三）

神，伸也。鬼，屈也。如風雨雷電初發時，神也。及至風止雨過，雷住電息，則鬼也。（三）

朱子此等語，乃承橫渠「鬼神者二氣之良能」及伊川謂「鬼神者造化之迹」兩語來。

又曰：

伊川謂「鬼神者造化之迹」，卻不如橫渠所謂「二氣之良能」。（六三）

「迹」者形下可見。「能」則可屬形上，可推而不可見，故謂伊川說不如橫渠之深切。

問：「『鬼神者，造化之迹也』，此莫是造化不可見，唯於其氣之屈伸往來而見之，故曰『迹』？『鬼神者，二氣之良能』，此莫是言理之自然不待安排？」曰：「只是如此。」（六三）

問：「鬼神便只是此氣否？」曰：「又是這氣裏面神靈相似。」（三）

此承橫渠，謂氣裏面似有一種神靈，此即氣之能也。

羅整菴困知記有云：

仁智皆吾心之定理，而覺乃其妙用。如以妙用為定理，則大傳所謂「一陰一陽之謂道」，「陰陽不測之謂神」，果何別耶？朱子嘗言「神亦形而下者」，又云：「神乃氣之精英。」須曾實下工夫體究來，方信此言確乎其不可易。不然，則誤以神為形而上者有之矣。黃直卿嘗疑中庸論鬼神有「誠之不可掩」一語，則是形而上者，朱子答以「只是實理處發見」，其義愈明。

整菴此辨極明晰，引以附此。據此則知朱子論理與論神之區別。

或云：「看來神字本不專說氣，也可就理上說。先生只就形而下者說。」曰：「所以某就形而下說，畢竟就氣處多，發出光彩便是神。」問：「神如此說，心又在那裏？」曰：「神便在心裏。凝在裏面為精，發出光彩為神。精屬陰，神屬陽。說到魂魄鬼神，又是說到大段麤處。」

朱子以陰陽言鬼神，氣屬形而下，此如伊川言「鬼神乃造化之迹」，故說是「麤處」。造化背後如有一神靈相似，故橫渠說是「二氣之良能也」。心亦如氣之有良能，故曰「神便在心裏」。理附泊在氣而不可見，屬形而上。神則是氣之發出光彩處，是就形而下說也。以能比迹，固可謂之形而上，以神比理，則猶是形而下。或可謂理是宇宙之本體，神則宇宙之化工，即所謂能也。

文集卷四十五答廖子晦有云：

性者，理而已矣。乾坤變化，萬物受命，雖所稟之在我，然其理則非有我之所得私也。性只是理，不可以聚散言。其聚而生，散而死者，氣而已矣。所謂精神魂魄，有知有覺者，皆氣之所為也。故聚則有，散則無。若理則初不為聚散而有無也。但有是理，則有是氣。苟氣聚乎此，則其理亦命乎此耳。不得以水漚比也。鬼神便是精神魂魄，程子所謂「天地之功用，造化之迹」，張子所謂「二氣之良能」，皆非性之謂也。

此辨鬼神非即是性，亦非即是理，只是陰陽二氣之良能與其功用，故曰「形而下」，以其有迹可見也。整菴困知記又言之曰：

心者人之神明，性者人之生理。

又曰：

虛靈知覺，心之妙也。精微純一，性之眞也。釋氏之學，大抵有見於心，無見於性，故其為教，始則欲人盡離諸相，而求其所謂空。空即虛也。既則欲其即相即空，而契其所謂覺。覺即知覺也。覺性既得，則空相洞徹，神用無方，神即靈也。然此皆心之妙，而豈性之謂哉？

此兩條，整菴辨心性，辨儒釋，皆極精至，皆由朱子見解而來。明此，乃可明朱子言神之眞義。語類又曰：

「鬼神者造化之迹。」神者伸也。鬼者歸也。言鬼神，自有迹者而言之。言神，只言其妙而不可測識。（六三）

此處分鬼神與神兩言之。氣之由伸而歸，由歸而伸，言其迹，則曰鬼神。言其迹之妙而不可測識者則曰神。又曰：

神之為物，自超然於形器之表，貫動靜而言，其體常如是而已。

是專言神，亦可謂是宇宙形上之體。然謂之神者，亦只是形容此體，非謂有神焉以主宰此體也。又曰：

通書理性命章，所謂靈，所謂一者，乃謂太極。

所謂靈，所謂一，若即猶言神。然則並言鬼神，猶之言陰陽，乃天地造化之迹。單言神，或言靈，乃可謂即是天地之造化，亦即是太極。太極非實有是物，故又必曰「無極而太極」。宇宙固有此妙用之神，亦非實有此神發此妙用，乃只就其有妙用而謂之神也。此妙用可以見，故曰形而下。然深言之，太極可謂之即是理，卻不得又謂之即是神。神終不是此宇宙之體，惟是宇宙之妙用，則可形容之為神耳。

語類又云：

且就這一身看，自會笑語，有許多聰明知識，這是如何得恁地？虛空之中，忽然有風有雨，有雷有電，這是如何得恁地？這都是陰陽相感，都是鬼神。看得到這裏，見一身只是箇軀殼在這裏，內外無非天地陰陽之氣。所以夜來說：「天地之塞吾其體，天地之帥吾其性」，思量來只是一箇道理。（三）

此條以人生界與宇宙自然界通合言之。大至宇宙，近至人身，一切變動生化，皆由陰陽二氣相感而起，此即所謂鬼神。換言之，鬼神者，即此陰陽二氣之相感也。

又曰：

氣之精英為神，金木水火非神，所以為金木水火者是神。在人則為理，所以為仁義禮智者神也。

又曰：

看來，心有動靜，其體則謂之易，其理則謂之道，其用則謂之神。

此謂人心猶之宇宙，同樣有一種神的作用。言其體則曰太極陰陽，言其用則曰鬼神，或單謂之神。文集卷六十二答杜仁仲有云：

神是理之發用而乘氣以出入者，故易曰：「神也者，妙萬物而為言者也。」將神字全作氣看則誤。

凡宇宙人心一切生發變動皆曰神。言理乃與氣對，言神則不與氣對，神即氣之能與迹也。氣之所以能神，則有理焉，故又曰「神是理之發用」。若言此宇宙之體，則可以稱之曰「理」或「道」，卻不得稱之曰「神」也。

問「堯薦舜於天」。曰：「只是要付他事，看天命如何。」又問「百神享之」。曰：「只陰陽和，風雨時，便是百神享之。」（五八）

此條舉淺作例，可見朱子心中之天與自古相傳天帝之天有不同。論語「得罪於天」，集注曰：「天即理也。」此處所謂看天命，乃是看舜接政後之人事演變。苟舜從政得理，則人心歸向，凡事順遂，即是天命所與。又若陰陽和，風雨時，便是「百神享之」。非在陰陽風雨自然現象之後面別有鬼神作主使，來享受也。

問：「『建諸天地而不悖』，此天地似乎是形氣之天地，蓋建諸天地之間而其道不悖於我。」曰：「此天地只是道耳。謂吾建於此而與道不相悖也。」（六四）

就中庸本文言，問者固失之，朱子之答亦未是。中庸章句此處云：「天地，道也」，與論語集注云「天即理也」，皆無當於本文之正義。朱子解經極審慎，而此等處必求創新解，讀者當分別觀之。

問：「『質諸鬼神而無疑』，只是『龜從、筮從』，『與鬼神合其吉凶』否？」曰：「亦是。然不專在此，只是合鬼神之理。」（六四）

僅從問之龜筮來解「質之鬼神」，朱子僅曰「亦是」。蓋人事不當專問龜筮，故又足之曰「鬼神之理」。章句此處則曰「鬼神，造化之迹」，猶謂陰陽和風雨時即是百神享也。然如此解經，終嫌牽強，此皆朱子之自出新解。

語類又曰：

「宰我問鬼神」一章最精密，包括得盡，亦是當時弟子記錄得好。（六三）

朱子論鬼神，雖本之橫渠、伊川，而其自所推闡引發，則已遠越兩家之上。其與古人觀念亦不免有違異。此處依張程兩家推說古書，似朱子論鬼神淵源不僅自張程，抑亦遠自孔子。「宰我問鬼神」一章，見小戴記祭義篇，文中用「黔首」字，黃東發日鈔謂乃秦之所以名其民，則此章實未可信。而朱子不之辨。驟讀朱子書，每若其說全出師承，更無創見自立之說，渾化一己於大傳統中而不見有痕迹。孔子「述而不作，信而好古」，後代惟朱子近之。

朱子說鬼神，大義具如是，此下當分從宇宙自然與人心之兩面逐一詳述。

語類有云：

今且說大界限。周禮言：「天曰神，地曰祇，人曰鬼。」三者皆有神，而天獨曰神者，以其常流動不息，故專以神言之。若人亦自有神，但在人身上則謂之神，散則謂之鬼耳。鬼是散而靜了，更無形，故曰「往而不返」。（八七）

「天曰神、地曰示」者，蓋其氣未嘗或息也。人鬼則其氣有所歸矣。（九九）

其氣歸而息，故謂之鬼。其屈升往來而不息者則神也。

問：「子思『齊明盛服』以下數語，只是舉神之著者而言，何以不言鬼？」曰：「鬼是散而靜，更無形，故不必言。神是發見，此是鬼之神。如人祖考氣散為鬼矣，子孫精誠以格之，則『洋洋如在其上，如在其左右』，豈非鬼之神耶。」（八七）

鬼是其氣歸而散了，指其有所發見則曰神。宇宙總體是一發見，故亦曰神。又曰：

氣之精英者為神。

此處分辨，鬼只指其「散而靜，更無形」、「往而不返」者。神則指其「發見」、「常流動不息」、「妙而不可測識」者。故曰「神者，氣之精英」。天地之氣常在，故曰神。人之氣則必消散，故曰鬼。陰陽二氣，常存不息。然亦有伸有歸，故曰「鬼神，二氣之良能」。分言鬼與神，則與陰陽有別。合言之，則言鬼神猶言陰陽。若總此二者而言，則謂之神，指造化之總體。

直卿曰：「向讀中庸，所謂『誠之不可揜』處，竊疑謂鬼神為陰陽屈伸，則是形而下者，若中庸之言，則是形而上者矣。」曰：「今且只就形而下者說來，但只是他，皆是實理處發見，故

未有此氣便有此理，既有此理必有此氣。」（六三）

把鬼神歸到理氣之分別上來，則氣有迹，屬形而下。理無迹，屬形而上。氣是理之發見，故曰理先氣有，又曰有理必有氣。氣之發見，流動不息，妙而不可測識曰神，亦可兼言鬼神。中庸仍僅以鬼神言陰陽，仍是形而下也。

語類又曰：

橫渠云：「陰陽二氣，推行以漸，謂化。闔闢不測，謂神。」伊川先生說神化等，卻不似橫渠較說得分明。（九八）

伊川只說到造化之迹，橫渠則說到造化之性情功能。化者是氣，神即指此化言。伊川將鬼神平列，不如橫渠在鬼神平列之上又單提神字，其說更明白圓密。語類又曰：

「神化」二字，雖程子說得亦不甚分明，惟是橫渠推出來。「推行有漸為化，合一不測為神」。（九八）

又曰：

「一故神」，橫渠說得極好。又橫渠親注云：「兩在故不測。」只是這一物，卻周行乎事物之間，如所謂陰陽屈伸、往來上下，以至於行乎什百千萬之中，無非這一箇物事，所以謂「兩在故不測」。「兩故化」，注云：「推行乎一。」凡天下之事，一不能化，惟兩而後能化。且如一陰一陽，始能化生萬物。雖是兩箇，要之亦是推行乎此一爾。此說得極精。（九八）

又曰：

兩者，陰陽、消長、進退。「一不立，則兩不可得而見；兩不可見，則一之道息矣。」橫渠此說極精。（九八）

朱子對橫渠此說，再三稱歎。蓋朱子闡於本體論形上學之大體結構有二：一曰理氣論，二曰鬼神論。「性即理」一語承之伊川。單言氣，則終似亂雜雜地，單言理，又嫌其呆板拘束冷靜無生氣。後人疑朱子論理氣，有如死人騎活馬。不知朱子在此方面另有一結構，采自橫渠，即是其鬼神論。而尤以兩在合一之語為最要。兩在者，分為兩而存在，乃至於無所在而不見其為兩。如陰陽分為兩，一氣無不在，是兩在也。鬼神亦分為兩而在。但所謂兩在，乃指其若可分為兩言。實則只是一，故又當合一而觀。此兩在者本屬合一，非謂有此兩在而將之合一也。朱子本體論形上學方面之最要精義，所以見為圓宏而細密者，其主要結構在此。理氣兩在，合一言之則曰理。陰陽兩在，合一言之則曰陽。鬼神兩在，合一言之則曰神。全部語類一百四十卷，開首即為理氣上下二卷，又即次之以鬼神一卷，此三卷同屬論宇宙本體形上學方面者，必會通合一觀之，乃見朱子此方面之眞意，其實亦是一種兩在合一也。

問：「鬼神之德，如何是良能功用處？」曰：「論來只是陰陽屈伸之氣，只謂之陰陽亦可也。然必謂之鬼神者，以其良能功用而言也。今又須從良能功用上求見鬼神之德始得。」（六三）

僅說氣中有理，尚不見其良能功用。一氣之化是自然，自然變化中可說其有理，但並不包神化之義。今言鬼神即是造化之迹，其妙而不可測識處是神，則其所涵意義，與專言理附氣氣該理者又迥別。故同一造化，或以理氣言，或以鬼神言。可以兩分說之，尤當合一而觀。斯乃與造化之眞實境界始見愈為接近。在鬼神之語義中自寓有動作義。有動作，斯有良能功用可言。既有良能功用表見在外，乃可探求其內在蘊藏之德。故由造化之迹進而求鬼神之德，始是參究到裏面去，此與伊川「性即理也」一語有其可相會通之意義。蓋理字顯是一靜定之辭，性字則有生動義，而鬼神一語之涵有生動義則更顯。若專就理氣說之，此宇宙終嫌少活潑生機，而將陷於一種呆定之境。必兼言鬼神而合一以觀，此始是朱子論宇宙造化之眞實見解所在。

羅整菴困知記有云：

神化者，天地之妙用也。天地間非陰陽不化，非太極不神。然遂以太極為神，以陰陽為化則不可。蓋化乃陰陽之所為，神乃太極之所為。張子云：「一故神，兩故化。」化言其運行，神言其存主。化雖兩，而其行也常一。神本一，而兩之中無弗在焉。合而言之則為神，分而言之則為化。故言化則神在其中，言神則化在其中。言陰陽則太極在其中，言太極則陰陽在其中，一而二，二而一者也。

此條辨析極明白。言理氣是宇宙之體，言神化是宇宙之用。只言理氣不言神化，則宇宙終嫌似有體而無用也。

朱子運用鬼神一觀念發揮其對宇宙之認識，大致如上。茲再述其落實到人生方面之大概說法如下。

於宇宙造化中有生命，於生命中有人類。人類生命為宇宙造化中之最精最靈者。造化之在天地萬物又在人，此兩在也。然天地萬物之造化與人之造化是一非二，是合一也。語類云：

「鬼神者，造化之迹。」神者伸也，鬼者歸也。人自方生，而天地之氣只管增添在身上。漸漸大，漸漸長成。極至了，便漸漸衰耗，漸漸散。言鬼神，自有迹者而言之。（六三）

又曰：二氣之分，實一氣之運。凡氣之來而方伸者為神，氣之往而既屈者為鬼。陽主伸，陰主屈，此以一氣言也。以二氣言，則陰為鬼，陽為神。以一氣言，則方伸之氣亦有伸有屈。既屈之氣亦有屈有伸。天地人物皆然，不離此氣之往來屈伸合散而已。此所謂「人者，鬼神之會也」。（六三）

又曰：橫渠曰：「物之初生，氣日至而滋息。物生既盈，氣日反而游散。至之謂神，以其伸也。反之謂鬼，以其歸也。」天下萬物萬事，自古及今，只是箇陰陽消息屈伸，橫渠將屈伸說得貫通。（三）

橫渠「物之始生」一章，尤說得分曉。（六三）

問：「『體物而不可遺』，是有此物便有鬼神。凡天下萬物萬事，皆不能外夫鬼神否？」曰：「不是有此物時便有此鬼神，說倒了。乃是有這鬼神了方有此物。及至有此物了，又不能違夫鬼神也。『體物而不可遺』，用拽轉看，將鬼神做主，將物做賓，方看得出是鬼神去體那物，鬼神卻是主也。」（六三）

此處云：不是有了此物乃有鬼神，乃是有這鬼神了，方有此物，又云不是萬物為鬼神之體，乃是鬼神為萬物之體，此辨極重要。文集卷四十七答呂子約有云：

物之聚散始終，無非二氣之往來伸屈，是鬼神之德為物之體，而無物能遺之者也。

又曰：

本是鬼神之德為此萬物之體，非是先有是物而鬼神之德又從而體之。須知若初無體之者，則亦無是物矣。

又曰：

鬼神只是氣之屈伸，其德則天命之實理，所謂誠也。天下豈有一物不以此為體而後有物者邪？以此推之，則「體物而不可遺」者見矣。

又卷四十一答程允夫有云：

易大傳所謂物，張子所論物，皆指萬物而言。但其所以為此物者，皆陰陽之聚散耳。故鬼神之德「體物而不可遺」也。所謂氣散而為鬼神者非是。

語類又曰：

鬼神主乎氣而言，只是形而下者。但對物而言，則鬼神主乎氣，為物之體。物主乎形，待氣而生。蓋鬼神是氣之精英。（六三）

體物是與物為體。（六三）

鬼神為「造化之迹」，故曰「形而下」。有了造化始有物，故曰「有這鬼神了始有此物」。物待氣而生，鬼神則是「氣之精英」，故曰鬼神「與物為體」。鬼神與物為體，自有其良能功用，即所謂二氣之良能，亦即所謂「鬼神之德」也。文集卷四十六答黃商伯有云：

論鬼神則氣為近，未至遽有先於理之嫌。

此言鬼神主要就氣言，雖曰為物之體，有了這鬼神方有此物，然非謂鬼神在理之先。若僅言神，則與理更不分先後。

由萬物落到人身上，則人身之鬼神，即人生之造化。語類云：

譬如一身，生者為神，死者為鬼，皆一氣耳。（六三）

只今生人，便自一半是神，一半是鬼了。但未死以前則神為主，已死之後則鬼為主。縱橫在這裏。以屈伸往來之氣言之，則來者為神，去者為鬼。以人身言之，則氣為神而精為鬼。然其屈伸往來也各以漸。（三）

又曰：

「精氣為物」，言精與氣合而生者也。（六三）

問：「鬼神便是精神魂魄，如何？」曰：「然。」（三）

此條下面接着說「且就這一身看，自會笑語」云云一長節，已引在前。只言人生只是一小宇宙，亦是一小造化。宇宙造化是一神，則人身亦是一神。亦可說是一鬼神交會。方其生時，便已有神有鬼。待其死，則生時為神，而死後為鬼。故鬼神之理與死生之理是一非二。人身與宇宙之理亦是一非二也。

問生死鬼神之理。曰：「天道流行，發育萬物，有理而後有氣。雖是有時都有，畢竟以理為主。人得之以有生，氣之清者為氣，濁者為質。知覺運動，陽之為也。形體，陰之為也。氣曰魂，體曰魄。高誘淮南子注曰：『魂者陽之神，魄者陰之神。』所謂神者，以其主乎形氣也。人所以生，精氣聚也。人只有許多氣，須有箇盡時，盡則魂氣歸於天，形魄歸於地而死矣。人將死時，熱氣上出，所謂魂升也。下體漸冷，所謂魄降也。此所以有生必有死，有始必有終也。夫聚散者氣也。若理則只泊在氣上，初不是凝結自為一物，但人分上所合當然者便是理，不可以聚散言也。」（三）

氣有聚散，理無聚散，氣聚則為神，氣散則為鬼，惟自整宇宙合為一神而言，則長存無聚散。又其論及魂魄，語詳後。文集卷四十一答程允夫有云：

死者去而不來，其不變者只是理，非有一物常在而不變也。

氣必有變，鬼神魂魄亦各有變，不可常存。惟單言神，則即指其能變，此已詳在前。

因舉謝氏「歸根」之說，先生曰：「『歸根』本老氏語，畢竟無歸。如月影，映在這盆水裏，除了這盆水，這影便無了。豈是這飛上天去，歸那月裏去。又如這花，落便無了，豈是歸去那裏，明年復來生這枝上。」問：「人死時，這知覺便散否？」曰：「不是散，是盡了。氣盡則知覺亦盡。」（六三）

又曰：

死便是都散無了。（三九）

問：「聖人死如何？」曰：「聖人安於死，便即消散。」（八七）

何嘗見堯舜做鬼來。（三）

又曰：

大鈞播物，一去便休耳，豈有散而復聚之氣。（一）

鬼神即指氣之聚散，非在聚前先有神，散後復有鬼。鬼神即是天地造化一聚一散之大過程，非謂在造化中別有鬼與神如一般所想像。

文集卷三十五答劉子澄有云：

天運不息，品物流形，無萬物皆逝，而己獨不去之理。故程子因韓公之歎而告之曰：「此常理，從來如是，何歎焉。」此意已分明矣。韓公不喻，而曰：「老者行去矣。」程子又告之曰：「公勿去可也。」以理之所必無者曉之。及公自知其不能不去，則告之曰：「不能則去可也。」言亦順夫常理而已。反復此章之意只如此，恐不必於不去處別求道理。

又文集卷五十四答徐彥章有云：

日月、寒暑、晦明，可言反復。死無復生之理。今作一例推說，恐墮於釋氏輪迴之論。

朱子言不得不去，又言死無復生，自可更明其言鬼神之義之所指。

語類又曰：

「橫渠尋常有太深言語；如言『鬼神，二氣之良能』，說得好。伊川言『鬼神，造化之迹』，卻未甚明白。」問「良能」之義。曰：「只是二氣之自然者耳。」因舉「明則有禮樂，幽則有鬼神」：「鬼自是屬禮，從陰；神自是屬樂，從陽。易言『精氣為物，游魂為變』，此卻是『知鬼神之情狀』。『魂氣升於天，體魄歸於地』，是神氣上升，鬼魄下降。不特人也，凡物之枯敗也，其香氣騰於上，其物腐於下，此可類推。」（一二五）

是則鬼神即造化自然。合一言之曰造化，曰自然，分兩言之，則可謂之曰鬼神。不僅指人言，萬物亦各有鬼神。如此條舉戴記「明則有禮樂，幽則有鬼神」，顯與戴記本義有別。

朱子論鬼神，因兼論及於魂魄。其間亦多引舊說而時創新解。語類云：

魄者形之神，魂者氣之神。魂魄是形氣之精英，謂之靈。故張子曰：「二氣之良能。」良能是其靈處。（八七）

文集卷五十七答陳安卿有云：

王丞說「魂即是氣，魄即是體」，卻不是。須知魂是氣之神，魄是體之神可也。

又曰：

魄屬鬼，氣屬神。人之語言動作是氣，屬神。精血是魄，屬鬼。發用處皆屬陽，是神。氣定處皆屬陰，是魄。知識處是神，記事處是魄。人初生時，氣多魄少。後來魄漸盛，到老魄又少。（六三）

問：「眼，體也。眼之光為魄。耳，體也，以何為耳之魄？」曰：「能聽者便是。如鼻之知臭，舌之知味皆是。但不可以知字為魄。纔說知，便是主於心也。心但能知，若甘苦鹹淡，要從舌上過。如老人耳重目昏，便是魄漸要散。」（八七）

問：「魄附於體，氣附於魂。」曰：「也不是附。魂魄是形氣之精英。」（八七）

魂魄，禮記古注甚明：「魂，氣之所出入者是。魄，精明所寓者是。」（八七）

燈似魂，鏡似魄。燈有光燄，物來便燒。鏡雖照見，只在裏面。又火日外影，金水內影，火日是魂，金水是魄。運用動作底是魂，不運用動作底是魄。動是魂，靜是魄。（八七）

魂如火，魄如水。

釋氏「地水火風」，粗而言之，地便是體，水便是魄，火、風便是魂。他便也是見得這魂魄。（一二六）

彼所謂地水，如云魄氣。火風，如云魂氣。又說火風先散，地水後散，則其疾不暴。地水先散，火風後散，則其疾暴。（一二六）

文集卷四十七答呂子約有云：

精，魄也。耳目之精明為魄。氣，魂也。口鼻之嘘吸為魂。二者合而成物。精虛魄降則氣散魂遊而無不之矣。魄為鬼，魂為神，禮記有孔子答宰我之問，正說此理甚詳。雜書云：「魂，人陽神也，魄，人陰神也。」亦可取。橫渠、上蔡論此亦詳。

又曰：

魂陽而魄陰，故魂之盡曰散，散而上也。魄之盡曰降，降而下也。古人謂之「徂落」，亦是此義。

又文集卷七十二雜學辯有云：

降者屈而無形，故謂之鬼。遊者伸而不測，故謂之神。人物皆然，非有聖愚之異也。

又文集卷四十四答梁文叔有云：

鬼神，通天地間一氣而言。魂魄，主於人身而言。方氣之伸，精魄固具，然神為主。及氣之屈，魂氣雖存，然鬼為主。氣盡則魄降而純於鬼矣，故人死曰鬼。

又卷五十一答董叔重有曰：

「既生魄，陽曰魂」，謂纔有魄便有魂。自初受胞胎時已具足矣，不可言漸有所知，然後為魂也。

又卷四十九答王子合有云：

二氣之分，即一氣之運。所謂「一動一靜，互為其根，分陰分陽，兩儀立焉」者也。在人者，以分言之，則精為陰而氣為陽，故魄為鬼而魂為神。以運言之，則消為陰而息為陽，故伸為神而歸為鬼。然魂性動，故當其伸時，非無魄也，而必以魂為主。魄性靜，故方其歸時，非無魂也，而必以魄為主。則亦初無二理矣。

語類又曰：

問「鬼神是功用良能」。曰：「但以一屈一伸看。一伸去便生許多物事，一屈來更無一物了，便是良能功用。」問：「便是陰陽去來？」曰：「固是。」問：「在天地為鬼神，在人為魂魄否？」曰：「死則謂之魂魄，生則謂之精氣，天地公共底謂之鬼神，是恁地模樣。」（六三）

此條分別，似未可拘泥。就世俗恆言，則精氣在生前，魂魄在死後。就古籍雅言，則魂魄與生俱有，非可謂死則謂之魂魄也。又謂死則謂之魂魄，自天地之公共言則謂之鬼神者，其實皆指自然界中公共之精氣言，非謂其人死後別有其人之魂魄與神鬼之存在。此乃朱子獨特所標之新義。此精氣、魂魄、鬼神三語，散見古籍，義各有指，若依朱子新義定此三分法用來解釋古籍，則將有扞格不能通處，並更與世俗恆言大違。故朱子言「是恁地模樣」，亦未確定此三分也。

問：「『氣也者，神之盛也。魄也者，鬼之盛也。』豈非以氣魄未足為鬼神，氣魄之盛者乃為鬼神否？」曰：「非也。大凡說鬼神，皆是通生死而言。此言盛者，則是指生人身上而言。所以後面說『骨肉斃於下陰，為野土』。但說體，不說魄也。」問：「頃聞先生言：『耳目之精明者為魄，口鼻之噓吸者為魂』，以此語是而未盡；耳目之所以能精明者為魄，口鼻之所以能噓吸者為魂。是否？」曰：「然。看來魄有箇物事形象在裏面，恐如水晶相似，所以發出來為耳目之精明。且如月，其黑暈，是魄也，其光，是魂也。想見人身魂魄也是如此。人生時，魂魄相交，死則離而各散去。魂為陽而散上，魄為陰而降下。」又曰：「陰主藏受，陽主運用。凡能記憶，皆魄之所藏受也。至於運用發出來是魂。這兩箇物事，本不相離。他能記憶底是魄，然發出來底便是魂。能知覺底是魄，然知覺發出來底又是魂。雖各自分屬陰陽，然陰陽中又各自有陰陽也。」或曰：「大率魄屬形體，魂屬精神。」曰：「精又是魄，神又是魂。」又曰：「魄盛

則耳目聰明，能記憶，所以老人多目昏耳聵，記事不得，便是魄衰而少也。」（八七）

此條與上引一條解釋又不同。緣問者引據有異，故所答亦隨而異。如言精神，又曰「精又是魄，神又是魂。」蓋精神二字，合言則通，分言則別。精氣、魂魄、鬼神三語，亦是可通可別。合言之，則三者可合為一。分言之，則六字可各有所指。大抵古人言精氣魂魄鬼神，多偏指人生界。魂魄指其生前，鬼神指其死後，精氣則通生死言。朱子則推擴人生界至於宇宙萬物之大自然，意義自與古人有別。讀者須幷此篇與其論理氣諸篇合參，既當明白得古籍中此諸語之本義，又當瞭解朱子心中所抱之新觀念與其想像中所創之新境界，庶乎可分別出朱子意見與古人意見之有通有別，有異有同，而把握到朱子論鬼神之要旨所在。若一一拘泥求之，則必有茫無歸宿之苦矣。

朱子又從死生鬼神之理轉接到祭祀感格之理，則其言又有別。文集卷四十九答王子合有云：

論魂魄之正，則便是陰陽，元非他物。若天地之陰陽無窮，則人物之魂魄無盡，所以誠意所格，有感必通。

又文集卷六十一答林德久有云：

> 知覺正是氣之虛靈處，與形器渣滓正作對。魂游魄降，則亦隨以亡矣。橫渠反原之說，程子蓋嘗非之。今東見錄中，「不可以既反之氣復為方伸之氣」此類有數條，皆為此論發也。

人生前之知覺，死則隨以亡滅，魂遊魄降，亦不存在，此與答王子合書所云「人物之魂魄無盡」者，義各有指，當加細辨。又文集卷四十七答呂子約有云：

> 程子曰：「魂氣歸於天，消散之意。」遊魂亦是此意。蓋離是體魄，則無所不之而消散矣。雖未必皆即時消散，要必終歸於消散也。魂魄之分，更當熟究陰陽之分。體、魄自是二物。魄之降乎地，猶今人言「眼光落地」云爾。體即所謂「精氣為物」，蓋必合精與氣然後能成物也。

合精與氣始能成物，魂氣遊散，精魄降落，物死則亡，理極顯見。然又謂「誠意所格有感必通」者，此則別有說。語類云：

> 橫渠云：「一故神。譬之人身，四體皆一物，故觸之而無不覺，不待心使至此而後覺也。此所謂感而遂通，不行而至，不疾而速也。」發於心，達於氣，天地與吾身共只是一箇物事，所謂

鬼神者，只是自家氣。自家心下思慮纔動，這氣即敷於外，自然有所感通。（九八）

此乃通論一氣相感通之理，亦即所謂是神者，而祭祀感格之理亦不外此。語類又云：

這箇天地陰陽之氣，人與萬物皆得之。氣聚則為人，散則為鬼。然其氣雖已散，這箇天地陰陽之理生生而不窮。祖考之精神魂魄雖已散，而子孫之精神魂魄自有些小相屬。故祭祀之禮盡其誠敬，便可以致得祖考之魂魄。這箇自是難說，看既散後一似都無了。能盡其誠敬便有感格，亦緣是理常只在這裏也。（三）

又曰：

自天地言之，只是一箇氣。自一身言之，我之氣即祖先之氣，亦只是一箇氣，所以才感必應。（三）

問：「子孫盡其誠敬則祖考即應，還是虛空之氣？還是吾身之氣？」曰：「只是自家之氣。蓋祖考之氣與己連續。」（二五）

又曰：

這鬼神生死之理，卻怕上蔡見得。看他說「吾之精神即祖考之精神」，說得有道理。（二五）謝氏云：「全得自家精神，便是祖考精神。」此說好。苟能全得自家精神，則「郊焉而天神格，廟焉而人鬼享」。（二五）

文集卷五十二答吳伯豐有云：

人之氣傳於子孫，猶木之氣傳於實也。此實之傳不泯，則其生木雖枯毀無餘，而氣之在此者猶自若也。此等處，但就實事上推之，反復玩味，自見意味眞實深長。推說太多，恐反成汨沒也。

人之有子孫，猶木之結實，此木已枯，而其種則傳。於是又從祭祖先推說到祭天地山川聖賢。語類云：

此身在天地間，便是理與氣凝聚底。天子統攝天地，負荷天地間事，與天地相關，此心便與天地相通。不可道他是虛氣，與我不相干。如諸侯不當祭天地，與天地不相關，便不能相通。聖賢道在萬世，功在萬世，今行聖賢之道，傳聖賢之心，便是負荷這物事，此氣便與他相通。人家子孫負荷祖宗許多基業，此心便與祖考之心相通。（三）

此從一氣相通轉接到心之相通。故曰：

神之有無，皆在於此心之誠與不誠，不必求之恍忽之間。（二五）

試問盈天地既都是此一氣，不憑此心，又如何向外通去。故縱說天人合一，縱說天地萬物一體，理則有之，但仍得憑此心來發見表達，於是乃從本體論轉到工夫論。朱子之論本體形上，仍與其論人生實踐息息相關，一氣互通也。

問：「今愚民於村落杜撰立一神祠，合衆以禱之，其神便靈。」曰：「可知衆心之所輻湊處便自暖，故便有一箇靈底道理。」（八七）

此仍以人心之理解釋祭祀之理。

問：「今人聚數百人去祭廟，必有些影響，是如何？」曰：「衆心輻湊處，這些便熱。」又曰：「古人只臨時為壇以祭，此心發處，則彼以氣感，纔了便散。今人不合做許多神像，只兀兀在這裏坐。」（八七）

人身如一小天地，同時亦是一小造化。天地造化只是一氣流行，其間萬物並生，同屬一氣，自可有其相通之理。但人死後，此一小天地即隨之散盡，此一小造化亦即隨之消失，死後更無鬼神魂魄保留存在。但祭祀乃屬生人之事，既是生人之事，則仍可與天地造化相感通，其主要機括則在此一心。如其家祖先生前曾建基立業，有一番作為，今雖已死，其生時建基立業之一番精神，則仍可影響其子孫之心理感應。逢祭祀時，此家子孫平時之心理感應即可若有所感通。古代聖賢，方其生時，行道立功，永傳不朽。後代有人心乎此聖賢之心，平時景仰思慕，一旦臨祭，克誠克敬，自亦若有所感通。天地山川之至靈至神者，只遇生人負荷了天地大任，祭時心有感通，亦只是此理之發見。故朱子雖不主張有天地山川之神，古聖賢之神，乃至其家祖先之神之存在，只就生人之事言，則祭祀仍有其感通天地造化，感通古今生死之理存在也。

朱子於此又復推廣說之，語類云：

先生答廖子晦書云：「氣之已散者既化而無有矣，而根於理而日生者，則固浩然而無窮也。故上蔡謂『我之精神即祖考之精神』，蓋謂此也。」問：「『根於理而日生者，浩然而無窮』，此是說天地氣化之氣否？」曰：「此氣只一般。周禮所謂天神、地示、人鬼，雖有三樣，其實只一般。若說有子孫底引得他氣來，則不成無子孫底，他氣便絕無了。他血氣雖不流傳，他那箇亦自浩然，日生無窮。如禮書：諸侯因國之祭，祭其國之無主後者。如齊太公封於齊，便用祭其爽鳩氏、季萴、逢伯陵、蒲姑氏之屬。蓋他先主此國來，禮合祭他。不成說有子孫底方有感格之理。便使其無子孫，其氣亦未嘗亡也。」（三）

此言氣雖亡，固自有不亡者在。氣已散，而復有日生者浩然而無窮。如希臘羅馬其亡已久，但今人親履其地，流連瞻仰，苟使熟讀兩國古史，豈不亦可於其心中引發無窮。近代西歐各國民族固與古希臘羅馬血統不屬，但在文化精神上，不害其為由之而激發引生。在西方固無祭其因國之禮，然其理則同，不可曰無。此即朱子所謂鬼之中復有神也。故朱子言祭祀之禮，乃會通天地萬物古今異世而合一言之，實為朱子宇宙本體論形上學中一番主要見解也。故曰：

古來聖人所制祭祀，皆是他見得天地之理如此。（三）

又曰：鬼神固是以理言，然亦不可謂無氣。所以先王祭祀，或以燔燎，或以鬱鬯，以其有氣，故以類求之耳。（八七）

又曰：造化周流，未著形質，便是形而上者屬陽。才麗於形質，為人物，為金木水火土，便轉動不得，便是形而下者屬陰。若是陽時，自有多少流行變動。及至成物，一成而不返。謂如人之初生屬陽，只管有長，及至長成，便只有衰。此氣遂旋衰減，至於衰盡則死矣。周子所謂「原始反終」，只於衰盡處可見反終之理。（九四）問：「秋冬生氣既散，何以謂之收斂？」曰：「其氣已衰，收斂者乃其理耳。」曰：「冬間地下氣暖，便也是氣收斂在內？」曰：「上面氣自散了，下面暖底乃自生來，卻不是已散之氣復為生氣也。」（九四）

此言氣已散則不復聚，物已死則不復在，惜理則常在，新陳代謝，生生不息，卻非衰氣復盛，死氣復生也。

文集卷四十七答呂子約有云：

日月陰陽之精，終古不易，然非以今日已昳之光復為來日將升之光也。故常見而常新。

又曰：

若論其實，須以終古不易者為體，但其光氣常新耳。然亦非但一日一箇，蓋頃刻不停也。

既非今日是一箇日月，明日又是一箇日月，日月乃是終古不易，然又光氣常新，頃刻不停，此天地之造化則然也。造化如此，人物自亦如此。文集卷五十七答李堯卿有云：

所示鬼神之說甚精，更宜玩索。使凡義理皆如此見得有分別而無滯礙，則理其可窮矣。但云「非實有長存不滅之氣魄」者，亦須知未始不長存耳。

謂非有長存不滅之氣魄，此當指人物生命之氣魄言。謂未始不有長存之氣魄，此指宇宙造化之氣魄言。因有此長存不滅之氣魄，乃始有人物生命之氣魄。若謂只有光氣常新之日月，更無終古不易之日月，則無此理矣。

故曰：

> 「事人、事鬼」以心言，「知生、知死」以理言。（三九）

氣之日盛而長為生，氣之日衰而盡為死。死者不復存，此以理言也。事人事鬼，如鬼神之洋洋乎常在，此就人之心情言也。又曰：

> 死生人鬼，氣則二，理則一。（三九）

死生人鬼，就氣言則二而別，就理言則通為一。此亦是一種「妙而不可測識」之神之存在也。今若專就氣言，謂天地自天地，萬物自萬物，人自人，各不相關，又謂人死便休，更不與人生界有其內在之相通，則天地變為四分五裂，造化變為起滅無常，除此更何可言？若就理言，則可通而為一。故天地萬物造化之氣之最精英最靈之所凝聚則曰人，人身之氣之最精英最靈之所凝聚則曰心。心具眾理，故可以發現此眾理而主宰運使之，故知天地造化之有神。而所謂神者，亦此氣之最精英最靈之凝聚而發見也。故朱子言理言氣，必兼言神，又兼言心，而朱子所以不主「心即理」之說，亦可於此闡之。

文集卷四十九答王子合有云：

謝氏「致生致死」之說，亦是且借此字以明當祭與不當祭之意。「致生之」者，如「事死如事生，事亡如事存」是也。「致死之」者，如「絕地天通」、廢撤淫祀之類是也。若於所當祭者，疑其有又疑其無，則誠意不至矣，是不得不「致生之」也。於所不當祭者，疑其無又疑其有，則不能無恐懼畏怯矣，是不得不「致死之」也。此意與檀弓論明器處自不相害。如鬼神二字，或以一氣消息而言，或以二氣陰陽而言，說處雖不同，然其理則一而已矣。人以為神，便是「致生之」。以為不神，便是「致死之」。然須看見道理實處，不是私意造作。若不然，即是「應觀法界性，一切唯心造」之說矣。

又曰：

天神地祇人鬼，只是一理，亦只是一氣。中庸所云，未嘗分別人鬼不在內也。人鬼固是終歸於盡，然誠意所格，便如在其上下左右，豈可謂祀典所載，不謂是耶。奇怪不測，人心自為之，固是如此，然亦須辨得是合有合無。若都不分別，則又只是「一切唯心造」之說，而古今小說所載鬼怪事，皆為有實矣，此又不可不察也。

又文集卷四十七答呂子約問：「程氏葬說：『父祖子孫同氣，彼安則此安，彼危則此危。』墓以藏體魄，所謂安者何所指？」答曰：

> 正指體魄而言耳。程子論此，意思甚詳，讀之使人惻然感動。有此疑者，豈非惑於莊生「愛其使形者」之論邪？此異端之言，賊恩之大者，不可以不辨。

人之既死，則使其形者亦歸於盡矣。葬者藏其體魄，所葬體魄安，則此心亦安，所葬體魄不安，則此心亦不安，此則理所合有也。孔子曰：「祭神如神在，我不與祭如不祭」，此亦就心言，而此種心情，亦理所合有也。故理所可有，心亦宜有，此上蔡所以有「致生之」之說也。理不宜有，則心亦不當有，此上蔡所以有「致死之」之說也。朱子於鬼神祭祀，一判之以理，而心亦在其中矣。若曰「一切唯心造」，則違理背道者皆可為實有，然此非即理之心，而實成為非理之心。非理之心不宜有，此亦以理判，不以心判也。

朱子學，重綜合，重會通，無在不運精思以貫之。其論鬼神，主要固是綜合橫渠、伊川兩家之言，而又會通之於古經籍，乃及漢儒舊注、前賢往說，而又必會通之於社會習俗、耳目之所見聞、羣信之所流布。然經典舊說實非易通，而世俗流傳神靈鬼怪之說，更有辨不勝辨，究不勝究者，茲復就此兩端，略舉其說如次。

文集卷五十八答黃道夫有云：

天地之間，有理有氣。理也者，形而上之道也，生物之本也。氣也者，形而下之器也，生物之具也。是以人物之生，必稟此理，然後有性。必稟此氣，然後有形。其性其形，雖不外乎一身，然其道器之間，分際甚明，不可亂也。若劉康公所謂「天地之中，所謂命」者，理也，非氣也；所謂「人受以生」、所謂「動作威儀之則」者，性也，非形也。今不審此，而以魂魄鬼神解之，則是指氣為理，而索性於形矣，豈不誤哉！所引禮運之言，本亦自有分別。其曰「天地之德」者，理也；其曰「陰陽之交，鬼神之會」者，氣也。今乃一之，亦不審之誤哉！詩曰：「天生烝民，有物有則。」周子曰：「無極之眞，二五之精，妙合而凝。」所謂眞者理也，所謂精者氣也；所謂則者性也，所謂物者形也。上下千有餘年之間，言者非一人，記者非一筆，而其說之同，如合符契，非能牽聯配合而強使之齊也。此義理之原，學者不可不察。

既重會通，又重分析，分析至於至細，而後能會通至於至大，此書乃一好例。

又文集卷六十一答歐陽希遜有曰：

所論鬼神一章，全不子細，援引太多，愈覺支離，不見本經正意。祭統所說「如有見聞」，論語所說「祭神如在」，皆是主於祭者而言。此章言「使天下之人齊明盛服以承祭祀」，是主於鬼神而言，自有賓主。又來喻言，「如其神之在焉，非眞有在者也」，此言尤害理。若如此說，則是僞而已矣，又豈所謂「誠之不可揜」乎？「昭明焄蒿悽愴」，疏說非是。「昭明」謂光景，「焄蒿」謂氣象，「悽愴」使人神思灑淅，如漢書云風肅然者。「宰我答問」一章所論鬼神，正與中庸相表裏，今且先看令中庸意思分明，卻看此章，便見子細。

天地間究有鬼神與否，此是另一問題。如問古人對鬼神一事究抱如何意見，欲解答此問題，則惟有求之經典古籍。而欲確實把握到古人意見，則北宋周張二程之書尤當闡究。因此諸家始能創通古人義理歸之條貫，欲求瞭解古人義理，此則為之階梯，又有繼古人意見而更加以深廣討論發揮之處，此誠不可不潛心也。朱子上承周張二程以歸之孔孟古經典，而又自為之創通而條貫之，以自成其一家之見解。如其論鬼神，正堪作例。他人無此工夫，即不易達此境界，觀上引答黃、歐諸書可見。

然朱子意，亦非謂只求之於孔孟古經籍乃及近代周張二程之書，即可明白斷定鬼神之情狀也。書籍文字，僅是窮理之一端，而窮理之事則不盡於此。文集卷四十七答呂子約有云：

熹嘗謂知乾坤變化、萬物受命之理，則知生而知死矣。盡親親、長長、貴貴、尊賢之道，則能事人而能事鬼矣。只如此看，意味自長。

格物窮理致知誠意，乃一切為學之本源，亦一切為學之歸宿。朱子論鬼神，亦復如是。文集卷五十一答董叔重有云：

鬼神之理，聖人蓋難言之。謂眞有一物固不可，謂非眞有一物亦不可。若未能曉然見得，且闕之可也。

此朱子對鬼神問題勸人暫勿深究，以待其他格物窮理之事先有所到達，然後再措心焉，實為神鬼之理之難於驟窮也。又文集卷四十七答呂子約有云：

着實見得此理，則聖賢所論一一分明。不然，且虛心向平易分明處別理會箇題目，勿久留情於此，卻生別種怪異底病痛也。

亦與答董書同，皆見朱子教人周到深切之意。

至於世俗流布言及鬼神，此等事，更難推尋追究。語類有云：

世俗大抵十分有八分是胡說，二分亦有此理。（六三）

所難在如何從此八分胡說中剔出此二分有理處，若非自己學力先有根據，即難從事。故又曰：

鬼神事自是第二着，那箇無形影是難理會底，未消去理會。（三）

又曰：

此事自是第二着。「未能事人，焉能事鬼」，此說盡了。今且須去理會眼前事。那箇鬼神事，無形無影，莫要枉費心力。（三）

當時學者所以特別注意此問題，則因佛說流行，其論死生，影響社會甚大。今欲明儒學，正人心，則於此又不當不首加以辨別。故朱子之論鬼神，實亦是其闢佛一要端也。文集卷四十三答李伯諫有云：

詳觀所論，大抵以釋氏為主，而於吾儒之說，近於釋者取之，異於釋者在孔孟則多方遷就以曲求其合，在伊洛則無所忌憚而直斥其非。夫直斥其非者，固未識其旨而然。所取所合，亦竊取其似是而非者耳。來書云：「從初讀孔孟伊洛文字，止是資舉業」，固無緣得其指歸，所以敢謂聖學止於如此。來書又謂：「後來學佛，乃是怕生死」而力究之，故陷溺深。從始至末，皆是利心。所謂差之毫釐者，其在玆乎。然敢詆伊洛，而不敢非孔孟者，直以舉世尊之，而吾又身為儒者，故不敢耳，豈眞知孔孟之可信而信之哉。

此書雖指李伯諫一人，然大可反映出當時學術界之部分心情。又一書云：

來書謂「釋氏本死生，悟者須徹底悟去，故祖師以來由此得道者多」。熹謂「徹底悟去」之人，不知本末內外是一是二？二則道有二致，一則死生人事一以貫之，無所不了。不知傳燈錄中許多祖師，幾人做得堯舜禹稷，幾人做得文武周孔，須有徵驗處。

此書緊要在「本末內外是一是二」之問。傳燈錄中許多祖師，悟得死生，卻做不得堯舜周孔，此即死生人事不能一以貫之之證。

又一書云：

來書云：「形有死生，眞性常在。」熹謂性無偽冒，不必言眞。未嘗不在，不必言在。蓋所謂性，即天地所以生物之理，所謂「維天之命，於穆不已」，「大哉乾元，萬物資始」者也。曷嘗不在，而豈有我之所能私乎！釋氏所云「眞性」，不知其與此同乎否也？同乎此，則古人盡心以知性知天，其學固有所為，非欲其死而常在也。苟異乎此，而欲空妄心，見眞性，惟恐其死而失之，非自私自利而何？

儒者之學，必有所為，非為欲其死而常存也。厥後朱子有答連嵩卿、廖子晦諸書，暢發此辨。又同卷答吳公濟有云：

來書云：「儒釋之道本同末異。」熹謂本同則末必不異，末異則本必不同。正如二木，是一種之根，無緣卻生兩種之實。來書云：「夫子專言人事生理，而佛氏則兼人鬼生死而言之。」鄙意抑又有說焉。不知死生人鬼，為一乎，為二乎？若以為一，則專言人事生理者，其於死與鬼神固已兼之矣；若須別作一頭項窮究曉會，則是始終幽明，卻有間隔，似此見處，竊恐未安。

此書與答李伯諫書同意。又一書云：

來書云：「夫子罕言之者，正謂民不可使知，恐聞之而生惑。」熹謂聖人於死生鬼神，雖不切切言之，然於六經之言，格物誠意之方，天道性命之說，以至文為制度之間，名器事物之小，莫非示人以始終幽明之理，蓋已無所不備。若於此講究分明而心得之，則仰觀俯察，洞然其無所疑矣，豈聞之而反有所惑耶？

又書云：

來書云：「『幽明之故，死生之說，晝夜之道』，初無二理。明之於幽，生之於死，猶晝之於夜也。鬼神之情狀，見乎幽者為不可誣，則輪迴因果之說有不可非者。」熹竊謂幽明、死生、晝夜固無二理，然須明於大本而究其所自來，然後知其實無二也。「鬼神者，造化之迹」，乃「二氣之良能也」。不但見乎幽而已。以為專見乎幽，此似未識鬼神之為何物，所以溺於輪迴因果之說也。「幽則有鬼神」者，對禮樂而言之。大抵未嘗熟究聖人六經之旨，而遽欲以所得於外學者籠罩臆度言之，此所以多言而愈不合也。

朱子與伯諫通書在甲申，其與公濟通書亦約略同時，時年三十五，李延平初卒，故其答兩人書，亦多就粗大處言之。其後始有衡嶽之行。及四十，「已發未發」始獲定論，乃續深究及於主靜持敬涵養省察諸端。而其探討深及於鬼神死生之說者則猶在後。即據語類卷六十三論鬼神之德諸條，蓋無不在五十以後，而尤以六十後者為多。朱子學問之循序漸進，與其教人之緩急先後，亦可由此窺見。文集卷四十九答王子合有云：

> 窮理之學，誠不可以頓進。然必窮之以漸，俟其積累之多，而廓然貫通，乃為識大體耳。今以窮理之學不可頓進，而欲先識夫大體，則未知所謂大體者果何物耶。

窮理當積累，無貴於所謂先識大體也。治佛學者以識死生為大體，而朱子教人，則以討究鬼神之事為非先急焉。

語類中論鬼神涉及斥佛家之說，茲續引數條如下。或云：

> 嘗見先生答「死而不亡」說，其間數句，大率禪學只是於自己精神魂魄上認取一箇有知覺之物把持玩弄，至死不肯放捨。（一一八）

又曰：

「明德者，人之所得乎天，而虛靈不昧，以具眾理而應萬事者也。」禪家則但以虛靈不昧者為性，而無具眾理以下之事。(一四)

又曰：

釋氏只說見性，下梢尋得一箇空洞無稽底性。(一五)

吾儒喚醒此心，欲他照管許多道理。佛氏則空喚醒在此，無所作為。(一七)

此數條闢佛語，可深看，可淺看。淺看則佛家不如儒學在人事上下工夫，此乃朱子早年意見。深看則雙方在宇宙本體論方面有異同，此乃朱子五十以後之見解。細看本篇朱子論鬼神各節可見。

文集卷四十一答程允夫有曰：

死生鬼神之理，非窮理之至未易及。如所論，恐墮於釋氏之說。性固無死生，然性字須子細理會，不可將精神知覺做性字看也。

又文集卷四十五有答廖子晦書論此較詳，書曰：

賢者之見所以不能無失者，正坐以我為主，以覺為性爾。夫性者，理而已矣。乾坤變化，萬物受命，雖所稟之在我，然其理則非有我之所得私也。性只是理，不可以聚散言。其聚而生、散而死者，氣而已矣。所謂精神魂魄，有知有覺者，皆氣之所為也。故聚則有，散則無。若理則初不為聚散而有無也。鬼神便是精神魂魄，程子所謂「天地之功用」、「造化之迹」，張子所謂「二氣之良能」，皆非性之謂也。故祭祀之禮，以類而感，以類而應，若性則又豈有類之可言耶？然氣之已散者，既化而無有矣，其根於理而日生者，則固浩然而無窮也。故上蔡謂「我之精神即祖考之精神」，蓋謂此也。然聖人之制祭祀也，設主立尸，焫蕭灌鬯，或求之陰，或求之陽，無所不用其極，而猶止曰「庶或享之」而已。其至誠惻怛、精微恍惚之意，蓋有聖人所不欲言者，非可以世俗粗淺知見，執一而求也。豈曰一受其成形，則此性遂為吾有，雖死而猶不滅，截然自為一物，藏乎寂然一體之中，以俟夫子孫之求而時出以饗之耶。必如此說，則其界限之廣狹，安頓之處所，必有可指言者。且自開闢以來積至於今，其重併積疊，計已無地之可容矣，是又安有此理耶？且乾坤造化，如大洪罏，人物生生，無少休息，是乃所謂「實然之理」，不憂其斷滅也。今乃以「一片大虛寂」目之，而反認人物已死之知覺謂之「實然之理」，豈不誤哉！又聖賢所謂「歸全安死」者，亦曰無失其所受乎天之理，則可以無愧而死耳，非以為實有一物，可奉持而歸之，然後吾之不斷不滅者得以晏然安處乎冥漠之中也。「夭壽不貳，脩身以俟之」，是乃無所為而然者，與異端為「生死事大，無常迅速」然後學者，正不可同日而語。今乃混而言之，以彼之見，為此之說，所以為說愈多而愈不合也。

子晦惑於佛說。朱子之意，則謂人之生前，本未帶什麼來，死後，亦未帶什麼去。氣聚則生，散則死，皆理之當然。生屬實理，不可謂之浮漚。死亦實理，人生有死，理則常然，不可謂「生死事大，無常迅速」。通死生之道而一之，則自當以生為主，善我生即所以善我死。朱子所持，誠乃儒家傳統正義也。

又文集卷四十一答連嵩卿有云：

所謂「天地之性即我之性，豈有死而遽亡之理」，此說亦未為非。但不知為此說者，以天地為主耶，以我為主耶？若以天地為主，則此性自是天地間一箇公共道理，更無人物彼此之間，死生古今之別，雖曰「死而不亡」，然非有我之所得私矣。若以我為主，則只是於自己身上認得一箇精神魂魄有知有覺之物，即便目為己性，把持作弄，到死不肯放舍，謂之「死而不亡」，是乃私意之尤者，尚何足與語死生之說，性命之理哉？釋氏之學，本是如此，今其徒之黠者，往往自知其陋而稍諱之，卻去上頭別說一般玄妙道理，雖若滉漾不可致詰，然其歸宿實不外此。若果如此，則是一箇天地性中別有若干人物之性，每性各有界限，不相交雜，改名換姓，自生自死，更不由天地陰陽造化。而為天地陰陽者，亦無所施其造化矣。是豈有此理乎？煩以此問子晦，渠必有說，卻以見諭。

連、廖兩人，蓋持相同意見者。朱子辨「死而不亡」之說，可謂暢竭無餘蘊矣。

語類又曰：

儒者以理為不生不滅，釋氏以神識為不生不滅。龜山云：「儒釋之間，其差眇忽。」以某觀之，眞似冰炭。（一二六）

然朱子論鬼神，實乃眞見其實然，非為辨佛說而云然也。惟為眞見其實然，故於釋氏之說乃不容不辨。文集卷五十六答鄭子上有云：

來書所問鬼神二事，古人誠實於此處眞是見得幽明一致，如在其上下左右，非心知其不然，而姑為是言以設教也。後世說「設教」二字甚害事。如溫公之學問，雖一本於誠，而其排釋氏，亦曰「吾欲扶教耳」。此只是看道理不透，非獨欺人，而并以自欺。此大學之序所以必始於格物以致其知也。

此見朱子論鬼神，即其格物之一端，非姑以為闢佛。

朱子早年，頗亦兼好釋道兩家，其後於釋氏備極排斥，而於道家言則尚多酌取。如論釋氏「神識不滅」，反對不遺餘力，而道家言長生，朱子晚年注參同契，尚理其說。雖自不治此，然謂其言亦尚有理，則姑存之。今錄語類一則因魂魄而涉及道家長生術者如次。

老子云：「載營魄。」是以魂守魄。蓋魂熱而魄冷，魂動而魄靜，能以魂守魄，則魂以所守而亦靜，魄以魂而有生意。魂之熱而生涼，魄之冷而生煖，惟二者不相離，故其陽不燥，其陰不滯，而得其和矣。不然，則魂愈動而魄愈靜，魂愈熱而魄愈冷，二者相離，則不得其和而死矣。又云：「水，一也。火，二也。以魂載魄，以二守一，則水火固濟而不相離，所以能永年也。」養生家說盡千言萬語，說龍說虎，說鉛說汞，說坎說離，其術止是如此而已。（八七）

長生非不死，人生有死，則長生亦有限極，朱子旁參其說，亦其治學之好為會通綜合之一證。又有答李伯諫一書云：

來書云：「曹參、楊億不學儒，不害為偉人。」二人相擬，正自不倫。楊億工於纖麗浮巧之文，已非知道者所為。而釋子特以為知道者，以其有「八角磨盤」之句耳。然既謂之知釋氏之道，則於死生之際，宜亦有過人者。而方丁謂之逐萊公也，以他事召億至中書，億乃恐懼至於便液俱下，面無人色。當此時也，「八角磨盤」果安在哉？事見蘇黃門龍川別志第一卷之末。蘇公非詆佛者，其言當不誣矣。然則此二人者，皆未得為知道，然億非參之倫也。蓋老氏之學淺於佛，而其失亦淺。正如申韓之學淺於楊墨，而其害亦淺。因論二人謾及之，亦不可不知也。

朱子評佛氏嚴，評老莊道家寬，其意亦可見。李伯諫因朱子諸書屢辨，終於折服。通觀上引與諸人書，亦見朱子當時之辨之不容已也。

朱子論仁　上

朱子舉理氣二字，兼包宇宙人生兩界通而言之。人生固已包於宇宙之內，然理氣二字之於人生界，終嫌微有空廓不親切之感。朱子又以鬼神二字言陰陽，乃於人生界較更接近，然仍嫌親切不足。及其以仁字釋理氣，乃見其親切人生，而天人兩界之誠為一體，蓋至是而義據通深，可以無憾。自孔孟以下，儒家言仁，皆指人生界，言人心、人事，朱子乃以言宇宙界。語類云：

人之所以為人，其理則天地之理，其氣則天地之氣。理無迹，不可見，故於氣觀之。要識仁之意思，是一箇渾然溫和之氣，其氣則天地陽春之氣，其理則天地生物之心。（六）

於是仁為天心，亦即天道，盈天地皆在仁之孕育中，而理氣之對舉，亦以仁字兼攝幷包，會通而合一焉。老子曰：「天地不仁，以萬物為芻狗。」視朱子此說，則迥然別矣。

理無迹，故朱子特以氣言。語類云：

仁是天地之生氣。（六）

若以物各有生言，則生亦必有死。但以萬物統體言，則宇宙惟一生，死亦生之一節，亦所以善其生也。

今以樹為喻，夫樹之根固有生氣，然貫徹首尾，豈可謂榦與枝、花與葉無生氣也。只如四時，春為仁，有箇生意。在夏則見其有箇亨通意，在秋則見其有箇成實意，在冬則見其有箇貞固意。在夏秋冬，生意何嘗息。本雖彫零，生意則常存。大抵天地間只一理，隨其到處，分許多名字出來。（六）

又曰：

天只是一元之氣，春生時全見是生，到夏長時也只是這底。到秋來成遂，也只是這底。到冬天藏斂，也只是這底。仁義禮智割做四段，一箇便是一箇。渾淪看，只是一箇。（六）

二程言仁包四德，朱子承之，轉以言宇宙界，乃以春氣包夏秋冬三時之氣。方其始則為春氣，春氣即生氣也。始則有終，一氣循環，終之以冬，亦生氣也。故曰：宇宙則只是渾淪一箇生。又曰：

生底意思是仁。（六）

仁是箇生底意思，如四時之有春。彼其長於夏，遂於秋，成於冬，雖各具氣候，然春生之氣皆通貫於其中。仁便有箇動而善之意。（二〇）

又曰：

只從生意上說仁。（六）

仁義禮智便是元亨利貞。若春間不曾發生得，到夏無緣得長，秋冬亦無可收藏。（六）

天地生這物時，便有箇仁。它只知生而已。從他原頭下來，自然有箇春夏秋冬。且看春間天地發生，藹然和氣，如草木萌芽，初間僅一針許，少間漸漸生長，以至枝葉花實，變化萬狀，便可見他生生之意。非仁愛何以如此。（一七）

從天地一氣之化，見其只是一生氣。生氣背後則有一生意。其生其化，皆即其生理之所在。故又曰：

天有春夏秋冬，地有金木水火，人有仁義禮智，皆以四者相為用。（一）

元亨利貞，仁義禮智，金木水火，春夏秋冬，將這四箇只管涵泳玩味儘好。（七五）

此處將易義陰陽說與五行家言糅成一體，上承漢儒，似近比附。然朱子學好會通，最終則會通到一仁字上，又會通到天地生生不已之生機上，此一說法，不得不謂是朱子說仁一大貢獻。

又曰：

若氣不結聚時，理亦無所附着。氣則為金木水火，理則為仁義理智。（一＊）

若專言陰陽，則「一陰一陽之謂道」，其語已足，不用說到理字上。氣之結聚，則有金木水火，有了五行而後理始著。故濂溪太極圖亦從陰陽連說到五行。五行雖非各有生，然亦所以共成此一生，故天地陰陽可以一大生機說之。

問：「橫渠『天體物而不遺，猶仁體事而無不在也』，以見物物各有天理，事事皆有仁。」曰：

「然。天體在物上，仁體在事上。猶言天體於物，仁體於事。本是言物以天為體，事以仁為體，緣須着從上說，故如此下語。」（九八）

除卻物亦不見天，雖曰「物以天為體」，亦可言天以物為體。從上說到下，故曰「天體物而不遺」。天地生成萬物，此即天地之事，亦即天地之仁，亦是「事以仁為體」，而又可以言仁以事為體也。天地生萬物，亦即天地之化。又必由無生物化出有生物，而後天地之生意始顯，其生機亦活，故朱子好以穀種喻仁。語類又曰：

譬如穀種，生之性便是仁。（九五）

穀有種，此種亦稱仁。穀之仁，是此穀之「生之性」。遂把仁字由人文界升進到自然界，把前人所論天人相通合一之理說得更切實，更圓滿。

又曰：

統是一箇生意。如四時，只初生底便是春。夏天長，亦只是長這生底。秋天成，亦只是遂這生底。若割斷便死了，不能成遂矣。冬天堅實，亦只是實這生底。如穀九分熟，一分未熟，若割

斷，亦死了。到十分熟方割來，這生意又藏在裏面。明年熟，亦只是這箇生。（九五）

仁是箇生底物事。既是生底物，便具生之理。（二一）

綜上諸條，仁只是箇生底意思。天地有生理，斯有生氣，因此知天地之有生意。而且天地造化，乃以此為主。若不以生為主，則天地亦必死滅也。

又曰：

仁者，天地生物之心。（九五）

由生之理，生之意，說到天地以生物為心，則更落實確定。一元之氣，運轉流通，略無停息，只為是生出許多萬物。故曰：

天之生物之心，無停無息。春生冬藏，其理未嘗間斷。到那萬物各得其所時，便是物物如此。「乾道變化，各正性命。」「各正性命」，是那一草一木各得其理。「變化」是箇渾全底。（二七）

天地只是一箇渾全公共底生，因有此渾全公共底生，遂演化出億兆萬各別自私底生來。若非有此一箇渾全公共底生，則何來有億兆萬各別自私之生之各得其所而存在不息乎。又曰：

「天地以生物為心」，天包着地，別無所作為，只是生物而已。亘古亘今，生生不窮，人物則得此生物之心以為心。（五三）

是直說天地有心，又直說「天地以生物為心」。此心即是仁。生即是仁，生之渾全相通，與其生生之不窮不息，皆仁也。又云：「人物得此心以為心」，乃由此轉落到人生界。語詳論仁下篇。又曰：

寅卯辰是萬物初生時，是那生氣方發，這便是仁。至巳午未，則萬物長茂，只是那生氣發得來盛。及至申酉戌，則那生氣到此生得來充足無餘。那物事只有許多限量，生滿了，更生去不得，須用收斂。所以「秋」訓「揫」，揫，斂也。生氣到這裏都揫斂。若更生去，則無合殺矣。及至亥子丑，屬冬，冬，終也。終，藏也。生氣到此都終藏了，然那生底氣早是在裏面發動了，可以見生氣之不息。所以說「復見天地之心」也。（五三）

生氣不能儘發儘盛，無收斂，無終藏，此亦生之理則然。

問「復見天地心」。曰：「天地之心別無可做，『大德曰生』，只是生物而已。謂如一樹，春榮夏敷，至秋乃實，至冬乃成。雖曰成實，若未經冬，便種不成。直是受得氣足，方自小而大，各有生意。到冬時，疑若樹無生意矣，不知卻自收斂在下，每實各具生理，便見生生不窮之意。通書曰：『元亨，誠之通；利貞，誠之復。』通即發用，復即本體也。」（六九）

生氣之由終而復，此亦生之理則然。

問「復其見天地之心」。曰：「一元之氣，亨通發散，品物流形，天地之心盡發見在品物上，但叢雜難看。及到利貞時，萬物悉已收斂，那時只有箇天地之心，丹青著見。故云『利貞者，性情也』。正與『復其見天地之心』相似。康節云：『一陽初動處，萬物未生時。』蓋萬物生時，此心非不見也，但天地之心悉已布散叢雜，無非此理呈露，倒多了難見。若會看者能於此觀之，則所見無非天地之心矣。惟是復時，萬物皆未生，只有一箇天地之心昭然著見在這裏，所以易看也。」（七一）

「復見天地心」，尋常吐露，見於萬物者，盡是天地心。只是冬盡時，物已成性，又動而將發生，此乃可見處。（七一）

又曰：

萬物生長，是天地無心時。枯槁欲生，是天地有心時。（一）

蓋天地既生萬物，萬物各自生長，物各付物，一任自然，若天地之無心。逮其生理已窮，至於枯槁而仍欲生，乃見天地生物之心也。

又曰：

復未見造化，而造化之心於此可見。（七一）

康節詩云：「冬至子之半，天心無改移。一陽初動處，萬物未生時。玄酒味方淡，大音聲正希。此言如不信，更請問庖犧。」可謂振古豪傑。（七一）

此皆朱子直認天地有心，仁為天地生物之心之說。康節詩始明白昌言到此，故朱子極稱之，謂是振古豪傑。

問：「程子言：『先儒皆以靜為見天地之心，不知動之端乃天地之心。』動處如何見得？」曰：

「這處便見得陽氣發生，其端已兆於此。春了又冬，冬了又春，都從這裏發去。事物間亦可見，只是這裏見得較親切。」或舉王輔嗣說「寂然至無，乃見天地心」。曰：「他說無，是胡說。」（七一）

或曰：「王弼說似把靜作無。」曰：「渠是添一重說話。下自是一陽，如何說無。上五陰，亦不可說無。無便死了，無復生成之意，如何見其心。」（七一）

朱子直認造化為天地心，造化即仁，仁即造化，動靜有無之辨皆其次。老子、王弼說無，無中何來有造化？

又曰：

此不可分前後。但今日所積底，便為明日之動。明日所積底，便為後日之動。只管恁地去。觀復是老氏語，儒家不說。老氏愛說動靜，「萬物並作，吾以觀其復」，謂萬物有歸根時，吾只觀他復處。（七一）

老子教人回頭向後看，從消極一端看去，朱子教人舉頭向前看，從積極一端看去，此雙方所抱宇宙觀意態之不同。

語類論易傳「顯諸仁，藏諸用」二語云：

「『顯諸仁』，是可見底，便是『繼之者善也』。『藏諸用』，是不可見底，便是『成之者性也』。『藏諸用』是『顯諸仁』底骨子。正如說『一而二，二而一』。亦如元亨利貞，元亨是發用流行處，利貞便是流行底骨子。」又曰：「『顯諸仁』，德之所以盛。『藏諸用』，業之所以成。譬如一樹，一根生許多枝葉花實，此是『顯諸仁』處。及至結實，一核成一箇種子，此是『藏諸用』處。生生不已，所謂『日新』也。萬物無不具此理，所謂『富有』也。」（七四）

天地間萬物生生，日新不已，此皆天地之盛德發用流行，皆所謂仁。又曰：

「藏諸用」，便在那「顯諸仁」裏面。「顯諸仁」是千頭萬緒，「藏諸用」只是一箇物事。「藏諸用」是「顯諸仁」底骨子。譬如一樹花，皆是「顯諸仁」。及至此花結實，則一花自成一實。方眾花開時，共此一樹，共一箇性命。及至結實，成熟後，一實又自成一箇性命。如子在魚腹中時，與母共是一箇性命。及子既成，則一子自成一性命。「顯諸仁」，千變萬化。「藏諸用」，則只是一箇物事，一定而不可易。天下之事，其燦然發見處，皆是顯然者。然一事自是一事，一物自是一物。如元亨利貞，元亨是發用流行處，貞便是流行底骨子。流行箇甚麼，只是流行那貞而已。「顯諸仁」，如惻隱之心；「藏諸用」，似仁。只是這箇惻隱隨事發見，及至成那事時，一事各成一仁，此便是「藏諸用」。「盛德大業」，便是顯仁藏用成就處也。「顯諸仁」是用底迹，「藏諸用」是仁底心。（七四）

天地之生人與萬物，便是天地之德之「顯諸仁」。人與萬物生生不絕，皆是顯天地之仁也。待此人與物之生成，是天地之德之「藏諸用」也。天地自把那生生之仁藏在人與物之中，逐人逐物又各自生生，是天地所用以顯其生生之仁者。故人與萬物乃為天地之用。亦可謂人與萬物之生，乃是天地仁之心之發見。人與萬物之成，則是天地之仁已藏在這裏了。此處所發揮，可參看理氣、陰陽篇。

又曰：

如此一穗禾，其始只用一箇母子，少間成穀，一箇各自成得一箇。將去種植，一箇又自成一穗，又開枝開葉去。（七四）

此見天地以一仁生化人與萬物，而人與萬物則各得此天地之仁以成其為人與萬物也。

故又曰：

四時運行，萬物終始，若道有箇物行，又無形影。若道無箇物，又怎生會恁地。（七四）

此箇物，即天地造化之仁。又曰：

流行時，便是公共一箇。到得成就處，便是各具一箇。（七四）

在大化流行中，則人與萬物共此一仁。在其成為人與萬物處，則又各具一箇天地造化之仁在此人與物之身也。

張乖崖說：「公事未判時屬陽，已判後屬陰。」便是這意。公事未判，生殺輕重皆未定。及已判了，更不可易。（七四）

天地生化萬物，是天地乾元陽氣一大公事。待其生為此人，生為此物，便是這公事已判定。此理落在氣質中，物有豺狼麟鳳，人有上智下愚，判定了更不可易。但同是由此天地大德之仁中生，而天地大德之仁即藏於此。在天地生生大化中，仁顯而易見，故屬陽。及其藏在人物各得自私處，則此仁藏而不易見，故屬陰。猶如此仁藏在人性中不易見，必待惻隱之心發出始見。如此分析，豈不成「藏諸用」者轉為體，而「顯諸仁」者轉為用，此辨詳論體用篇，茲不詳。此下當就此仁體由天地生生降落到人與萬物各得其生處說之。語類云：

天地以此心普及萬物。人得之遂為人之心，物得之遂為物之心。草木禽獸接著，遂為草木禽獸之心。只是一箇天地之心爾。今須要知得他有心處，又要見得他無心處。（一）

朱子以理氣鬼神言宇宙，而避言天帝字，即是認天地為無心也。然又言天地以生物為心，草木禽獸得之，亦各自有一箇欲生好生之心，此即得自天地之心。人得之，則不僅如草木禽獸之各自欲生好生而已，又必有仁心與仁道焉。有其生生之道，有其參天地而贊化育之道，此人心之所以有異於禽獸草木之心也。語類又云：

萬物之心，便如天地之心。天下之心，便如聖人之心。天地之生萬物，一箇物裏面便有一箇天地之心。聖人於天下，一箇人裏面便有一箇聖人之心。（二七）

萬物裏面各有一箇天地之心，人裏面各有一箇聖人之心。聖心與天心，有同亦有異，此層當細參。又曰：

聖人言語，只是發明這箇道理。這箇道理，吾身也在裏面，萬物亦在裏面，天地亦在裏面。通同只是一箇物事，無障蔽，無遮礙。吾之心即天地之心。但天命至正，人心便邪。天命至公，人心便私。天命至大，人心便小。所以與天地不相似。而今講學，便要去得與天地不相似處，要與天地相似。（三六）

此處指出人心與天地心之不相似處。人心便邪，便私，便小。聖人之心，猶是人心也。而能去其邪，去其私，去其小，於是乃全其人心之仁，而仍與天地心相似。心與天地相似，則道亦與天地相似。故可以參天地而贊化育。又曰：

千頭萬件，都只是這一箇物事流出來，仁是箇主，即心。（三四）

這一箇物事，即是宇宙造化之本體，亦可謂之是一心，亦可謂之是一仁。亦可謂這一箇物事即是心而仁為之主。語言文字之用有限，不可泥殺。要之天地之道即是一箇仁道，以其能生萬物，又能生生不絕。既是仁，故又謂之心。人生天地間，故能具此仁心。人若能完得此仁心，是即聖人之心與天地心相似。

又曰：

無天地生物之心則沒這身。才有這血氣之身，便具天地生物之心矣。（五三）

「仁者人也」，仁字有生意，是言人之生道也。（六一）

人得那生底道理。所謂心，生道也。（五三）

言仁而不言人，則不見理之所寓。言人而不言仁，則人不過是一塊血肉耳。（六一）

人得天地生物之心而生，即是得其生生之道而生也。天地生生之道寓於人身，具於人心，人能覺識此道，則其人之心，亦能以天地之心為心矣。故曰：

仁者，天地生物之心，而人物之所得以為心。（九五）

又曰：

心者，氣之精爽。（五）

天地萬物，其共通可見者惟一氣。心則是其氣之最精爽者。天地有心，萬物亦有心。仁則是此氣中之生理與生意也。故又曰：

> 發明「心」字，曰：一言以蔽之，曰「生」而已。「天地之大德曰生」，人受天地之氣以生，故此心必仁，仁則生矣。（五）

又曰：

> 當來得於天者只是箇仁，所以為心之全體。（六）

天地生萬物，乃天地之仁。萬物各得此仁以為生，人又各得此仁以為心。故人心乃得天地之仁而始有，乃得天地之仁而始成也。故曰：

> 心之於仁，亦猶水之冷，火之熱。（六）
>
> 仁即心也，不是心外別有仁。（六一）
>
> 此心之仁，即天德之元。（九）

元者，天地生物之端倪也。元者生意，在亨則生意之長，在利則生意之遂，在貞則生意之成。若言仁，便是這意思。仁本生意，乃惻隱之心也。苟傷着這生意，則惻隱之心便發。（六八）

天地萬物之共通處惟一生。生必有始，始曰元，生了又生，生生不絕，此即元氣長在也。人心之仁得於天，而所以上通於天者，亦憑此心之仁。故曰：

天地生生之理，這些動意未嘗止息。人惟是有惻隱之心方會動，動處便是惻隱。若不會動，卻不成人。（五三）

動不必即是生，而生則必會動。人心動處最著者為惻隱之心，天地生理亦於此而見。若人無惻隱之心，則人道絕，人之生理亦絕矣。

問：「若指動言仁，則近禪？」曰：「這箇如何占得斷，是天下公共底。釋氏也窺得些子。」（五三）

若為闢禪，言仁必避此動字，此大不可。心之仁乃生意，生意必能動。所謂動者，非運動，乃感動。

感而遂通之為神。故又曰：

只是一箇物事，不可道孺子入井是他底，惻隱之心是我底。（五三）

孺子入井與我心惻隱，感而相通，合而為一，斯以謂之仁。然則我心之仁，非天地間之至神而何。朱子以生意言仁，以心之動言仁，通天人而一之，其實全只從氣上看，只是由於氣而認識其中所寓之理如此也。

故曰：

孔門之學，所以必以求仁為先，蓋此是萬理之原，萬事之本。（六）

仁為萬理之原萬事之本者如此，在天亦然。

故曰：

人皆自和氣中生。天地生人物，須是和氣方生。人自和氣中生，所以有不忍人之心。（五三）

又曰：仁是箇溫和柔軟底物事。老子說：「柔弱者生之徒，堅強者死之徒。」看石頭上如何種物事出。「藹乎若春陽之溫」，此是形容仁底意思。（六）試自看溫和柔軟時如何，此所以「孝悌為仁之本」。若如頑石，更下種不得。俗說硬心腸，可以見。硬心腸如何可以與他說話。（六）

又曰：仁者心便是理。（三七）仁者之心便是理了。（三七）

又曰：此心廓然，無一毫私意，直與天地同量，這便是「居天下之廣居」，便是「居仁」。（五五）仁便如天地發育萬物。人無私意，便與天地相似。（九五）

人之一身便是天地，只緣人為人欲隔了，自看此意思不見。（四）人是仁之材料，有此人方有此仁。蓋有形氣便具此生理。若無私意間隔，則人身上全體皆是仁。如無此形質，則生意都不湊泊。（九五）

又曰：

學之久，則心與理一。（二）

學者克己復禮上做工夫，到私欲盡後，便粹然是天地生物之心。（二〇）

「天地萬物同體。」須是近裏着身推究，未干天地萬物事。（二〇）

綜上所述，可見朱子論理氣，必以其所以論仁者為之畫龍點睛。至是而知此理乃是一生生之理，此氣乃是一生生之氣，此宇宙理氣之統體，乃是一生生之體。朱子又謂「天即理」，亦當由此參之，乃見其語意之深至。當知理非是一死物，乃是一活物也。理必寓於氣，氣亦非一死物，亦是一活物也。此宇宙理氣之整體，亦復如生人之有心。此一整體，乃以生物為心，固非茫然漠然其無主，頑然塊然而無所向往也。蓋此宇宙理氣之整體，乃一至神而又至仁之體。人得此氣以生，此理即寓於人身，故人必以天地之心為心，乃能得此至神至仁者以為我有，而後天人合一，萬物一體之理，乃可呈現於吾心，而吾心乃始可以參贊天地之化育也。

語類又曰：

道者，古今共由之理。如父之慈，子之孝，君仁臣忠，是一箇公共底道理。德便是得此道於身，則為君必仁，為臣必忠之類，皆是自有得於己，方解恁地。堯所以修此道而成堯之德，舜所以修此道而成舜之德。自天地以先，羲黃以降，都即是這一箇道理，亘古今未嘗有異，只是代代有一箇人出來做主，做主便即是得此道理於己。不是堯自是一箇道理，舜又是一箇道理，文王、周公、孔子又別是一箇道理。老子說：「失道而後德」，他都不識，分做兩箇物事，便將道做一箇空無底物事看。吾儒說只是一箇物事。以其古今公共是這一箇，不着人身上說，謂之道。德即是全得此道於己。他說「失道而後德，失德而後仁，失仁而後義」，若離了仁義，便是無道理了，又更如何是道。（一三）

老子歧天人而二之，朱子通天人而一之。朱子時亦有取於老莊，蓋酌取其言天之一面，而補足糾正之以言人之一面也。

問「谷神不死，是為玄牝」。曰：「谷虛，谷中有神，受聲所以能響，受物所以生物。」（一二

五）

問「谷神不死」。曰：「谷之虛也，聲達焉則響應之，乃神化之自然也。『是謂玄牝』，玄，妙也；牝是有所受而能生物者也。至妙之理，有生生之意焉，程子所以取老氏之說也。」（一二五）

遺書第三伊川語：「莊生形容道體之語，儘有好處。老氏『谷神不死』一章最佳。」故此處曰程子取之。程朱言宇宙道體，多取之易，時亦取之於老莊。其言心，則多取之中庸，時亦取之於禪家。故曰「這箇如何占得斷」。然老子言「天地不仁，以萬物為芻狗」，又曰「失道而後德」，則雖亦有取，要是大本不同也。

朱子論天人

朱子論天人，亦猶其論理氣，乃一體之兩分，非兩體之對立。語類云：

天即人，人即天。人之始生，得於天也。既生此人，則天又在人矣。凡語言動作視聽，皆天也。只今說話，天便在這裏。「顧諟」是常要看教光明燦爛，照在目前。（一七）

此一節上半說本體，下半說工夫。

問：「人去燒香拜天之類，恐也不是。」曰：「天只在我，更禱箇甚麼。一身之中，凡所思慮運動，無非是天。一身在天裏行，如魚在水裏，滿肚裏都是水。」（九〇）

此言天人之一體。天亦在人，人即是天，交互相存，而非隔離對立。語類又云：

人兼體乾坤之德。「乾以易知」者，乾健不息，惟主於生物，都無許多艱深險阻，故能以易而知太始。坤順承天，惟以成物，都無許多繁擾作為，故能以簡而作成物。大抵陽施陰受，乾之生物如瓶施水，其道至易。坤惟承天以成物，別無作為，故其理至簡。其在人，則無艱阻而白直，故人易知。順理而不繁擾，故人易從。易知則人皆同心親之。易從則人皆協力而有功矣。「有親」、「可久」，則為賢人之德，是就存主處言。「有功」、「可大」，則為賢人之業，是就做事處言。「乾以易知」，便是指存主處。「坤以簡能」，便是指做事處。故「易簡而天下之理得」，則「與天地參矣」。（七四）

人生天地間，必求能與天地參，乃得謂之天在人，天人一。天地之理，不過曰能生物，能成物，自天地言之，其理實甚易簡。人能得此易簡之理，自能繼天地而生物成物，贊天地而與之參，此乃人之所以為人也。

朱子論天又必兼理氣而兩言之，故曰：

皆天所為，但理與氣分為兩路。氣亦天也。理精一，故純。氣粗，故雜。（五九）

欲知朱子「天即理」之說，又必知其「氣亦天」之說，故曰：

「性與氣皆出於天。性只是理，氣則已屬於形象。性之善，固人所同。氣便有不齊處。」因指天氣而言：「如天氣晴明舒豁，便是好底氣。稟得這般氣，豈不好！到陰沉黯淡時，便是不好底氣。稟得這般氣，如何會好？畢竟不好底氣常多，好底氣常少。以一歲言之，一般天氣晴和，不寒不暖，卻是好，能有幾時。如此看來，不是夏寒便是冬暖，不是愆陽便是伏陰，所以昏愚凶狠底人常多。」（五九）

天地生人，昏愚凶狠底常多，此是事實。此果屬何等理？故必理氣兼言，乃明得天之眞相也。

問：「一陰一陽宜若停勻，則賢不肖宜均，何故君子常少而小人常多？」曰：「自是他那物事駁雜，如何得齊。且以撲錢譬之，純者常少，不純者常多。自是他那氣駁雜，或前或後，所以拗，不能得他恰好，如何得均平。且以一日言之，或陰或晴，或風或雨，或寒或熱，或清爽，或鶻突。一日之間，自有許多變，便可見矣。」又問：「雖是駁雜，然畢竟不過只是一陰一陽二氣而已，如何會恁地不齊？」曰：「便是不如此。若只是兩箇單底陰陽，則無不齊。緣是他那物事錯揉萬變，所以不能得他恰好。」又問：「康節云：『陽一而陰二，所以君子少而小人多。』此語是否？」曰：「也說得來自是。那物事好底少而惡底多。且如面前事，也自是好底事少，惡底事多，其理只一般。」（四）

通常以天人對立，以善惡好壞對立，又以善底好底屬之天，惡底壞底歸於人，或則反是。朱子言天人善惡，則都只是一體之兩分。如愆陽伏陰之與晴和舒豁，皆是氣，同屬天。又言好底氣常少，不好底氣常多，因此好底人常少，而惡底人常多，此實是一種極平實極通達之看法。通常以單純言天，而朱子則以駁雜言天，此乃朱子之特見。果依理氣兩分之觀點言，朱子此種看法，並不得謂之是悲觀。蓋理氣一體，有氣則必有理寓乎其中。論語集注謂「天即理也」，語類亦云：

天之所以為天者理而已。天非有此道理，不能為天，故蒼蒼者即此道理之天。（二五）

又曰：

天下只有一箇正當道理，循理而行，便是天。（二五）

此謂天只是一理，則自不值得悲觀。但又說理管氣不得，又「拗不轉氣」，氣亦是天，於是遂變成一駁雜之天，於此駁雜之上須再找出一主宰。語類又云：

> 其體即謂之天，其主宰即謂之帝。如父子有親、君臣有義，雖是理如此，亦須是上面有箇道理教如此始得。但非如道家說眞有箇三清大帝着衣服如此坐耳。（二五）

其體謂之天，此指氣。其主宰謂之帝，則指理。須上面再有一箇理教如此，此理始是一主宰。但朱子不喜把天與帝分言，常是僅言天，不言帝。其中深意，欲須人自知得。

> 或問：「『以主宰謂之帝』，孰為主宰？」曰：「自有主宰。蓋天是箇至剛至陽之物，自然如此，運轉不息。所以如此，必有為之主宰者。這樣處，要人自見得，非語言所能盡也。」因舉莊子「孰綱維是，孰主張是」十數句，曰：「他也見得這道理，如圭峯禪師說『知』字樣。」
> （六八）

此處言要自見得，又舉莊子、圭峯，而謂宇宙應有一最高主宰，而此所謂主宰，則非言語所能盡，要人自認取。語類又曰：

高宗夢傅說，據此則是眞有箇天帝與高宗對答。曰：「吾賚汝以良弼。」今人但以主宰說帝，謂無形象，恐也不得。若如世間所謂玉皇大帝，恐亦不可。畢竟此理如何，學者莫能答。（七九）

此條沈僩錄，乃朱子晚年語。天是否眞有一主宰，此問題直至朱子晚年仍抱一寬緩之存疑態度。要之不能說天無主宰，此主宰則只是理。然理又不能全主宰得。此處當細讀理氣篇，可悟朱子意見。

或問：「『天視自我民視，天聽自我民聽』，天便是理否？」曰：「若全做理，又如何說自我民視聽，這裏有些主宰底意思。」（七九）

又云：

天固是理，然蒼蒼者亦是天，在上而有主宰者亦是天，各隨他所說。今既曰視聽，理又如何會視聽？雖說不同，又卻只是一箇。知其同，不妨其為異。知其異，不害其為同。嘗有一人題分水嶺，謂水不曾分，某和其詩曰：「水流無彼此，地勢有西東。若識分時異，方知合處同。」

（七九）

「天即理」是新說，天作主宰是舊義。舊義新說，當知其同，而不妨其為異。又當知其異而不害其為同。抑朱子直至晚年，其心中似不認為此宇宙此自然界可以全憑一理字而更無主宰。因理之為名，僅一靜辭，非動辭。只能限制一切，卻不能指導鼓舞一切。故在理之上，似應仍須一主宰，始可彌此缺憾。然朱子於此，亦終不曾作一肯定語為此問題作解答。若定要朱子為此問題肯定作一解答，則朱子之意，實似謂天地並無主宰，乃須人來作為天地之主宰。故曰：

「人者，天地之心。」沒這人時，天地便沒人管。（四五）

又曰：

仁是箇道理，須着這人，方體得他，做得他骨子。（六八）

朱子以仁為天地之理，但須人來做他骨子，即是須人來把此仁作天地主宰也。然此主宰，乃是順天地，而非逆天地。是則人之主宰，豈非即是天地之主宰乎！

問：「文如何經天緯地？」曰：「如織布絹，經是直底，緯是橫底。」問：「文之大者莫是唐、虞、成周之文？」曰：「『裁成天地之道，輔相天地之宜』，此便是經天緯地之文。」（二九）

人能展布此仁道，乃能成「經天緯地之文」。故曰：

人是天地中最靈之物。天能覆而不能載，地能載而不能覆，恁地大事，聖人猶能裁成輔相之，況於其他。（一一〇）

又曰：

天地不會說，倩他聖人出來說。（六五）

又曰：

天只是動，地只是靜，到得人便兼動靜，是妙於天地處。故曰：「人者天地之心。」論人之形，

雖只是器；言其運用處，卻是道理。（一〇〇）

然則惟人乃能運用天地而妙於天地也。故雖曰「天即人」，而人實有能天地之所不能者。語類又曰：

「天豈有耳目以視聽，只是自我民之視聽，便是天之視聽。如『帝命文王』，豈天諄諄然命之，只是文王要恁地，便是理合恁地，便是帝命之也。」又曰：「若一件事，民人皆以為是，便是天以為是。若人民皆歸往之，便是天命之也。此處甚微，故其理難看。」（一六）

如此說之，豈非天反而像聽命於人，而又曰「天命之」，故曰其理甚微難看也。「文王要恁地，便是理合如此，便是帝命之」，此數語又見語類卷八十一，朱子蓋是屢言之。

問：「先生解『文王陟降，在帝左右』，文王既沒，精神上與天合，看來聖人稟得清明純粹之氣，其生也，既有以異於人，則其散也，其死與天為一。則其聚也，其精神上與天合，一陟一降，在帝左右，此又別是一理，與眾人不同。」曰：「理是如此。若道眞有箇文王上上下下則不可。若道詩人只胡亂恁地說，也不可。」（八一）

此處可參讀鬼神篇。

又曰：

「在帝左右」，察天理而左右也。古注亦如此。左氏傳「天子所右，寡君亦右之，所左亦左之」之意。（八一）

上引兩條，對「在帝左右」一語解說各不同。然此乃小節。解經非難，而說理為難。上一條或人所問，乃據詩集傳，集傳亦引春秋傳天王追命諸侯之辭曰：「叔父陟恪，在我先王之左右，以佐事上帝」，謂「其語意與此正相似。或疑恪亦降字之誤，理或然。」則引詩語證左傳，亦復可彼可此。要而言之，就宇宙自然界言，似應有一最高之主宰，在古人則謂之曰「天」曰「帝」，至宋程氏，始分別言之，以天指天地自然，以帝指主宰，而朱子則於帝之一邊，每避不詳論，其言主要在以人事彌縫天地之缺憾。亦惟人為能彌縫此缺憾。聖人是人中代表，聖人能裁成天地之道，輔相天地之宜，而贊天地之化育，此則朱子主要意見所在。但進一層論之，天地亦並不能自作主宰生出一聖人，天地非不能生人，但不能有意定要其人之為聖人也。故曰：

乾坤者一氣，運於無心，不能無過不及之差。聖人有心以為之主，故無過不及之失。所以聖人能贊天地之化育，天地之功，有待於聖人。（六七）

天地那裏說我特地要生箇聖賢出來，也只是氣數到那裏，恰相湊着，所以生出聖賢。及至生出，則若天之有意焉耳。（四）

是則天地之生只是一數，人之為聖人，要人自做出來，但亦不能違此氣數。故朱子之辨天人，其主要乃在「有心」與「無心」上。惟有心亦不可以違理，並亦不可以違氣數。故曰：

「天命、天討」，聖人未嘗加一毫私意於其間，只是奉行天法而已。凡其所謂冠昏喪祭之禮，與夫典章制度、文物禮樂、車輿衣服，無一件是聖人自做底，都是天做下了，聖人只是依傍他天理行將去。如推箇車子，本自轉將去，我這裏只是略扶助之而已。（七八）

車子自能轉，只是要人推。人之主宰天地，實亦只如推車，只是扶助天地也。又曰：

聖人，莊子所謂「人貌而天」。蓋形骸雖是人，其實是一塊天理。（三一　二九）

聖人便是一片赤骨立底天理。（三一）

聖人是人與法為一，己與天為一。（六一）

性以賦於我之分而言，天以公共道理而言。天便脫模是一箇大底人，人便是一箇小底天。（六〇）

又曰：

天人本只一理，若理會得此意，則天何嘗大，人何嘗小。（一七）

又曰：

「羈靮以御馬，而不以制牛」，這只是天理自合如此。如「老者安之」，是他自帶得安之理來。「朋友信之」，是他自帶得信之理來。「少者懷之」，是他自帶得懷之理來。聖人為之初無形迹。如穿牛鼻、絡馬首，都是天理如此，恰似他生下便自帶得此理來。又如放龍蛇、驅虎豹，也是他自帶得驅除之理來。如剪滅蝮虺，也是他自帶得剪滅之理來。若不驅除剪滅，便不是天理。（二九）

如此，又像把人一邊事全還歸到天一邊去，此即所謂「水流無彼此，地勢有西東」也。朱子立說，有時若忽在彼，忽在此，驟看好像把捉不到一頭腦，實則事實本如此，即所謂「一而二，二而一」，亦即所謂「理一分殊」。此非朱子之支離，實乃朱子之圓密。故知朱子只主張「性即理」，不主張「心即理」，因知識之與主宰，皆屬心一邊事，非理一邊事。皆屬於人，不屬於天。皆當歸在氣一邊。而進一步言，則性在心中，理在氣中，天人合一，天又在人之中。人之地位正在此處見。否則有了天，又何貴有人？有了人，亦又何貴有天？朱子理氣兩分說之精妙，正當從此等處細玩。

朱子論聖賢

語類有云：

某十數歲時讀孟子，言「聖人與我同類者」，喜不可言，以為聖人亦易做。今方覺得難。（一〇四）

此條包揚所記，應在淳熙癸卯、甲辰、乙巳三年間，朱子年五四至五六。朱子言聖人難做，正與象山、陽明言聖人易為恰相反對。王學流衍，乃有「滿街都是聖人」、「端茶童子亦是聖人」之說，而朱子則謂聖人難為，蓋緣朱子心中所意想之聖人與陸王有不同也。語類又云：

人在天地中間，雖只是一理，然天人所為各自有分。人做得底，卻有天做不得底。如天能生物，而耕種必用人。水能潤物，而灌溉必用人。火能熯物，而薪爨必用人。財成輔相，須是人

做。（六四）

眞能財成輔相天地之化育者則是聖人。故曰：

聖人贊天地之化育。蓋天下事有不恰好處，被聖人做得都好。丹朱不肖，堯則以天下與人。洪水汎濫，舜尋得禹而民得安居。桀、紂暴虐，湯、武起而誅之。（六四）

以歷史作證，可見天地所不能做之事，須得有人來做者多矣。

問「繼天立極」。曰：「天只生得許多人物，與你許多道理，然天卻自做不得，所以必得聖人為之修道立教，以教化百姓，所謂『裁成天地之道，輔相天地之宜』是也。蓋天做不得底，卻須聖人為他做。」（一四）

孟子「豈好辯哉」一章最好看。看見諸聖賢遭時之變，各行其道，是這般時節，其所以正救之者是這般樣子。這見得聖賢是甚麼樣大力量。恰似天地有闕齾處，得聖賢出來補得教周全。補得教周全後，過得稍久，又不免有闕，又得聖賢出來補。這見得聖賢是甚力量，直有闔闢乾坤之功。（五五）

問：「『石門』章先生謂聖人無不可為之時，且以人君言之，堯之所以處丹朱而禪舜，舜之處頑父、嚚母、傲弟之間，與其所以處商均而禪禹。以人臣言之，伊尹之所以處太甲，周公之所以處管蔡，可見聖人無不可為之時否？」曰：「然。」（四四）

今試問：聖人何以能如此？語類又云：

蘇子由云：「學聖人不如學道。」不知道便是無軀殼底聖人，聖人便是有軀殼底道，如何將做兩箇事物看。（一三〇）

天地只是自然，聖人法天，做這許多節措出來。（七三）

聖人「窮理盡性以至於命」，便能贊化育。堯之子不肖，他便不傳與子，傳與舜。本是箇不好底意思，卻被他一轉轉得好。（五八）

問「範圍天地之化而不過」。曰：「天地之化，滔滔無窮，如一鑪金汁，鎔化不息。聖人則為之鑄瀉成器。使入模範匡郭，不使過中道。『曲成萬物而不遺』，此又是就事物之分量形質，隨其大小闊狹長短方圓，無不各成就此物之理，無有遺闕。『範圍天地』，是極其大而言；『曲成萬物』，是極其小而言。『範圍』如大德敦化，『曲成』如小德川流。」（七四）

又曰：

聖人之動便是元、亨。其靜便是利、貞。都不是閑底動靜。所謂「繼天地之志，述天地之事」，便是如此。知得恁地便生，恁地便死，知得恁地便消，恁地便長，此皆是「繼天地之志」。隨他恁地進退消息盈虛，與時偕行，小而言之，飢食渴飲，出作入息。大而言之，君臣便有義，父子便有仁，此都是「述天地之事」。只是這箇道理。（一一六）

凡此皆言聖人之能事，與其能事之所由然。語類又云：

大學「明明德於天下」，只是且說箇規模如此。學者須是有如此規模，卻是自家本來合如此，不如此便是欠了他底。且如伊尹，思匹夫不被其澤，如己推而納之溝中，伊尹也只大概要恁地，又如何使得無一人不被其澤，只是自家規模自當如此，不如此不得。到得做不去處，卻無可奈何。規模自是着恁地，工夫便卻用寸寸進。若無規模次第，只管去細碎處走，便入世之計功謀利處去。若有規模而無細密工夫，又只是一箇空規模。外極規模之大，內推至於事事物物處，莫不盡其工夫，此所以為聖賢之學。（一一七）

聖賢之學，「繼天地之志，述天地之事」，「範圍天地之化而不過，曲成萬物而不遺」，立此規模，並亦盡此工夫。又曰：

古之聖賢，別無用心，「明明德」便欲無一毫私欲，「新民」便欲人於事事物物上皆是當。正如佛家說，「為此一大事因緣出見於世」，此亦是聖人一大事也。千言萬語，只是說這箇道理。若還一日不扶持，便倒了。聖人只是常欲扶持這箇道理，教他撐天拄地。（一七）

聖賢之學，尤要在以「明德」、「新民」來撐天拄地。天地須人扶持，人則須聖賢扶持也。語類又曰：

以某觀之，做箇聖賢千難萬難。如釋氏則今夜痛說一頓，有利根者當下便悟，只是箇無星之秤耳。（一一五）

又文集卷四十三答李伯諫有云：

且如一莖小樹，不道他無草木之性，然其長須有漸，是亦性也。所謂便欲當人立地成佛者，正如將小樹來噴一口水，便要他立地干雲蔽日，豈有是理。

象山之學，僅言「先立乎其大者」，又說「雖不識一字，也要堂堂地做箇人」，陽明則謂「見父自然知孝，見兄自然知弟」，見到這裏即行到這裏。若就朱子言之，此僅可為鄉里一善人，規模既不够大，工夫亦欠周遍細密。至如釋氏禪家言，則如「無星之秤」，如一莖小樹，噴一口水便要他干雲蔽日。蓋陸王、釋氏皆偏主內在德性，朱子則德性事功內外合一並重，體用本末須一以貫之。不如陽明「成色分量」之辨，只重內而輕外，重本而輕末也。

語類又云：

某道古時聖賢易做，後世聖賢難做。古時只是順那自然做將去，而今大故費手。（九〇）

又曰：

後世聖賢難做，動着便是恁地粘手惹脚。（九〇）

或問孔明誘奪劉璋，似不義。曰：「便是後世聖賢難做，動着便粘手惹脚。」（一三六）

做聖賢既不易，做後世聖賢更難，此亦據史實言。蓋朱子意中之聖賢，必兼事功。世運日變，人事愈趨複雜，欲求德性事功兼盡，後人實較古人更難。司馬遷謂時人皆以孟子之言為迂闊而遠於事情，朱子亦曰孟子之言粗。粗之與迂闊，皆指其難赴事功也。一端茶童子專為端茶，雖亦可謂全其德性，然德性實不限於端茶一小節。治國平天下，以至繼天地之志，述天地之事，裁成輔相天地之化育，皆出人之德性。然則僅能端茶，固不得謂德性已盡。語類又曰：

自古無不曉事情底聖賢，亦無不通變底聖賢，亦無關門獨坐底聖賢。聖賢無所不通，無所不能，那箇事理會不得。只理會得門內事，門外事便了不得，所以聖人教人要博學。且如五常之教，自家而言，只有箇父子、夫婦、兄弟，才出外便有朋友。朋友之中，事已煞多。及身有一官，君臣之分便定。這裏面，又煞多事。如今只道是持敬，收拾身心日用，要合道理無差失，此固是好。然出而應天下事，應這事得時，應那事又不得。（一一七）

聖賢言語，粗說細說，皆著理會教透徹。蓋道體至廣至大，故有說得易處，說得難處，說得大處，說得小處。若不盡見，必定有窒礙處。若謂只「言忠信、行篤敬」便可，則自漢唐以來，豈是無此等人，因甚道統之傳卻不曾得。亦可見矣。（一九）

前聖後聖，其揆一也。要出而應天下事，又要傳古人之道統，要做一聖賢，自然會見其難。不得以童子端茶與孔子杏壇設教等量齊觀，故朱子有聖人難為之說也。

或問：「回聞一知十，是『明睿所照』，若孔子則如何？」曰：「孔子又在明睿上去。耳順心通，無所限際。古者論聖人，都說聰明。如堯『聰明文思』，『惟天生聰明時乂』，『亶聰明作元后』，『聰明睿智足以有臨也』。聖人直是聰明。」（二八）

朱子極贊聖人之聰明，而聰明則非人人如一，故聖人非盡人易為也。語類又云：

聖主於德，固不在多能，然聖人未有不多能者。夫子以多能不可以律人，故言君子不多。（三六）

既聰明，又多能，此皆不能使人人如一。又曰：

聖人自是多能。今若只去學多能，則只是一箇雜骨董底人，所以說「君子不多」。（三六）

既無聖人之聰明，便不能儘去學聖人之多能。語類又曰：

聖人事事會，但不見用，所以人只見他小小技藝。若使其得用，便做出大功業來，不復有小小技藝之可見矣。（三六）

人見聖人之多能者，由聖人之不用。若聖人而得用，則並無多能可見。又曰：

聖人賢於堯舜處，卻在於收拾累代聖人之典章禮樂、制度義理，以垂於世。（三六）

此見孔子之聖之賢於堯舜處，雖當時不見大用，而無害於其對後世之大用。

或問：「『子在陳』一章，看得夫子行道之心切於傳道之心。」曰：「也不消如此說。且如人而今做事，還是做目前事，還是做後面事。蓋道行於時，自然傳於後。然行之於時而傳之於後，則傳之尤廣也。」（二九）

聖人果能行道於當時，則自能傳之於後世。孔子雖不能行道當時，而仍能傳道於後世，則益見孔子之道大。

問「君子，才德出衆之名」。曰：「有德而有才，方見於用。如有德而無才，則不能為用，亦何足為君子。」（三五）

或問溫公才德之辯。曰：「才如何全做不好。人有剛明果決之才，此自是好。德亦有所謂『昏德』。若塊然無能為，亦何取於德。德是得諸己，才是所能為。若以才德兼全為聖人，卻是聖人又夾雜箇好不好也。」（一三四）

朱子主才德具備、體用兼盡者為聖人。故又曰：

近見一朋友說得是，曰：「有道德則功術乃道德之功，道德之術。無道德，則功術方不好。」某嘗見一宰相，說上甚有愛人之心，不合被近日諸公愛把恢復來說了。某應之曰：「公何不曰愛人乃所以為恢復，恢復非愛人不能。」（二三）

又曰：

蓋道德無妨於事功，事功必待於道德。自君子至於聖人，必於此兩者兼之也。

有禹湯之德，便有禹湯之業。有伊周之德，便有伊周之業。終不如萬石君「不言而躬行」，凡事一切不理會。有一家便當理會一家之事，有一國便當理會一國之事。「新民」必本於「明德」，而「明德」所以為「新民」。（六一）

須是才節兼全，方謂之君子。若無其才而徒有其節，雖死何益。（三五）

可見君子與聖人，必有功業大益於人間也。語類又曰：

若偏於德行，而其用不周，亦是器。君子者，才德出眾之名。德者體也，才者用也。君子亦具聖人之體用，但其體不如聖人之大，而其用不如聖人之妙耳。（二四）

君子不器，事事有些，非若一善一行之可名也。賢人則器，獲此而失彼，長於此又短於彼。賢人不及君子，君子不及聖人。（二四）

子貢瑚璉，只是廟中可用。移去別處，便用不得。如原憲，只是一箇喫菜根底人，邦有道，出來，也做一事不得。邦無道，也不能撥亂反正。夷清惠和，亦只做得一件事。（二四）

三子不可謂之聖之大成，畢竟那清是聖之清，和是聖之和，雖使聖人清和，亦不過如此。（五八）

此謂夷惠清和，只是在一件事上做到極處，雖聖人亦不過如此，但聖人則是件件事能做到極處也。又曰：

「顏子不是一箇衰善底人，看他是多少聰明，便敢問為邦，孔子便告以四代禮樂。」因說「伯夷聖之清，伊尹聖之任，柳下惠聖之和，都是箇有病痛底聖人。」（一三五）

顏淵問為邦，朱子則深讚之。伊尹、夷、惠，各成一德，且到極處，朱子則謂其皆有病痛。朱子心中所想像之聖人，亦可約略由此推去。

又曰：

伊尹、伯夷、柳下惠皆能一天下，則器固大矣。自一才一藝者觀之，亦不可謂之器。然自孔子可仕可止觀之，則彼止在一邊，亦器也。（三四）

通觀上引，朱子以道德與才用事功一體並重，又分別賢人君子聖人歷級而上，可見聖人之高出於常人而不易企及也。

語類又曰：

狂簡底人，不裁之則無所收檢，而流入於異端。蓋這般人只管是要他身高，都不理會事，所以易入於異端。大率異端皆是遯世高尚底人，素隱行怪之人，其流為佛老。而今所以無異端，緣那樣人都便入佛老去了。（二九）

古來異端，只是遯世高尚之士，其流遂至於釋老。（二九）

似此等人，雖則志意高遠，若不得聖人裁定，亦不濟事。（二九）

謂遯世高尚而不理會事，其流易入於異端，則朱子重視功業濟世之心可知。非才德兼盡，又烏克臻此。

然朱子謂聖人難為，非是說聖人不可為。聖人可為，乃當時理學家通義。惟論其為之難易，則朱陸有歧見耳。文集卷七十四策問首條有曰：

古之學者，始乎為士，終乎為聖人。此言知所以為士，則知所以為聖人矣。今之為士者衆，而求其至於聖人者，或未聞焉。豈亦未知所以為士而然耶？將聖人者固不出於斯人之類，而古語有不足信者耶？顏子曰：「舜何人哉，予何人哉。」孟子所願則學孔子。二子者，豈不自量其力之所至而過為斯言耶？不然，則士之所以為士而至於聖人者，其必有道矣。

此文在同安時，乃朱子早年語。謂知為士即知所以為聖人，是則學為聖人果不難，知所以為士，即知所以為聖，為士乃為聖人之途轍，途轍正，則道路雖遠，終非不可至也。

文集卷七十五有林用中字序，有曰：

> 舜誠大聖人，不可及也。而古之人有顏子者，其言曰：「舜何人也，予何人也，有為者亦若是。」夫豈不知舜之不可以幾及，而必云爾者，蓋曰學所以求為聖人，不以是為標的，則無所望走而之焉耳。

為士者即以學為聖人為標的。不以此為標的，即亦無以為士。此文在乾道二年，朱子年三十七。時已明言舜之不可幾及，是即謂聖人難為矣。然而又是不可不為。語類有云：

> 不要說高了聖人。高後，學者如何企及。越說得聖人低，越有意思。（四四）

此條乃答李季札問聖人恐不自下學來而云。朱子時年四十七。謂聖人亦自下學來，即是不高說了聖人也。故又曰：

「方其下學，人事之卑，與眾人所共，又無奇特聳動人處。及其上達，天理之妙，忽然上達去，人又捉摸不着。如何能知得我。知我者，畢竟只是天理與我默契。」久之又曰：「聖人直是如此瀟洒。正如久病得汗；引箭在手，忽然破的。」（四四）

此條陳淳、童伯羽、徐寓同有錄，當在庚戌朱子六十一歲時。大學格物補傳之「格物」，亦只是下學，「一旦豁然貫通」，則是久病得汗，引箭破的也。

既不要說高了聖人，故才用功業皆置不談，而衹言德性，衹言下學。然言下學德性，亦仍見聖人有高低。

問：「如伯夷之清，而『不念舊惡』，柳下惠之和，而『不以三公易其介』，此其所以為聖之清、聖之和。但其流弊，則有隘與不恭之失。」曰：「這也是諸先生恐傷觸二子，所以說流弊。今以聖人觀二子，則二子多有欠闕處。才有欠闕處便有弊。所以孟子直說他隘與不恭，不曾說其末流如此。如『不念舊惡』，『不以三公易其介』，固是清和處。然救不得那清和之偏處。如何避嫌，只要回互不說得。大率前輩之論多是如此。堯舜之禪授，湯武之放伐，分明有優劣不同，卻要都回護教一般，少間便說不行。且如孔子謂『韶盡美矣，又盡善也，武盡美矣，未盡善也』，分明是武王不及舜。文王『三分天下有其二，以服事殷』。武王勝殷殺紂，分明是不及文王。泰伯『三以天下讓，其可謂至德也矣』，分明太王有翦商之志，是太王不及泰伯。蓋天下有萬世不易之常理，又有權一時之變者。如『君君、臣臣，父父、子子』，此常理也。有不得已處，即是變也。然畢竟還那常理底是。今卻要以變來壓着那常底說，少間只見說不行，說不通了。若是以常人去比聖賢，則說是與不是不得。若以聖賢比聖賢，則自有是與不是處，須與他分箇優劣。今若隱避回互不說，亦不可。」（五八）

陽明只以「成色」說聖人，然粗說之，則有忠信如孔子，細辨之，則有如此條之所論。粗說低說，所以廣教。細說高說，所以正學。朱子則主本末俱到，粗細兼盡。故又曰：

天只是一氣流行，萬物自生自長、自形自色，豈是逐一粧點得如此。聖人只是一箇大本大原裏發出，視自然明，聽自然聰，色自然溫，貌自然恭。在父子則為仁，在君臣則為義。從大本中流出，便成許多道理，只是這箇一便貫將去。（四五）

這一箇道理，從頭貫將去，如一源之水，流出為千條萬派。不可謂下流者不是此一源之水。人只是一箇心，如事父孝，也是這一心。事君忠，事長弟，也只是這一心。老者安，少者懷，朋友信，皆是此一心。精粗本末，以一貫之，更無餘法。但聖人則皆自然流行出來，學者則須用推將去。聖人則動以天，賢人則動以人。（二七）

學者與聖人所爭，只是這些箇自然與勉強耳。聖人所行皆是自然堅牢，學者亦有時做得如聖人處，但不堅牢，又會失卻。程子說：「孟子為孔子事業儘得，只是難得似聖人。如剪綵為花固相似，只是無造化功。」龜山云：「孔子似知州，孟子似通判權州。」譬得好。（二七）

中庸說「忠恕違道不遠」，是下學上達之義，即學者所推之忠恕。聖人則不待推。然學者但能盡己以推之於人，推之既熟，久之自能見聖人不待推之意。（二七）

「學者是學聖人而未至者，聖人是為學而極至者。只是一箇自然，一箇勉強爾。惟自然，故久而不變。惟勉強，故有時而放失。」因舉程子說「孟子若做孔子事儘做得，只是未能如聖人」，龜山言「孔子似知州，孟子似通判權州」：「此喻甚好。通判權州，也做得，只是不久長。」（二一）

聖人只是做到極至處，自然安行，不待勉強，故謂之聖。（五八）

只有箇生熟，聖賢是已熟底學者，學者是未熟底聖賢。（三二）

聖人熟，學者生。聖人自胸中流出，學者須着勉強。（二〇）

聖人之言，皆是人所通行得底，不只就一人面上說。（二三）

聖人只是事事做到恰好處。（二四）

文集卷五十二答李叔文有云：

向來所說性善，只是且要人識得本來固有，元無少欠。做到聖人，方是恰好。纔不到此，即是自棄。孟子引成覵、顏淵、公明儀之言，要得人人立得此志，勇猛向前，如服瞑眩之藥，以除深痼之病，直是不可悠悠耳。

聖人與學者，只是一般，只有生熟之辨。求能由生到熟，此非大段勇猛向前不可。如是言之，聖賢固無異於常人，而常人要是難企於聖賢。然亦仍是低說聖人也。

文集卷七十二古史餘論有曰：

至其所謂「其積之中者有餘，故推以治天下，有不可得而知者」，則雖非大失，而積與推者終非所以言聖人。不若易之曰：「默而該之者，既溥博而淵泉，故其揮而散之者，自以時出而無不當。」則庶乎輕重淺深之間，亦無可得而議也。

學聖人必自積而推，但到了聖人地位，則不待於此。「默而該之」，已是積之所到。「揮而散之」，不待推而後能。中庸章句注「溥博淵泉」一章云：

五者之德充積於中，而以時發見於外。

又曰：

言其充積極其盛，而發見當其可也。

充積於中極其盛，而以時發見當其可，此聖人也。謂學聖人者可以無事於積而推，則大謬。然謂到了聖人地位，仍待積而推，不異於常人，則不見輕重淺深之辨。故蘇氏之言，雖非大失，而終非所以言聖人。語類又云：

因論「起予者商」、「回非助我」等處，云：「聖人豈必待二子之言而後有所起發耶？然聖人胸中雖包藏許多道理，若無人叩擊，則終是無以發揮於外。一番說起，則一番精神也。」（二五）

見聖人之隨機生起，雖多積，不待推。

又曰：

孟子大段見得敏，見得快，他說話恰似箇獅子跳躍相似。且如他說箇惻隱之心便是仁之端，羞惡之心便是義之端，只他說在那裏底便是。似他說時，見得聖賢大段易做，全無許多等級。所以程子云：「孟子才高，學之無可依據。」（五三）

朱子則正要在聖賢與常人間指出許多等級，教人知如何歷級而升。卻不喜言聖賢即是常人，常人即是聖賢。

或說：「象山說，只是有一念要做聖賢便不可。」曰：「此等議論，恰如小兒則劇一般，只管要高去。聖門何嘗有這般說話。」（一〇四）

此不是說低了聖人，乃是說高了自己，但亦不是說高了道理。語類又曰：

聖人之學，本末精粗，無一不備。但不可輕本而重末耳。今人閑坐過了多少日子，凡事都不肯去理會。（一一五）

蓋既主聖人易為，又不教人有所依據以為學，則其流入閑坐過日也亦宜。此知朱子特地提出聖賢難做之說，亦是有感而然。

朱子論善惡

朱子論善惡，猶其論陰陽，而其間微有辨。語類云：

理無有不善。（八七）

天地只是一理，則亦只是一善。故曰：

「繼之者善」，是流行出來。人方其在胞胎中，受父母之氣，則是「繼之者善」。及其生出，又自成一箇物事，「成之者性也」。既成其性，又自繼善，只是這一箇物事。（九四　一一四）

天地生生不息，萬化流行，只是一箇善。及其萬物成形，則各自賦與了一箇性。若不善，如何有繼。

若不繼，如何有成。成了還得繼，此是一大自然。故曰：

「繼之者善」，是天理流行處。「成之者性」，便是已成形，有分段了。（九四）

又曰：

一陰一陽，此是天地之理。如「大哉乾元，萬物資始」，乃「繼之者善也」。「乾道變化，各正性命」，此「成之者性也」。（七四）

造化所以發育萬物者，為「繼之者善」。各正性命者，為「成之者性」。（七四）

流行造化處是善，凝成於我者即是性。繼是接續綿綿不息之意，成是凝成有主之意。（七四）

「繼之者善」，方是天理流行之初，人物所資以始。「成之者性」，則此理各自有箇安頓處，故為人為物，或昏或明，方是定。（七四）

「一陰一陽之謂道」，太極也。「繼之者善」，生生不已之意，屬陽。「成之者性」，各正性命之意，屬陰。（七四）

朱子之宇宙觀，可謂乃是一善的宇宙觀。造化發育，不能不謂其是天理流行，亦不能不謂其是善。但待其成形，則為人為物，或昏或明，萬有不齊，而惡亦隨之而見。

文集卷四十九答王子合有云：

「陰陽之氣相勝而不能相無」，其為善惡之象則異乎此。蓋以氣言，則「動靜無端，陰陽無始」，其本固並立而無先後之序、善惡之分也。若以善惡之象而言，則人之性本獨有善而無惡。其為學，亦欲去惡而全善。不復得以不能相無者而為言矣。今以陰陽為善惡之象，而又曰「不能相無」，故必曰小人日為不善，而善心未嘗不間見，以為陰不能無陽之證。然則曷不曰君子日為善而惡心亦未嘗不間見，以為陽不能無陰之證耶。蓋亦知其無是理矣。且又曰：「克盡己私，純是義理，亦不離乎陰陽之正」，則善固可以無惡矣。所謂「不能相無」者，又安在耶。大凡義理精微之際，合散交錯，其變無窮，而不相違悖。且以陰陽善惡論之，則陰陽之正皆善也，其沴皆惡也。周子所謂剛善剛惡、柔亦如之者，是也。以象類言，則陽善而陰惡，以動靜言，則陽客而陰主，此類甚多。要當大其心以觀之，不可以一說拘也。

俗常以陰陽分善惡，朱子則謂陰陽不可相無，一陰一陽，乃是一善之相繼，其體即是一道，無善惡可分。善惡之分，乃在陰陽之正沴。正沴不可謂其亦不能相無，則善惡亦非不能相無也。又一書云：

陰陽動靜，是造化之機，不能相無。若善惡則有眞妄之分，人當克彼以復此，然後可耳。

凡朱子論理氣，論陰陽，論天人，皆主一體兩分，不認為兩體對立。惟辨善惡則不同，善惡不能認為一體，亦不可謂其不能相無。語類亦曰：

「天下物事，皆只有此兩箇。若以善惡配言，則聖人到那善之極處，又自有一箇道理，不到得『履霜堅冰至』處。若以陰陽言，則他自是陰了又陽，陽了又陰，也只得順它。易裏才見陰生，便百種去裁抑它，固是如此。若一向是陽，則萬物何由得成。它自是恁地。國家氣數盛衰亦恁地。堯到七十載時，也自衰了，便所以求得一箇舜，分付與他，又自重新轉過。若一向做去，到死後也衰了。文武恁地，到成康也只得恁地，持盈守成，到這處極了，所以昭王便一向衰，扶不起。漢至宣帝以後便一向衰。直至光武，又只得一二世，便一向扶不起，國統屢絕。」或曰：「光武便如康節所謂『秋之春』時節。」曰：「是。」（九四）

蓋一陰一陽乃天道，繼善絕惡則人道。然人道終不能違悖了天道。雖聖人繼善絕惡，但聖人亦有衰老死亡，則不得不求聖聖相繼。即論羣體，亦仍不免有盛衰，此則謂之氣數。繼善所以成性，氣數則只有歸之於命。然性亦是命。循此推論，則甚複雜。要之氣數屬天，義理屬人。不得謂到此氣數，則絕不該有義理。義理亦仍在氣數中，貴乎人之能撐持與斡旋耳。故語類又曰：

人事中自有難曉底道理。如君仁臣忠、父慈子孝，此理甚顯。然若陰陽性命、鬼神往來，則不亦微乎。（九四）

微而難曉者在天，顯而易知者在人。盡人以事天者，人道之極也。

問：「自開闢以來，至今未萬年，不知已前如何？」曰：「已前亦須如此一番明白來。」又問：「天地會壞否？」曰：「不會壞。只是相將人無道極了，便一齊打合，混沌一番，人物都盡，又重新起。」（一）

人道有壞，相將至於人物都盡。天道則不絕，仍是一繼善。故在混沌一番之後又重新起，此乃天道之至善也。

文集卷四十答何叔京有云：

來教謂「不知自何而有人欲」，此問甚緊切。熹竊以謂人欲云者，正天理之反耳。謂因天理而有人欲則可，謂人欲亦是天理則不可。蓋天理中本無人欲，惟其流之有差，遂生出人欲來。程子謂「善惡皆天理」，此句若甚可駭；「謂之惡者本非惡」，此句便都轉了；「但過與不及便如此」，「自何而有此人欲」之問，此句答了。

人欲是惡，然亦從天理善中流出，惟其流出而有差，遂若天理人欲之正相反，此即是善惡之正相反，然皆從一個源頭流出。此一源頭，則是至善天理。語類云：

惡不可謂從善中直下來，只是不能善則偏於一邊為惡。（五五）

造化天理所直生下來者皆是善。有不能善而偏於一邊則為惡。惡乃善之有虧欠處，猶陽之虧欠而為陰。故曰：

謂性中無惡則可，謂無善，則性是何物？（五九）

性是造化生生直下所成，故謂性中無惡。若謂性中無善，則造化生生究生出了些什麼，亦復何從有此造化生生。語類又云：

胡季隨主其家學，說：「性不可以善言。本然之性本自無對，才說善時，便與那惡對矣。才說善惡，便非本然之性矣。本然之性，是上面一箇，其尊無比。善是下面底，才說善時，便與惡對，非本然之性矣。孟子道性善，非是說性之善，只是贊歎之辭，說好箇性，如佛言『善哉』。」某嘗辨之云：「本然之性，固渾然至善不與惡對，此天之賦予我者然也。然行之在人，則有善有惡。做得是者為善，做得不是者為惡。豈可謂善者非本然之性，只是行於人者有二者之異？然行得善者，便是那本然之性也。若如其言，有本然之善，又有善惡相對之善，則是有二性矣。方其得於天者此性也，及其行得善者亦此性也。只是纔有箇善底，便有箇不善底，所以善惡須着對說。不是元有箇惡在那裏，等得他來與之為對。只是行得錯底，便流入於惡矣。」此文定之說，故其子孫皆主其說，而致堂、五峯以來，其說益差，遂成有兩性。本然者是一性，善惡相對者又是一性。他只說本然者是性，善惡相對者不是性，豈有此理！然文定又得於龜山，龜山得之東林常摠。摠龜山鄉人，與之往來，後住廬山東林。龜山赴省，又往見之。摠極聰明，深通佛書，有道行。龜山問：「孟子道性善，說得是否？」摠曰：「是。」又問：「性豈可以善惡言？」摠曰：「本然之性不與惡對。」此語流傳自他。然摠之言本亦未有病。蓋本然之性是本無惡，及至文定，遂以性善為贊歎之辭，到得致堂、五峯輩，遂分成兩截，說善底不是性。若善底非本然之性，卻那處得這善來。既曰贊歎性好之辭，便是性矣。若非性善，何

贊歎之有。如佛言「善哉善哉」為贊美之辭，亦是說這箇道理好，所以贊歎之也。二蘇論性，亦是如此。（一〇一）

此辨至為重要，亦至為明白。朱子言常揔並不錯，錯從龜山起。龜山乃二程大弟子，亦為朱子學脈所從來，但朱子說他錯了。常揔乃一僧人，但朱子卻謂常揔之所以語龜山者則並不錯。此等處，見朱子之廓開門戶，精辨義理。然若由此又謂朱子學亦從禪學來，則眞如癡人說夢，無可置辨矣。下至明代，陽明晚年之四句教，謂「無善無惡性之體」，此即龜山與胡氏之說也。陸桴亭力斥之，可謂於朱子為善述矣。

語類又云：

「為不善，非才之罪」，是人自要為不善耳，非才之不善也。（五九）

又曰：

邪正本不對立，但恐自家胸中無箇主。若有主，邪自不能入。（一一八）

言邪正，即言善惡。天地生才，本非特地要生邪與惡，要他為不善。人之用其才而不能到恰好處，乃成為不善，其罪則在人。故曰：

凡事莫非心之所為，雖放辟邪侈，亦是心之為也。善惡但如反覆手耳。翻一轉，便是惡。止安頓不着，也便是不善。如當惻隱而羞惡，當羞惡而惻隱，便不是。（九五　一三）

性非不善，才非不善，而心卻可有不善。把此心中之善安頓不着一恰好處，便是不善。

問：「程子曰：『天下善惡皆天理。』何也？」曰：「惻隱是善，於不當惻隱處惻隱即是惡。剛斷是善，於不當剛斷處剛斷即是惡。雖是惡，然原頭若無這物事，卻如何做得。本皆天理，只是被人欲反了，故用之不善而為惡耳。」（九七）

惡是指其過處。如惻隱之心本是善，纔過便至於姑息。羞惡之心本是善，纔過便至於殘忍。（九七）

如人之殘忍，便是翻了惻隱。如放火殺人可謂至惡，若把那去炊飯，殺其人之所當殺，豈不是天理。只緣翻了。道理有背有面，順之則是，背之則非。緣有此理，方有此惡。（九七）

善只是當恁地底，惡只是不當恁地底。善惡皆是理，但善是那順底，惡是反轉來底。然以其反而不善，則知那善底自在。故善惡皆理也，然卻不可道有惡底理。（九七）

善惡之起皆由理。若無此理，又從何處起此惡。但不可謂之有惡底理。此一分辨，極精極要。不可謂有惡底理，但又不可謂無善底理。如「惻隱之心仁之端」，本是一至善之理。其過而為姑息，反而為殘忍，則是氣。理管不得氣，然卻不能謂善惡各是一理相對立。此等皆須通觀朱子論理氣、論陰陽，乃及論天人諸篇，乃可識其精要所在。

語類又曰：

> 天下之物未嘗無對。有陰便有陽，有仁便有義，有善便有惡，有語便有默，有動便有靜。然又卻只是一箇道理。如人行出去是這脚，行歸亦是這脚。譬如口中之氣，嘘則為温，吸則為寒耳。（九五）
>
> 物必有對，乃就事言之。但只是一箇道理，理則無對，又至善也。

又曰：

> 所以有對者，理合當恁地。（九五）

物必有對，然相對之上仍有合一之體。如有善便有惡，是相對。亦是理當恁地，是合一。天下無無理之惡，惡亦自理中來，即是自善中生出也。天道至善，而人道中則有惡。然在天道中仍得講人道。若人道亦至善無惡，一如天道，則可不再講人道。若謂天道亦一如人道，有善有惡，則天道固何在，又何從於人道之上重立天道。朱子理氣兩分之論，其精密圓到，蓋無往而不見其然也。

語類又云：

> 湖南學者云善無對，不知惡乃善之對。惡者，反乎善者也。（九五）

惡對於善而始有，但決不可謂善對於惡而始有。謂善無對，指其原始言。及其有惡與善相對，此善則仍是原始之善，非又別有一善來與惡相對也。文集卷四十答何叔京有云：

> 易所謂「元者善之長」，「元」豈與「善」而二哉。但此善根之發，迥然無對。既發之後，方有若其情不若其情，而善惡遂分，則此善也，不得不以惡為對矣。其本則實無二也。

論其最先，可以謂「善無對」。惟無對非無善，乃是至善無惡耳。文集卷三十七與郭沖晦亦曰：

「極本窮原」之善，與善惡未流之善，非有二也。但以其發與未發言之有不同耳。蓋未發之善，只有此善，而其發為善惡之善者，亦此善也。既發之後，乃有不善以雜焉，而其所謂善者，即「極本窮原」之發耳。

「極本窮原」之未發者，亦可謂指先天言。若謂先天無善，後天之善又從何來，此大不可。謂先天之善與後天之善不同，則此二者之善又將如何分法，此又不可。但後天善惡有對，此亦不可否認。故既貴有天道，又貴有人道。朱子謂極本窮原是一至善，及其流而發，乃有不善，此即其理氣分言之淵旨所在。其餘辨湖南學者之言，詳知言疑義篇，可參讀。

朱子論天理人欲

陽不與陰對，善不與惡對，天理亦不與人欲對。語類云：

人欲隱於天理之中，其幾甚微。（五三）

此亦陽可兼陰，陰不得兼陽之說也。又云：

有箇天理，便有箇人欲。蓋緣這箇天理須有箇安頓處，才安頓得不恰好，便有人欲出來。（一三）

此亦善惡猶反覆手之說也。理無有不善，惟必見於事。見於事而不獲其恰好處，即為不善，人欲便從其中流出。故曰：

「天理人欲，分數有多少。天理本多，人欲便也是天理裏面做出來。雖是人欲，人欲中自有天理。」問：「莫是本來全是天理否？」曰：「人生都是天理，人欲卻是後來沒巴鼻生底。」（一三）

此亦猶云復是本來如此，姤是偶然相值也。又曰：

日用之間莫非天理。（四〇）

飲食者，天理也。要求美味，人欲也。（一三）

在此宇宙中有此人生，皆是天理，皆是善。不得謂此宇宙此人生為惡、為不善。更不得謂有此宇宙與人生為非天理。惟在此宇宙人生之複雜繁變中，有放置安頓不得恰好處，始見是不善、是惡。其生起於人心者，乃謂之是人欲，非天理。

問：「『人心道心』，伊川說天理人欲便是。」曰：「固是。但此不是有兩物，如兩箇石頭樣相挨相打。只是一人之心，合道理底是天理，徇情欲底是人欲。正當於其分界處理會。五峯云：

『天理人欲同行異情。』說得最好。及至理會了精底一底，只是一箇人。」（七八）
天理人欲是交界處，不是兩箇。須是在天理則存天理，在人欲則去人欲。嘗愛五峯云：「天理人欲同行而異情」，此語甚好。（七八）
如做器具。固是教人要做得好，不成要做得不好。好底是天理，不好底是人欲。須是較量所以好處，如何樣做方好，始得。（一一七）
耳目聰明得之於天，本來自合如此，只為私欲蔽惑而失其理。聖人教人，不是理會一件，其餘自會好，須是逐一做工夫，更反復就心上看，方知得外面許多費整頓，元來病根都在這裏。聖人教人內外夾持起來，恁地積累成熟，便會無些子滲漏。（四六）
好底是本來自合如此，故謂之天理。但被人心私欲蔽惑了，故須去得私欲始可存得天理。惟人心活物，私欲隨去隨生，故須逐一做工夫。俟其積累成熟，此心始無滲漏。非謂天理與人欲相對立，此處私欲一去，即其餘自會好，自不會復有私欲。私欲是人心與外物交接安放得不好而起，故須內外夾持也。
語類又曰：
聖人平日也不曾先說箇天理在那裏，方教人做去湊。只是說眼前事，教人平平恁地做工夫。（一

一七）

吾友卻要先見箇天理在前面方去做，此正是病處。若把這天理不放下，相似把一箇空底物，放這邊，也無頓處。放那邊，也無頓處。放這邊，也恐攧破。放那邊，也恐攧破。這天理說得蕩漾，似一塊水銀，滾來滾去，捉那不着。又如水，不沿流溯源，合下便要尋其源，鑿來鑿去，終是鑿不着。（一一七）

「人心惟危，道心惟微，惟精惟一，允執厥中。」只就這心上理會，也只在日用動靜之間求之。不是去虛中討一箇物事來。（七八）

人心在內，日用動靜在外。內外相接，天理自見。並不是憑空有一天理在那裏，教人去湊合。當時理學家因明道有「只天理二字是我自家體貼出來」之語，於是都要來指認這天理。其實天理非如有一物，懸空在此宇宙間，可指可摸，可識可辨。但人不悟，總要來指認此天理，其中說得最簡易直捷涵括而廣大者，則莫如象山之言「心即理」。但朱子則謂理既不當懸空向外求，亦不當專一向內求。就眼前事實言，人心中亦可有人欲。「道心惟微」，「人心惟危」，道心人心，皆此一心。正須格物致知，由下學而上達，此始謂之內外兼盡，本末一貫也。

語類又云：

天理在人，亘萬古而不泯。任其如何蔽固，而天理常自若，無時不自私意中發出。但人不自覺，正如明珠大貝，混雜沙礫中，零零星星逐時出來。但只於這箇道理發見處當下認取，簇合零星，漸成片段。到得自家好底意思日長月益，則天理自然純固。向之所謂私欲者，自然消靡退散，久之不復萌動矣。若專務克治私欲，而不能充長善端，則吾心所謂私欲者，日相鬬敵，縱一時按伏得下，又當復作矣。初不道隔去私意後，別尋一箇道理主執而行，才如此，又只是自家私意。只如一件事見得如此為是，如此為非，便從是處行將去，不可只恁休。誤了一事，必須知悔，只這知悔處，便是天理。（一一七）

既不能儘向外面去尋一箇天理，亦不該只在內面來專務克治私欲。當知人欲即從天理中起，天理亦會從人欲中生。危微之間，正貴隨時用功。

文集卷四十六答潘叔昌有云：

學者先須置身於法度規矩中，使持於此者足以勝乎彼，則自然有進步處。如孔子之告顏淵以非禮勿視聽言動為克己之目，亦可見矣。若自無措足之地，而欲搜羅抉剔於思慮隱微之中，以求所謂人欲之難克者而克之，則亦代翕代張，沒世窮年而不能有以立矣。

存得天理，人欲自不能干。人欲既是沒巴鼻而生，則務求搜羅抉剔以去之，亦將沒世窮年不能以有立。去得一分人欲，即存得一分天理，但不要儘在偏面做工夫。天理終是正面，人欲終是反面，工夫在正面做，始是究竟工夫也。

問：「人多要去人欲，不若於天理上理會。理會得天理，人欲自退。」曰：「堯舜說不如此。天理人欲是交界處，不是兩箇。人心不成都流，只是占得多。道心不成十全，亦是占得多。須是在天理則存天理，在人欲則去人欲。嘗愛五峯云：『天理人欲同行而異情』，此語甚好。」或云：「陸子靜說人心混混未別。」曰：「此說亦不妨。大抵人心、道心只是交界，不是兩箇物，觀下文『惟精惟一』可見。」（七八）

就此條與上引答潘叔昌書合看，可見朱子教人精密處。潘叔昌專務克人欲，此條問者又專欲存天理，朱子則曰「在天理則存天理，在人欲則去人欲」。又曰「天理人欲只是交界，不是兩箇」，其旨微矣。

語類又曰：

說「復禮」即說得着實。若說作理，則懸空是箇甚物事。（四一）

說「復禮」，說「置身於法度規矩中」，此皆著實，可守可循。若捨此而欲先覓一天理來存，則如要頓放一空底物，如何頓放法。然天理亦非眞是空，眞不可見，眞無頓放處也。

語類又曰：

聖人千言萬語，只是說箇當然之理。恐人不曉，又筆之於書。只就文字間求之，句句皆是。做得一分，便是一分工夫。非茫然不可測也。

又曰：

讀六經時，只就自家身上討道理，其理便易曉。（一一）

此處見工夫虛實之辨，學者當仔細體認。

語類又曰：

以理言之，則正之勝邪，天理之勝人欲，甚易。而邪之勝正，人欲之勝天理若甚難。以事言之，則正之勝邪，天理之勝人欲甚難。而邪之勝正，人欲之勝天理卻甚易。蓋纔是蹉失一兩件事，便被邪來勝將去。若以正勝邪，則須是做得十分工夫，方勝得他。然猶自恐怕勝他未盡在。正如人身正氣稍不足，邪便得以干之矣。（五九）

事理分言，此是朱子立說精密處。以理言，則人欲自勝不過天理。以事言，則須事事去人欲存天理，非可一蹴即幾，一下即成。其難反過於以人欲勝天理，此尤不可不知。

或謂把持不能久，勝物欲不去。曰：「這箇不干別人事。雖是難，亦是自著力把持，常惺惺；不要放倒。覺得物欲來便著緊，不要隨他去。這箇須是自家理會。」

此即所謂為仁由己，事不干人，則只有自著力也。

朱子有辨胡五峯知言「天理人欲同體」之說，茲錄如下：

問：「知言云：『天理人欲同體而異用，同行而異情。』」曰：「五峯『同體異用』一句說得不是。天理人欲如何同得？故張欽夫嶽麓書院記只使他『同行異情』一句。卻是他合下便見得如此。他蓋嘗曰：『凡人之生，粹然天地之心，道義完具，無適無莫，不可以善惡辨，不可以是非分』，所以有『天理人欲同體而異用』之語。只如『粹然天地之心』，即是至善，又如何不

可分辨。天理便是性，人欲便不是性。自是他合下見得如此，當時無人與他理會，故恁錯了。」（一一五）

又曰：

天理即性。若謂天理人欲同體，即猶謂性無善惡，又謂人欲亦是天理。朱子所辨，須通觀其立言之全，乃見其陳義之大而密，當參讀性與理、心與理諸篇。

五峯云：「天理人欲同體異用，同行異情。」說「同行異情」卻是，所謂「同體」者，卻只是言同一事。但既犯了體用字，卻成是體中亦有人欲。五峯只緣錯認了性無善惡，便做出無限病痛。知言中節節如此。（四三）

朱子又推擴天理人欲之辨以論史。文集卷三十六答陳同甫有云：

天理人欲二字，不必求之於古今王伯之迹，但反之於吾心義利邪正之間。察之愈密，則其見之愈明。持之愈嚴，則其發之愈勇。孟子所謂「浩然之氣」者，蓋斂然於規矩準繩不敢走作之中，而其自任以天下之重者，雖賁育莫能奪也。是豈才能血氣之所為哉？老兄視漢高帝、唐太宗之所為而察其心，果出於義耶，出於利耶？出於邪耶，正耶？若高帝則私意分數猶未甚熾，然已不可謂之無。太宗之心，則吾恐其無一念之不出於人欲也。直以其能假仁借義以行其私，而當時與之爭者，才能知術既出其下，又不知有仁義之可借，是以彼善於此，而得以成其功耳。若以其能建立國家，傳世久遠，便謂其得天理之正，此正是以成敗論是非，但取其獲禽之多，而不羞其詭遇之不出於正也。千五百年之間，正坐如此，所以只是架漏牽補過了時日。其間雖或不無小康，而堯、舜、三王、周公、孔子所傳之道未嘗一日得行於天地之間也。若論道之常存，卻又初非人所能預。只是此箇，自是亘古亘今、常在不滅之物。雖千五百年被人作壞，終殄滅他不得耳。

其又一書云：

有是人則有是心，有是心則有是法，固無常泯常廢之理。但謂之無常泯，即是有時而泯矣。謂之無常廢，即是有時而廢矣。蓋天理人欲之並行，其或斷或續，固宜如此。至若論其本然之妙，則惟有天理而無人欲。是以聖人之教，必欲其盡去人欲而復全天理也。若心則欲其常不泯，而不恃其不常泯也。法則欲其常不廢，而不恃其不常廢也。所謂「人心惟危，道心惟微，惟精惟一，允執厥中」者，堯舜禹相傳之密旨也。夫人自有生而梏於形體之私，則固不能無人心矣。然而必有得於天地之正，則又不能無道心矣。日用之間，二者並行，迭為勝負，而一身之是非得失，天下之治亂安危，莫不係焉。是以欲其擇之精，而不使人心得以雜乎道心。欲其守之一，而不使天理得以流於人欲。則凡其所行，無一事之不得其中，而於天下國家，無所處而不當。夫豈任人心之自危，而以有時而泯者為當然，任道心之自微，而幸其須臾之不常泯也哉！夫堯舜禹之所以相傳者既如此矣，至於湯武，則聞而知之，而又反之以至於此者也。夫子之所以傳之顏淵、曾參者此也。曾子之所以傳之子思、孟軻者亦此也。故其言曰：「一日克己復禮，天下歸仁焉。」又曰：「吾道一以貫之。」又曰：「道不可須臾離也，可離非道也。是故君子戒慎乎其所不睹，恐懼乎其所不聞。」又曰：「其為氣也，至大至剛，以直養而無害，則塞乎天地之間。」此其相傳之妙。儒者相與謹守而共學焉。以為天下雖大，而所以治之者不外乎此。然自孟子既沒，而世不復知有此學。一時英雄豪傑之士，或以資質之美，計慮之精，一言一行，偶合於道者蓋亦有之。而其所以為之田地根本者，則固未免乎利欲之私也。而世之學者，稍有才氣，便自不肯低心下意，做儒家事業，聖學功夫。又見有此一種道理，不要十分是當，不礙諸般作為，便可立大功名，取大富貴。於是心以為利，爭欲慕而為之，然又不可全然不顧義理，便於此等去處，指其須臾之間偶未泯滅底道理，以為只此便可與堯、舜、三代比隆。而不察其所以為之田地本根者之無有是處也。夫三才之所以為三才者，固未嘗有二道也。然天地無心，而人有欲，是以天地之運行無窮，而在人者有時而不相似。蓋義理之心頃刻不存則人道息。人道息則天地之用雖未嘗已，而其在我者，則固即此而不行矣。不可但見其穹然者常運乎上，頹然者常在乎下，便以為人道無時不立，而天地賴之以存之驗也。道未嘗亡，而人之所以體之者有至有不至，非謂苟有是身則道自存，必無是身然後道乃亡也。天下固不能人人為堯，然必堯之道行，然後人紀可修，天地可立也。天下固不能人人皆桀，然亦不必人人皆桀而後人紀不可修，天地不可立也。但主張此道之人，一念之間不似堯而似桀，即此一念之間便是架漏度日，牽補過時矣。蓋道未嘗息，而人自息之。惟聖盡倫，惟王盡制，固非常人所及。然立心之本，當以盡者為法，而不當以不盡者為準。故曰不以舜之所以事堯事君，不敬其君者也。不以堯之所以治民治民，賊其民者也。謂其非盡欺人以為倫，非盡罔世以為制，固不謂其絕無欺人罔世之心矣。欺人者人亦欺之，罔人者人亦罔之。此漢唐之治所以雖極其盛，而人不心服，終不能無愧於三代之盛時也。人只是這箇人，道只是這箇道，豈有三代、漢唐之別。但以儒者之學不傳，而堯、舜、禹、湯、文、武以來轉相授受之心不明於天下，故漢唐之君雖或不能無暗合之時，而其全體卻只在利欲上，此其所以堯舜三代自堯舜三代，漢祖唐宗自漢祖唐宗，終不能合而為一也。今若必欲撤去限隔，無古無今，則莫若深考堯舜相傳之心法，湯武反之之功夫，以為準則而求諸身。卻就漢祖唐宗心術微處，痛加繩削，取其偶合，而察其所自來，黜其悖戾，而究其所從起。庶幾天地之常經，古今之通義，有以得之於我。不當坐談既往之迹，追飾已然之非，便指其偶同者以為全體，而謂其眞不異於古之聖賢也。

又一書云：

「點鐵成金」之譬，施之有教無類、遷善改過之事則可，至於古人已往之迹，則其為金為鐵固有定形，而非後人口舌議論所能改易，久矣。今乃欲追點功利之鐵以成道義之金，不惟費卻閑心力，無補於既往。正恐礙卻正知見，有害於方來也。若謂漢唐以下便是眞金，則固無待於點化，而其實有大不然者。蓋聖人者，金中之金也。學聖人而不至者，金中猶有鐵也。漢祖唐宗用心行事之合理者，鐵中之金也。曹操劉裕之徒，則鐵而已矣。夫金中之金，乃天命之固然，非由外鑠。淘擇不淨，猶有可憾。今乃無故必欲棄舍自家光明寶藏，而奔走道路，向鐵鑪邊渣礦中撥取零金，不亦誤乎？帝王本無異道，王通分作兩三等，已非知道之言。且其為道，行之則是，今莫之禦而不為，乃謂不得已而用兩漢之制，此皆卑陋之說，不足援以為據。若果見得不傳底絕學，自無此弊矣。今日許多閒議論，皆原於此學之不明，故乃以為笆籬邊物而不之省。其為喚銀作鐵，亦已甚矣。

凡朱子辨天理人欲，王伯義利，大義如此。此當與其論理氣、論陰陽、論善惡、論天人諸章，會通合觀，然後乃見朱子思想體系之完密。又朱子論人心道心，乃與其辨天理人欲異名同指，已詳別篇，此不具。元儒黃震東發日鈔，謂朱子答陳同甫諸書，大闢其尊漢唐之說，意氣軒騰，辭鋒峻厲，有出師一掃之象。同甫終於信服，亦歲修晦菴始生之禮云。

朱子論道器

朱子論道與器，一猶其論理與氣。語類云：

「衣食動作只是物，物之理乃道也。將物便喚做道則不可。且如這個椅子，有四隻腳，可以坐，此椅之理也。若除去一隻腳，坐不得，便失其椅之理矣。形而上為道，形而下為器。若說這形而下之器之中便有那形而上之道，則可。若便將形而下之器作形而上之道，則不可。且如這個扇子，此物也，便有個扇子底道理。那扇子是如此做，合當如此用，此便是形而上之理。天地中間，上是天，下是地，中間有許多日月星辰、山川草木、人物禽獸，此皆形而下之器也。然這形而下之器之中，便各自有箇道理，此便是形而上之道。所謂格物，便是要就這形而下之器窮得那形而上之道理而已。如何便將形而下之器作形而上之道理得。飢而食，渴而飲，日出而作，日入而息，其所以飲食作息者，皆道之所在也。若便謂食飲作息者是道，則不可。與龐居士『神通妙用運水搬柴』之頌一般，亦是此病。如『徐行後長』與

『疾行先長』，都一般是行，只是徐行後長方是道，若疾行先長便不是道。豈可說只認行底便是道。『神通妙用，運水搬柴』，須是運得水搬得柴是，方是神通妙用。若運得不是，搬得不是，如何是神通妙用。佛家所謂『作用是性』，便是如此。他都不理會是和非，只認得那衣食作息、視聽舉履便是道。說我這個會說話底，會作用底，叫着便應底，便是神通妙用。更不問道理如何。儒家則須是就這上尋討個道理方是道。」又曰：「天地中間，物物上有這個道理，雖至沒緊要底物事，也有這道理。蓋『天命之謂性』。這道理卻無形，無安頓處，只那日用事物上，道理便在上面。這兩個元不相離。凡有一物，便有一理。所以君子貴『博學於文』。看來博學似個沒緊要物事，然那許多道理，便都在這上，都從那源頭上來。所以無精粗小大，都一齊用理會過。蓋非外物也。一齊理會，方周徧無疏漏。」（六二）

問：「諸先生多舉『形而上』、『形而下』，如何說？」曰：「可見底是器，不可見底是道。理是道，物是器。」因指面前火爐，曰：「此是器。然而可以向火，所以為人用，便是道。」（二四）

只就那形而下之器上便尋那形而上之道，便見得這箇元不相離。（六二）

形是這形質，以上便為道，以下便為器，分別得最親切。故明道云：「惟此語截得上下分明。」（七五）

問：「形而上下，如何以形言？」曰：「此言最的當。設若以有形無形言之，便是物與理相間斷了。所以謂截得分明者，只是上下之間，分別得一箇界止分明。器亦道，道亦器，有分

別而不相離也。」（七五）

道是道理，事事物物皆有箇道理。器是形迹，事事物物亦皆有箇形迹。有道須有器，有器須有道。（七五）

道不離乎器，器不違乎道。（七五）

形而上者是理，才有作用，便是形而下者。事物雖大，皆形而下者。堯舜之事業是也。理雖小，皆形而上者。（七五）

問：「『立天之道，曰陰與陽』，何故以陰陽為道？」曰：「器亦道，道亦器也。道未嘗離乎器，道亦是器之理。理只在器上，理與器未嘗相離，所以一陰一陽之謂道。」（七五）

或問：「『天地之化，往者過，來者續，此道體之本然也』，如何？」曰：「程子言之矣：『天運而不已，日往則月來』云云，『皆與道為體』。『與道為體』此句極好。」（三六）

或問：「『子在川上』章注云：『此道體之本然也』。後又曰『皆與道為體』。向見先生說：『道無形體，卻是這物事盛載那道出來，故可見。『與道為體』，言與之為體也，這『體』字較粗。』如此則與本然之體微不同。」曰：「也便在裏面，只是前面『體』字說得來較闊，連本末精粗都包在裏面。後面『與道為體』之『體』，又說出那道之親切底骨子。恐人說物自物，道自道，所以指物以見道。其實這許多物事湊合來，便都是道之體。道之體便在這許多物事上。」（三六）

問：「『子在川上』注『體』字，是體用之體否？」曰：「只是這箇體。」（三六）

問「注云：『此道體也』，下面云：『是皆與道為體』，『與』字其義如何？」曰：「此等處要緊。『與道為體』，是與那道為體。道不可見，因從那上流出來。若無許多物事，又如何見得道。便是許多物事與那道為體。」（三六）

道無形體可見，只看日往月來，寒往暑來，水流不息，物生不窮，顯顯者乃是「與道為體」。（三六）

「『形而上者謂之道。形而下者謂之器。』道本無體，但因此可以見道之體耳。」或曰：「如炭與火相似。」曰：「也略是如此。」（三六）

天地日月，陰陽寒暑，皆「與道為體」。此「體」字是體質。道之本然之體不可見，觀此則可見無體之體。（三六）

又曰：

道理出來處只是一源，散見事物，都是一箇物事做出。（四一）

通觀上引各條，可見朱子論道與器，實與其論理與氣者同條共貫，其間更無區別，惟可注意者，乃其論體字。如朱子意，可謂理本無體，乃因氣為之體。道本無體，因以器為之體。氣與器，非即理與道之本體。理與道之本體不可見，因氣與器而始見其無體之體也。然理與道雖無體可見，究不可謂之無理與道，此猶云「無極而太極」，太極即無極也。故曰：

陰陽五行為太極之體。（三六）

二十八宿為天之體。（三六）

「經禮三百，曲禮三千」，便是與仁為體。（三六）

朱子不要人憑空求此無體之體，卻教人從形而下之氣與器上來認此體。凡此等處，皆極堪尋味。

問：「『無非教也』，都是道理在上面發見？」曰：「然。天地與聖人都一般，精底都從那麤底上發見。道理都在氣上流行。雖至麤底物，無非是道理發見。天地與聖人皆然。」（九八）

說道理者都喜從精處說向麤處來，不悟其所謂精處只是一虛空，無着不實，於是使理與事、道與器常相隔離。朱子則要人從麤處悟到精處，所謂道與理，只在事物形下之氣與器上面。此乃朱子論學最着精神處。

語類又曰：

道者，古今共由之理。如父慈子孝，君仁臣忠，是一箇公共底道理。德便是得此道於身，則為君必仁，為臣必忠之類，皆是有得於己，方解恁地。堯所以修此道而成堯之德，舜所以修此道而成舜之德。自天地以先，羲黃以降，都即是這一箇道理，亘古今未嘗有異，只是代代有一箇人出來做主。做主便即是得此道理於己。不是堯自是一箇道理，舜又是一箇道理，文王、周公、孔子又別是一箇道理。老子說：「失道而後德，失德而後仁，失仁而後義」，若離了仁義，便是無道理了，又更如何是道。（一三）

人羣古今，也只是合成一形而下。父子君臣各是箇形而下。每一人身，亦各是箇形而下。人羣身世亦即是器，道即由此人羣身世上見。捨卻人羣身世，則無道可覓。此即猶謂太極生陰陽，太極即在陰陽中，捨卻陰陽，便無太極也。宇宙人生，其理一致。此始是本末精粗一體。老子之意，則若謂道生萬有，而萬有非道，由形而上生出形而下，有了形而下，即失去了形而上。此乃儒道兩家異見所在。然世之俗儒，又把人羣身世各各分別，只見形而下，不見形而上，故一見老子釋氏言，不覺驚歎，謂其遠出儒家之上，而朱子格物窮理之教，所以終少人能體悟深到也。

羅整菴困知記有云：

或者因「易有太極」一言，乃疑陰陽之變易，類有一物主宰乎其間，是不然。斯義惟程伯子言之最精，叔子與朱子似乎小有未合。伯子嘗歷舉繫辭「形而上者謂之道，形而下者謂之器」，「立天之道曰陰與陽，立地之道曰柔與剛，立人之道曰仁與義」，「一陰一陽之謂道」數語，乃從而申之曰：「陰陽亦形而下者也。而曰道者，惟此語截得上下最分明。原來只此是道，要在人默而識之也。」劉元承記叔子語，有云：「所以陰陽者道。」又云：「所以闔闢者道。」竊詳「所以」二字，固指形而上者，然未免微有二物之嫌。以伯子「原來只此是道」觀之，自見渾然之妙，似不須更着「所以」字。朱子惟答柯國材一書云：「一陰一陽，往來不息，即是道之全體。」此語最為截直，深有合於程伯子之言。然不多見，不知以何者為定論也。

整菴疑朱子分辨理氣之失，已詳理氣篇。此處所辨，亦本於其疑理氣之說而來。明道云：「一陰一陽，只此是道。」語失之渾，易啟誤會。伊川曰「所以一陰一陽者是道」，語加明晰。朱子釋明道語曰：「形以上便為道，以下便為器，故明道曰『惟此語截得上下分明』。」「若以有形無形言，便是物與理間斷了。」道器「有分別而不相離」。如此說之，則固無二物之嫌。若謂器即是道，氣即是理，引而伸之，亦必曰心即是性，心即是理，此又為整菴所不許。名言之間，亦即見格物窮理之精察處。賢如整菴，不免此失，尤學者所宜微辨。

整菴又曰：

理只是氣之理，當於氣之轉折處觀之。往而來，來而往，便是轉折處也。夫往而不能不來，來而不能不往，有莫知其所以然而然，若有一物主宰乎其間而使之然者，此理之所以名也。

如此說之，稍為無病。亦可見理氣雖非二，亦不可幷為一談，道之與器亦然。

整菴又曰：

程子嘗言：「天地間只有一箇感應而已。」夫感應者氣也。如是而感，則如是而應，有不容以毫釐差者，理也。

若只言自然之理，則整菴此語已足。今言人文之理，則須知心理修養。有惻隱之心而未能全其仁，有羞惡之心而未能全其義者多矣。整菴疑朱子言理氣，終為體究未盡。厥後王船山論道器，乃曰：「天下惟器而已矣。道者器之道，器者不可謂之道之器。」亦求打併歸一。其論乃承整菴而來。然整菴、船山弊尚不甚著，至習齋、東原，則弊乃益顯。故知此辨不可以已也。

朱子論體用

朱子論理氣，論道器，論無極太極，往往牽引及體用二字。茲再就語類摘引數條，以見朱子對此體用兩字觀念之大概。

語類有曰：

道者，兼體用，該隱費而言也。（六）

問道之體用。曰：「假如耳便是體，聽便是用。目是體，見是用。」（一）

此乃常解易知。

問「利貞者性情」。曰：「此是與元亨相對說。性情如言本體，元亨是發用處，利貞是收斂歸本體處。體卻在下，用卻在上。」又曰：「通書曰：『元亨誠之通，利貞誠之復。』通即發用，

復即本體也。」（六九）

此解較不易領會。朱子以「元亨利貞」一氣流轉分屬體用，言體在下，用在上，此則猶云用在前，體在後也，此義似與常解不同，細參下文可知。語類又云：

「利貞者性情也」，此只是對元亨說。此性情只是意思體質。蓋元亨是動，發用在外。利貞是靜，而伏藏於內。（六九）

此亦以元亨利貞分屬內外動靜。利貞靜而伏藏於內者宜屬體，元亨動而發用在外者宜屬用。依元亨利貞四字之次序言，故曰體在下，用在上。

問未發之前心性之別。曰：「心有體用。未發之前是心之體，已發之際乃心之用。」（五）

心之未發，是靜而伏藏於內也。已發，則是動而發用在外也。把元亨利貞言，則已發是元亨，未發是利貞，亦當是利貞為體，元亨為用。又曰：

橫渠「心統性情」之說大有功。孟子言「惻隱之心仁之端也」，仁，性也；惻隱，情也；性是體，情是用。（五）

此亦常解易知。但又曰：

心者兼體用而言。程子曰：「仁是性，惻隱是情。」若孟子便只說心。程子是分別體用而言，孟子是兼體用而言。（二〇）

此言性靜而伏藏在內，故屬體。情動而發用於外，故屬用。亦常解。惟程子分別體用言，孟子兼體用言。朱子之說，亦分亦兼，學者當細參。又曰：

以「心之德」而專言之，則未發是體，已發是用。以「愛之理」而偏言之，則仁便是體，惻隱是用。（二〇）

仁者心之德，伏藏在內，惻隱則其動而發用在外也。此皆與以元亨利貞分別體用之意相合。惟元亨利貞只屬一氣，惻隱與仁亦只屬一心。說者常主分言，不知合言，則體用之說由是多歧矣。

問：「汎觀天地間，日往月來，寒往暑來，四時行，百物生，這是道之用流行發見處。即此而總言之，其往來生化無一息間斷處，便是道體否？」曰：「此體用說得是，但『總』字未當，『總』便成兼用說了。只就那骨處便是體。如水之或流或止，或激成波浪，是用。即這水骨，可流可止，可激成波浪處便是體。如這身是體，目視耳聽手足運動處便是用。如這手是體，指之運動提掇處便是用。」舉論語集注曰：「往者過，來者續，無一息之停，乃道體之本然」，曰：「即是此意。」（六）

水之或流或止，或激成波浪，此乃水所可有之種種表象，故稱之曰水之用；至於其可流可止，可激成波浪，所以可有此種種表象者，此乃水之本身，故稱曰水之體。然若捨去其或流或止或激成波浪等種種表象，則水之本身亦不可見。是則水之本身乃隱藏於其種種表象之後面，猶骨之隱藏於皮肉之裏，故謂是水之骨也。朱子說問者「此體用說得是，但『總』字未當」，蓋說「總」則成為不分，故朱子云未當也。又曰：

如「禮儀三百，威儀三千」，須是仁做始得。凡言體，便是做他那骨子。（九八）

理者物之體，仁者事之體，「禮儀三百，威儀三千」，非仁則不可行。譬如衣服，必有箇人着，

方得。且如「坐如尸」，必須是做得。凡言體者，便是做箇基骨也。（九八）

理見於事，仁見於「禮儀三百，威儀三千」上，此乃體見於用上，猶如骨在裏不可見，所見是外面皮肉也。然非理則事不成，非仁則禮不立，非體則用不有，猶之非骨則皮肉無所依附也。宇宙大道，即見於宇宙生化之無一息間斷上。宇宙生化，則是道之表象可見者。若曰總此生化不息諸表象即是道，是則言道體而兼及於道之用，體用嫌於不分，猶謂皮肉即是骨，固不可也。故如言總事即是理，總「禮儀三百，威儀三千」即是仁，此皆未當。後來明儒所提即體即用，即流行即本體，混體用而一之，其說殆為朱子所不許。元亨是宇宙大道之可見處，利貞則宇宙大道歸於不可見。然宇宙大道，正是存藏在這裏，然則亦可謂利貞乃是元亨之骨子也。

問：「前夜說體用無定所，是隨處說如此，若合萬事為一大體用，則如何？」曰：「體用也定。見在底便是體，後來生底便是用。此身是體，動作處便是用。天是體，『萬物資始』處便是用。地是體，『萬物資生』處便是用。就陽言，則陽是體，陰是用。就陰言，則陰是體，陽是用。」（六）

先以內外言，此以先後言。先有理，後有事。先有仁，後有「禮儀三百，威儀三千」。亦可謂先有宇宙大道，後有生生化化。然又當注意其陽是體，又說陰是體之意。

問：「太極解何以先動而後靜，先用而後體，先感而後寂？」曰：「在陰陽言，則用在陽而體在陰。然『動靜無端，陰陽無始』，不可分先後。今只就起處言之，畢竟動前又是靜，用前又是體，感前又是寂，陽前又是陰。而寂前又是感，靜前又是動。何者為先後？」

先後無定，斯體用亦無定。故陰可為陽之體，陽亦可為陰之體。寂可為感之體，而感亦可為寂之體。然則體用不可不分，卻又可以互易。蓋體用乃是相對言之。伊川有曰：「顯微無間，體用一源」，故可活用活說也。

問：「『知者動』，集注以動為知之體。『知者樂水』，又曰『其用周流而不窮』。言體用相類，如何？」曰：「看文字須活着意思，不可局定。知對仁言則仁是體，知是用。只就知言，則知又自有體用。如『乾道成男，坤道成女』，豈得男便都無陰，女便都無陽。這般須相錯看。」

（三二）

此言體用無一定之分別，而仍有其一定之分別。就宇宙大化言，則見在底便是體，後來生底便是用。

是則上引謂利貞是體，實亦可謂元亨是體。陰陽互為體用。造化本體，即寓在此一陰一陽之造化大用中。若離卻造化大用而別尋一造化本體，此則成為體用對立而各別分為二，又為朱子所不許。故曰：

體是這箇道理，用是他用處。如耳聽目視，自然如此，是理也。開眼看物，着耳聽聲，便是用。江西人說箇虛空底體，涉事物便喚做用。（六）

眼能視是理，開眼視物是事。有此理，始有此事。若非眼能視，何以有開眼視物之事。然非開眼視物，亦何從證得眼之能視。但卻不能說因有此事，始有此理，故朱子說理先於氣。又說現在底是體，後來生底是用。佛家華嚴宗有「理法界」、「事法界」、「理事無礙法界」及「事事無礙法界」之四分法。就朱子言之，既不能單獨有理法界，亦不能單獨有事法界。更不能捨卻理而單獨有一事事無礙法界，並亦不能有一理事無礙法界。因說理事無礙，則仍是理事對立而各自無礙，或相互無礙。在朱子心中，則仍如伊川所謂「體用一源，顯微無間」，此乃朱子論理氣辨體用之要旨。撇開事物，專從虛空處覓體，則最為朱子所痛斥。

問：「先生昔曰：『禮是體。』今乃曰：『禮者，天理之節文，人事之儀則。』似非體而是用。」曰：「公江西有般鄉談，才見分段子，便說道是用不是體。如說尺時，無寸底是體，有寸底不是體，便是用。如秤，無星底是體，有星底不是體，便是用。且如扇子，有柄有骨子，用紙糊，此便是體，人搖之便是用。」又曰：「合當底是體。」（六）

又曰：

人只是合當做底便是體，人做處便是用。譬如此扇子，有骨，有柄，用紙糊，此則體也。人搖之，則用也。如尺與秤相似，上有分寸星銖，則體也。將去秤量物事，則用也。（六）

尺合當有寸可分，秤合當有星可分，扇合當有骨有柄有紙可分。言體不害其為實，惟實始有可分。若必認虛空者是體，則必尺無寸，秤無星，又何來有尺秤之用。「江西」斥陸學也。

問體用皆異。曰：「如這片板，只是一箇道理，這一路子恁地去，那一路子恁地去。如一所屋，只是一箇道理，有廳有堂。如草木，只是一箇道理，有桃有李。如這眾人，只是一箇道理，有張三，有李四，李四不可為張三，張三不可為李四。如陰陽，西銘言理一分殊，亦是如此。」又曰：「分得愈見不同，愈見得理大。」（六）

一所屋，只是一理。有廳有堂，各自分得此屋之理。故曰「理一分殊」。分得愈見不同，愈見得理大。必是箇理始合用，故此理即體也。上引問「禮是體」以下各條，皆切就人事言。與就宇宙造化言者又各是一理，此亦「理一分殊」也。

語類又曰：

「樊遲問仁」一節，愛人知人是仁知之用，聖人何故但以仁知之用告樊遲，卻不告之以仁知之體？蓋尋這用，便可以知其體，用即是體中流出也。（四二）

聖人每就用處教人，亦不是先有靜而後有動。（四五）

當時學者正認為必先有靜始有動，故羣向靜上求體，以為得其體則用自生。不知動靜無端，互為其根。所謂體用，乃只就當前之用以推見其發用之體，非是別有一體獨立於一切用之前而自為存在。然亦不得謂即用是體，已辨在前。

又曰：

道只是人所當行之道，自有樣子。只從實理上行，不必向渺茫中求。（三四）

道理不必求之太高。今如所論，卻只於渺渺茫茫處想見一物，懸空在，更無捉摸處，將來如何

頓放，更沒收殺。如此則與身中日用自然判為二物，何緣得有諸己。（一一三）

問：「前日先生與廖子晦書云：『道不是有一箇物事閃閃爍爍在那裏』，固是如此。但所謂『操則存，捨則亡』，畢竟也須有箇物事。」曰：「操存只是教你收斂，教那心莫胡思亂量，幾曾捉定有一箇物事在裏。」又問：「『顧諟天之明命』，畢竟是箇甚麼？」曰：「只是說見得道理在面前，不被物事遮障了。『立則見其參於前，在輿則見其倚於衡』，皆是見得理如此，不成是有一塊物事光輝輝地在那裏。」（一一三）

不要說得似有一箇物事樣。道是箇公共底道理，不成眞箇有一箇物事在那裏，被我見得。（三一）

只博文約禮便自見得。今卻去索之於「杳冥無朕」之際，你去何處討。將次思量得人成病。（三一）

博文約禮便見道。而且約禮原在博文中，博文正所以約禮，非是在博文之外先有箇約禮，可以自為體而存在。約禮為體，則博文為用。博文為體，則約禮為用。體用一源，皆在實事實理中，不當索之於杳冥無朕之際。凡此皆朱子針對當時時風學弊喫緊教人，而朱子辨體用之精義亦於此可見。

文集卷六十一答林德久有云：

不是本體中原來有此，如何用處發得此物出來。但本體無著摸處，故只可於用處看，便省力耳。

如吾儒之言，則性之本體，便只是仁義禮智之實。如老佛之言，則先有箇虛空底性，後方旋生此四者出來。不然，亦說性是一箇空虛底物，裏面包得四者。今人卻為不曾曉得自家道理，只見得它說得熟，故如此不能無疑。又纔見說四者為性之體，便疑實有此四塊之物磊塊其間，皆是錯看了也。

此書主要雖為言性，然其辨體亦甚精微。體乃實有，非是一虛空，正與答廖子晦書所謂道理「不是有一塊物事光輝輝地在那裏」者，若相反而實相成。蓋謂有一物光輝輝在那裏，正是指有一空虛之體也。體非空虛，亦非實有一物為體，體只即用而見。捨卻用，無處覓體。然又不能即認用為體。若即認用為體，則成為有用無體。欲知朱子言體用，須從此兩面逼入，乃可把握得其大旨。

又文集卷四十八答呂子約有云：

陰陽也，君臣父子也，皆事物也，人之所行也，形而下者也，萬象紛羅者也。是數者，各有當然之理，即所謂道也，當行之路也，形而上者也，冲漠之無朕者也。若以形而上者言之，則冲漠者固為體，而其發於事物之間者為之用。若以形而下者言之，則事物又為體，而其理之發見者為之用。不可概謂形而上者為道之體，「天下之達道五」為道之用也。

此謂形而上者不必即是體，形而下者不必即為用。亦可謂形下有時是體，形上有時是用。體用兩名詞，可以相互對用，非別有一所謂體者超然獨立於用外而存在。又一書云：

謂當行之理為「達道」，而「沖漠無朕」為「道之本原」，直是不成說話。只此當然之理，沖漠無朕，非此理之外，別有一物沖漠無朕也。至於形而上下，卻有分別。須分得此是體，彼是用，方說得「一源」。分得此是象，彼是理，方說得「無間」。若只是一物，卻不須更說「一源」、「無間」也。

於天地事物中有道，於一氣陰陽中有理，道與理，即在天地事物一氣陰陽之內。道不離事物而在，理不離氣而有。惟道與理屬形而上，事物陰陽屬形而下。「同源」，言其有則俱有。「無間」，言其合為一體。若言體用，則不僅形上者可為形下之體，即形下者有時亦得為形上之體。如謂火日為體，光熱為用，以光熱較之火日，豈不更若為形而上。若必謂須超出於一切現象之外別有一獨立存在之形而上者始得為體，此即所謂無星之秤，無寸之尺也。又若謂只是一切現象作用而止，其中更無一所以然之體，則是只有波浪，不復有水之存在。只有喜怒哀樂，更無性情與心可覓也。

又文集卷四十答何叔京有云：

「體用一源」者，自理而觀，則理為體，象為用，而理中有象，是一源也。「顯微無間」者，自象而觀，則象為顯，理為微，而象中有理，是無間也。且既曰「有理而後有象」，則理象便非一物。故伊川但言其一源與無間耳。其實體用顯微之分，則不能無也。今曰理象一物，不必分別，恐陷於近日含胡之弊，不可不察。

理與象既如此，理與氣亦同然。要之當知其可合而為一，又不可不知其應分而為二。明儒多言即用即體，故不滿朱子理氣兩分之說。